最終講義

学究の極み

小泉八雲、鈴木大拙、宇野弘蔵、大塚久雄、
中村 元、土居健郎、鶴見和子、河合隼雄、
多田富雄、網野善彦、阿部謹也

角川文庫
24178

目次

凡例

一、本書は、現在までのおよそ一二〇年の間に実施された最終講義（いずれも故人のもの）から、学問分野を問わず十一を選んだものである。いずれも「退官記念講義」「最後の講義」等、著者本人がそれと自認していたものに限った。

一、掲載順序は、著者の生没年にかかわらず講義が実施された編年順とし、明らかになっている日時と場所を各章末に記した。

一、底本は巻末に一覧を付した。なお収録にあたっては、誤字脱字ほか明らかに加除・修正が必要な部分のみ、諸本を校合のうえ適宜正した。

一、底本記載のものに加え、難読と思われる語句にのみ、小社基準に則り適宜振り仮名を補った。

一、本文中には、「シナ人」「分裂病」といった、現在の人権意識や国際感覚からみて不適切な表現がある。著者が故人であること、また、扱っている題材の歴史的状況および、それを踏まえた著者の記述を正しく理解するためにも底本のままとした。

日本文学の未来のために

小泉八雲

［概説］日本に帰化し、作家、民俗学者として活躍した八雲は、外国文学の研究の唯一の意義とは、自国の言語で文学をするためにあり、また外国語の習得の重要な恩典とは、その思想や想像力や感情を学ぶことにあると語る。例えば英文学が世界のあらゆる文学から影響を受けているように、各国の文学が外国語を通して外国から取り入れるものは多い。しかし、英文学は本質的には英文学のままである。これは日本文学にも言えることで、外来の素材が純日本的な素材に変質させられたとき、すばらしい結果が生まれることになる。そのためには、今日考えうるよりもより深く、広範囲に及ぶロマン主義文学運動が、日本において起こらねばならない。学者は庶民的な文学を軽蔑するが、まさにシェイクスピアがそうであったように、未来の文学の源泉はこうしたところにこそある。文学的な革命は、一般民衆の賤しめられた文芸への、丹念で愛情のこもった研究から始められるものであって、そのためには保守主義や排他主義による抑圧に抗して、民衆の生活と思想の源に回帰することが必要となる。そしてテニスンやウォルター・スコット卿の例のように、これができるのは、しかし厳正な学問を積んだ人なのである。また詩を除いて、古今において新しい文学を一番よく提供してくれるのは忙しい人々なのである以上、どれだけ忙しくとも、どうか毎日少しずつ文学に時間を割いてほしいと生徒たちに呼びかけ、講義を結ぶ。

学期も終わりに近づいたので、日本文学に関連して、これまでわれわれが一緒にしてきた研究がどのような価値をもつものなのかについて、話してみるのもよかろうと思う。

というのも、しばしば述べてきたように、――「文学」という言葉を芸術的な意味で用いるのであれば――みなさんが外国文学を研究する唯一の意義というものは、自国の言語で文学をするために、自己の能力に影響を及ぼすようなものでなければならない。学術論文を除けば、フランス人が英語の書物を書いたり、ドイツ人がフランス語の書物を書いたりしないのと同様に、文学をやる日本の学究も、自分の言語以外で文学作品を創作しようとして時間を浪費してはならない。しかも、日本語はあらゆる点でヨーロッパ言語とはまったく異なる構造をしているので、新しい表現形式という点に関して、フランス語やドイツ語の学習によって、多くのものを学び取ることはほとんど不可能である。

それゆえ、みなさんにとってこれら外国語の習得の重要な恩典は、その思想や想像力や感情を学ぶことでなければならないといってもよい。西洋の思想、想像力および感情から、将来の日本文学を豊かにし、活気づけるのに役立つと思われる、実に多くのことが学べるであろう。あらゆる西洋の言語が、新しい生命と活力を得ているのは――しかも絶えず得ているのは――そのような外国語の学習によるものなのだ。英文学は、西洋のみならず、世界の文明国のほとんどありとあらゆる文学に何がしかのものを負っている。同様のことが、フランス文学やドイツ文学にも言えよう——これらと比べれば、より少ない程度ではあるが、現代イタリア文学についても、おそらく当てはまるであろう。

しかし元の草木は、新しい海外の樹液によって変えられるのではない。それは、ただいっそう逞《たくま》しくなり、さらにみごとな花を咲かせるようになるだけなのだという点に注意してほしい。英文学が他のあらゆる文学から得た豊かさがあるにもかかわらず、本質的には英文学のままであるように、たとえ日本文学が西洋の思想や芸術からいかなる思想的な恩恵を蒙《こうむ》っているにせよ、将来の日本文学は、まったく変わることなく、日本文学であり続けることであろう。

しかしながら、もしかりにみなさんが、今日現在に至るまでに何らかの文学上の大変化があったのかどうかを、私に尋ねたとしても、私は「否《ノー》」と答えざるを得ない。今日に至るまで、西洋文学の厖大《ぼうだい》な翻訳、模倣、翻案があったけれど、われわれが本当の日本文学への「同化」と呼び得るものがあったかどうかは、疑わしい限りだ。文学は創作でなければならない。材料を生のままで借りてきたり、真似したり、あるいは改作したりすることは、ひとつとして創作とは言えない。現代は同化の時代ではある。やがてこうしたすべて外来の素材が、文学という厳しい試練を経て、純日本的な素材に変質させられたときに、すばらしい結果が生まれるにちがいない。しかし、すぐには実現しないであろう。

さて、こうした変化と新しい文学が興《おこ》るにちがいないと私が想像している、その台頭の仕方について、私は何か話をしてみたい。今日考えうるようなものよりずっと深く、広範囲に及ぶ一箇のロマン主義文学運動が、日本において起こらなければならないと私は信じている。まず、最も奇異に思われそうなことを一言言っておけば——学者の言葉は、創造的芸術のためにうち捨てられなければならない、と私は考えている。思うに、今日無学な人間として、あるいはたぶん下等な人間として差別さえ受けている芸術家たちと競い合うために、学者が民衆の言葉で書き、かつその言葉をもって彼の最高にして最強の思想の伝達手段にすることを恥ずかしいと思わぬ時代が、必ずやって来るにちがいない。

おそらく、このように私が述べるのは奇妙に聞こえるかもしれないが、私はこのことについて少しも疑ってはいない。たぶん、ほとんどすべての大学の学者は意識するとしないとにかかわらず、職業的な物語作家の話術や庶民の言葉で書く大衆劇作家を軽蔑している。それにもかかわらず、いやしくも、他の国々における文学的進化の歴史に照らして判断してみるならば、未来の日本文学の源泉となるものは——これまで生み出されてきたいかなる文学よりもすばらしい文学は——今まで蔑まれてきた芝居や大衆小説や庶民の通俗的な歌謡などであろう。

シェイクスピアが芝居を書いていた当時では、彼は非常に通俗的だと思われていた。少なくとも一般的な見方では、このことはまったく疑いを容《い》れない。シェイクスピアの作品が、当時のいかなる他の芝居よりも生き生きしていると感じることのできる聡明な人々が少しばかりいるにはいた。しかし、こういった人たちは、例外的な少数であった。

ご承知のように、十八世紀のイギリスにおいては、古典主義的精神が現在の日本あるいは過去の日本におけるのとまさしく同様に根強かった。ポープの時代においては、「品のなさ」に対する非難、つまり「通俗性」に対する非難は、今日の誰の目にも優れていると見なされるような作品を書いていたすべての作家に対して、投げつけられていた。いかにしてフランスやドイツの大文学といわれるものが、古典主義的形式に対抗して、一箇の革命を経て来なければならなかったかについて、私はみなさんにこれまで語ってきた。しかも、その文学上の革命のおかげで、フランスとドイツの両国において、これまで書かれたこともないような、詩と散文における最も輝かしい作品を生み出す時代がやってきたのであった。

しかし、いかにしてこのような文学的な革命が、西洋のこれらのすべての国々において波及していったのかを記憶しておかねばならない。その革命は一般民衆の賤《いや》しめられた口承文芸の、丹念な、愛情のこもった研究から始められたのである。それは、偉い学者たちが彼らの学問上の特権的立場から降りてきて、農民や無学な人々と立ち交わり、彼らの方言を話し、かつ彼らの純朴だが深い、真実の情感に共感の念を抱くことを意味していたのである。しかし、それは学者が農家に住み込むとか、大都市で悲惨な生活をしている人々の貧困と不幸とを彼らと分かち合おうということではなかった。ただ学者は、精神的な意味で彼らの立場に身をおき——すなわち、彼らに共鳴し、自らの偏見を克服して——彼らの無教育な本性のうちにある純朴な善良さや素直さゆえに、彼らを愛するようになったのである。

みなさんに以前話したと思うが、昔のギリシア文学のある時代においてさえも、ギリシア人はほとんど同じような文学的革命を起こさなければならなかった。それゆえ、卑見《ひけん》によれば、日本の将来の文学は、多かれ少なかれ、ごく普通の無学な人々、つまり国民の大多数の人々にたいする共感と愛情とに基盤を置くものでなくてはならないと思うのである。

それではなぜ、またどのようにして、こうした同じような事態がほとんどすべての文明諸国に起こったのかを説明してみることにしよう。社会の自然な成り行きは階級差別を生み出したが、いかなるところにおいても、上流階級の必然的な傾向として、保守主義、つまり洗練された保守主義が存在したにちがいない。保守主義と排他主義はそれぞれ固有の価値を持っているし、私はこの二つに対して、わずかの侮りの気持ちさえ抱いてはいない。しかし、保守主義はいつも固定性、マンネリズム、あるいは融通のきかぬ硬化作用をもたらしやすい。結局、洗練された社会では、すべての者に規則どおり行なわせ、言わせようとする――すなわち、同じやり方で思想や感情を表現させたり、抑制させたりしようとするものなのである。

いうまでもなく、人間の心は規則によってまったく変えられたりはしない。しかし、そのような抑圧的慣習ができてしまうと、誰もかれもが、まったく自然なやり方で思想を表現したり、感情を吐露することを恐れるようになってしまう。生活が極度に人工的になり、ひどく慣習的になってしまうと、文学は死滅しはじめるのである。

その時、西洋の経験に照らすと、ひとつの治療法があることを教えている。つまり、その死に絶えんとするものの生命を甦らせるには、すなおに慣習にとらわれざるものに回帰することである。言いかえると、あらゆる人間的なものが生まれ出てきた土壌である民衆の生活と思想の源に回帰すること――そのことをおいてほかに道はありえないのである。

一国の言語が絶望的なまでに規則によって枯渇させられてしまったなら、この言語をその本当の源である民衆にかえし、かつそれをお風呂に浸けるように、その中に浸してやることによって柔軟にし、強化し、生命を賦与《ふよ》してやらなければならない。いたる所で、この必然性が現われはじめているといえる。しかしこの歴史的必然性は矜持と偏見のありとあらゆる圧力で、抵抗の憂き目にあってきたのである。

しかしいずこにおいても、その結末は同じであった。フランス、ドイツ、またイギリスにおいても、文学を完成させるためのあらゆる学問的資源を使い果たしてしまった後に、文学が干涸びてしまい、みずからを持てあまし、萎れはじめていくのに気づいたのであった。そこで、彼らは文学を教室の雰囲気から引き離して、無学な人々の文学によって、それを賦活《ふかつ》させなければならなかったのである。こうした事態はどこの国でも起こったので、私はこの日本でも起こるにちがいない、と信じざるを得ないのである。

とはいえ、私は厳正な学問の価値を少しも軽んじて語っているつもりはない。否、まったく正反対である。最もよく民衆の言葉と口承された詩歌を会得し、しかも最もよい結果に導くことができるのは——もしその人が共感的な人間性を持ち合わせているならば——厳正な学問を積んだ人である、と私は思っている。

例えば、テニスンがケンブリッジで教育を受けたからといって、そのことは北イングランドのむずかしい方言を用い、バラッドの韻律にのせ、驚嘆すべきバラッドや劇詩を書くことの妨げとはならなかった。実際、英文学における偉大なロマン主義の改革者たちは、すべて、あるいはほとんどすべて、充分な学校教育を受けた人たちであった。ところが、彼らは生まれながらの偏見を克服するだけの芸術家魂を持っていたのである。しかも、彼らは、彼らと同じ階級の人々からの嘲笑をものともせずに、素朴な農民伝承からヴィクトリア朝時代の詩歌の新鮮な美しさを引き出すことに大いに力があったのである。

事実、もっと進んでいる者も幾人かいた――例えば、ウォルター・スコット卿《きょう》のごときは、田舎を馬で駆け巡り、最も貧しい人々の家に立ち入り、彼らと寝食を共にし、またいずこにおいても、彼らに唄《うた》を歌ってくれるように、あるいは昔の話をしてくれるように頼んだ。当時、スコットを嘲笑した者は、たくさんいたことであろう。しかし、彼が拾い集めた、あの一見取るに足らぬような農民たちの歌が、新しいイギリスの詩歌を誕生させたのである。

十八世紀文学の全般的な風潮が、そのために変化をきたした。それゆえ、学問があっても、無学な人々への共感の念を惜しまないような一人の日本のウォルター・スコットが、やがて日本にも現われるかもしれないことを、私は希望しておきたいと思う。

さて、私はこの問題についてもう充分話してきた。しかも、私はただ義務感からのみこの問題について述べてきたのである。それで、これから私が言わねばならないことは、もっぱら文学の創作ということに関してだけである。

大学を卒業すると、みなさんのほとんどは非常に多くの時間を奪いそうな、ある種の職業に就くことになるであろう。こうした環境の下では、文学を愛する多くの若者は愚かにも観念して、この方面での楽しみをやめにしてしまう。そうした若い学究たちは、もはや詩や物語や芝居を書いたりする時間がない——ましてや、個人的な勉強をするための時間さえあまりない、と考えてしまうと思う。

しかし、これははなはだ大きな誤りである。おそらく詩という唯一の例外を除いて、われわれに新しい文学を一番よく提供してくれるのは、忙しい人々である、と私は考えている。偉大な詩を生み出すには暇が必要だし、孤独な瞑想にふけるにはもっと多くの時間を要するであろう。だが、他の文学部門においては、西洋の大部分の文人は非常に忙しい人々であったし、現在でもそうであると思っている。

ある者は官庁に、またある者は郵便局に、さらにまたある者は陸軍や海軍に勤めている。陸・海軍の将校がいかに忙しい思いをさせられているのか、みなさんは知っているであろう。そういった忙しい人たちの中に、銀行家、裁判官、領事、知事、さらに数はごくわずかだが、ビジネスにたずさわっている者もいる。

実際のところ、ただ立派な文学作品を生むことによって生活の糧を得ることは、誰しもほとんど不可能なことであろう。文学者はほとんどの場合、職業を持っていなければならない。年々、この必要性は増大している。しかし、文学作品の創作原理は一時にたくさんの仕事をしないで、規則的な期間をおいて、少しずつ仕事を続けることである。

みなさんの誰もが、一日のうち二十分か三十分を文学のために割けないほど忙しいとは思われない。たとえみなさんが、一日のうち十分しか割けないとしても、一年の終わりには非常に多量の時間になると思う。

別の言い方をしてみよう――毎日、五行ずつ文学作品を書くことはできないだろうか。もしみなさんにできるのであれば、忙しさの問題は、たちまちのうちに解消してしまうことであろう。三六五に五を掛けてみよう。十二カ月も経てば、それはかなり厖大な仕事量になることであろう。毎日二、三十分ずつ書くことを心に決めればどんなによいことか。

もし、みなさんのうちで心から文学を愛する者がいるなら、この私のささやかな言葉を忘れないようにしていただきたい。そして、みなさんがたとえ毎日十分か十五分しか時間がないにしても、自分自身のことを忙しさのあまりほんのわずかしか勉強できないなどと思わないようにしていただきたいと思うのである。

それでは、みなさん、さようなら。

――Farewell Address（*Interpretations of Literature*, II, 1915）

一九〇三年（明治三六）東京帝国大学　訳／池田雅之

禅は人々を、不可得という仕方で自証する自己に目ざめさせる

Zen Opens Our Eyes to the Self which is Altogether Unattainably Attainable.

鈴木大拙

［概説］禅が軸としている主体性の感覚とは、自己や心といったものが不可得である、つまりは伝統的に自己と呼ばれているものに当たる実体がないという感覚である。この不可得の不可得たる所以は、それが知性的に把握されたり概念化されたりした途端、もはやそのものではなくなるところにある。禅が反対するのは、種々の疑問に対する解決を提供するものが、知性だけだと見なすことである。禅において知性とは、不可得なものの領域の入口で止まるものなのだ。禅の主張は概念化の地平でなく、現実の個人経験の地平にこそある。禅修行は不可得なものの中に飛び込み、それを不可得なものとして経験することにあるのだ。禅につきまとう不可解さの大半は、この状態が実現していないだけにすぎない。不可得なものが得られた後も、人は感性・知性の可得世界に戻ってくる。霊性的生活とは一方通行の道ではなく双方通行の道である。それゆえ、不可得なものの領域に止まりたいという欲望は、不可得なものを二元対立に転じさせてしまい、自らが作りあげた牢獄に自らを押しこめてしまうことになる。禅で必要なことはただ一つ、生まれる前からもってきた本来の顔を知ること。それは善悪、正邪、論理・非論理といった、存在への二元論的な観点を最終的な結論と取らず、また超越論的な解釈にも固執せず、それらをすべて捨てた「自己」以外にはないのだ。講義で取り上げた多くの禅話に通底するのがこの認識である。

〈講演のために用意された最後の原稿〉

慧可《えか》（四八七—五九三年）(1)が心(2)の不安ゆえに教えを求めて菩提達摩《ぼだいだるま》の許《もと》へやってきたとき(3)、達摩は「汝《なんじ》の心をここへ出してくれれば、安心させてやろう」と答えた。これに対して慧可は、「長年心を探して参りましたが、いまだにそれを掴《つか》めません」(4)と答えた。達摩は「そこだ！　汝の心を安心させた！」といい、これで慧可は悟った。

禅匠たちが心は不可得《ふかとく》だと断言するとき、かれらは心が無心であって、テーブルや猫や気体や原子や論理的概念などのように、明確に知的に分析可能な次元にまで持ち込めるものの同類として差し出せるような物体とか生命体、実存物、基体(5)などはそこにはない、という意味のことをいっているのである。この考えを象徴的に表現すれば、人は常に心について語るけれども、その明確な観念は持てず、いわば空を掴むようなものだということである。

だれしも身体のことは知っていようが、心に関してはそれが心理学の概念だとする域を出ることができない。心が血液や神経組織や、ある種の中枢分泌のような生理学上の実体でないことは、疑いない。恐らくそれは、様々な細胞や繊維の間の非常に複雑な関係の体系、あるいは、すべての器官が一定の集合化体系に到達するときに人体が造り出す脳の働きの、ある種の随伴現象と定義できる。科学者の間ではこの種の仮説が数多くあるだろう。しかし、これらの分析的・科学的説明では説明できない一事がある。それは、運動や働きなどが客観的には強制によるものだとか、いわゆる自由意思に反するものと見られるときでも、確かな自由の感覚があることである。この確かさの感覚、あるいは意識はどこから来るのであろうか。

人間以外のすべての生物には、私が「意識しない意識」とか「意識する無意識」とも呼ぶ特殊な「人間的」道徳感覚が、どうやら無いようである。それは創造性の本能と深く繋《つな》がっている。禅はこの自律性の感覚を軸にして動いているといってよいだろう。

以下の言葉は、自由、自律、確かさや創造性といった、内なる感情を論理的に表現したといえる表現の一部である。

「あるとはあらぬこと、あらぬとはあることだ」
「持つとは持たぬこと、持たぬとは持つことだ」
「そうあるとはそうあらぬことだ」
「AはAが非AであるからAだ」

もう少し現実に近づけると……

「柳は緑で、緑でない」
「我は汝、汝は我」
「ジョージが飲んで、ジョンが酔う」
「井戸に埃《ほこり》の波が巻きあがる」

等々。

これらは「ナンセンス」で「馬鹿げて」はいるが、禅が「不可得という仕方で自証」する自己に人を目覚めさせるとき、それは強引に「不条理」を活用して、見事にそのことに役立たせる。

［三昧《さんまい》についての古歌の］次の一句は、［禅修行についての］助言である。

「木人が歌うやいなや、石女《うまずめ》が踊りだす(6)」

また、宋代の禅者、大慧《だいえ》宗杲《そうこう》（一〇八九―一一六三年）は、［一人の居士《こじ》に宛てた書簡で］修行者に対して次のような助言を与えた。

「世事を学ぶには合理的な解釈が必要だが、世間外の事を学ぶときは丁度この反対だ。思慮分別は脇に置かねばならず、まさにこの点で別の情報源に訴えねばならない。合理的解釈が不可能なところで、そうした情報源はどうしたら見出せるか。この疑問にひたすら取り組み続けよといいたい(7)」

これまで私が部分的に行ってきたように、禅を論理的・心理学的に扱う場合、それが禅のすべてだといえば、禅理解において最大の誤りを犯すことになることは記憶にとどめる必要がある。私は禅経験の中で論理的ないしは心理学的に扱う余地のある部分を抜き出して、それをあれこれと利用しているとして、時に批判される可能性がある。しかし私の意図はそれとは大違いだと強調したい。というのは、私としては、正確さを犠牲にするかも知れない危険を冒しつつ、一般の人々に、よしんばかりそめにでも、あるいは間接にでも禅を知ってもらおうとしているに過ぎないからである。しかし、そのことが禅のありのままの姿を大いに傷つける可能性はある。私は人々に、前記のような説明で禅がすべて分かると想像することには特に慎重であってほしいと警告する必要がある。以下に述べることの方が、読者に禅を紹介する上で、ずっと適切であろう。

一

叙述を進める前に、「自己」、「主体性」、「無心」、「心」といった言葉の間の関係をまずはっきりさせることが望ましいと考える。

私はここで、「自己」を「心」と同意語として使う。「心」が本質的に「不可得」だとか、あるいは知的な定義を超えているというとき、客観的であろうとして人が通常採る方法を採用してはならない。なぜなら、絶対的なありのままの姿における「自己」は、それを摑もうという知的な試みをまったく受けつけないからである。しかしこのことは、それがないものだとか、いかなる意味においても実体のない幻想であるとか、ということを示すものでは決してない。

禅は仏陀《ぶっだ》を、神の手から生まれ出たままのアダムとイブより「洗練された」人だ、とする。かれらの無心さはまだ禅の洗礼を受けておらず、その「無意識」はまだ悟り（菩提《ぼだい》）の境地に目覚めてはいない。禅が重んじる「主体性」の感覚は目覚めの結果である。この点では、ユダヤ・キリスト教の神話は仏教的洗礼を受ける必要があると主張したい。

かくして、禅の観点からすると、人は無心であると同時に罪深く、罪深いままで無心である。形而上《けいじじょう》学の用語でいえば、人は存在しながら存在せず、存在しないのに存在する。また次のようにもいえる。すなわち、人は生死の只中にいながらそれを超えており、人は決して生まれているのではなく死んでいるのでもない。因果の法則は重くのしかかり、人は必然性と不可避性の魔手に縛られているが、それでも人は自己の主人であり、絶対的に自由な生を営んでいる。人は無限の可能性に溢《あふ》れる零《ゼロ》である。

以下の禅話は、およそこうした見方に沿って理解されるべきものである。

　趙州従諗《じょうしゅうじゅうしん》（七七八―八九七年）の許に、あるとき僧がやって来て、「人が何の重荷も背負わないときとはいかなるものですか」と訊ねた。師は、「その荷を捨てよ」[8]と答えた。僧「いかにしたらそれができますか」、師「できなければ、背負って行け！」

　仏眼清遠《ぶつげんせいおん》（一〇六七―一一二〇年）は、五祖山法演《ごそざんほうえん》（？―一一〇四年）の高弟の一人であったが、次のような趣旨の示衆《じしゅ》（説法）を行っている[9]。

「夾山善会《かっさんぜんね》（八〇四―八八一年）は、かつて会座《えざ》の衆に向かって『目の前には聴く大衆は無く、師家の席に老僧はいない』と言った。現に大衆がおり、ご自分は寺の『老師』として壇上にいるのに、どうしてそんな言葉を発したのか。老師はなぜ壇に坐る名誉ある『自己』をあえて否定したのか。実はこれは些細《ささい》な事柄ではなく、夾山の言葉をあまり意味のないものとして迂闊《うかつ》に扱ってはならない。この事柄を真剣に一心に検討しなくてはならない。というのは、日夜感覚経験に翻弄《ほんろう》され生死の因果の嵐を乗り切れない間は、人は内なる自由の完璧な状態に到達することができないからである。よしんば汝らがそれを得たと思っても、まだまだ遠く実在を離れているかも知れないのだ[10]。

「さて、ある禅匠たちの間で起こったもう一つの出来事をお話ししょう。

「南泉普願《なんせんふがん》（七四八―八三四年）と趙州という唐代の禅の名僧が八世紀と九世紀の間に活躍した頃、一人の禅僧が山中の平らな岩の上に小屋を建てて住んでいた。ある日、僧がたまたまこの禅僧に出会って思いあまって次のように勧めた。『南泉大和尚が今多くの僧を指導しておられます。貴僧もこんな所で無駄に日を過ごさないで、和尚の会下《えか》に加わったらどうですか？』。山小屋の孤独な住人は答えた。『南泉が禅の指導者として世に現れたことなど聞きたくもない。仏陀がここへ来たとしても、私はここを動かない』と。僧はこの出来事を南泉に伝えた。南泉は禅の隠者の言葉にいたく興をもよおして趙州に、隠者に会いにゆき、いかなる者か見てこいといった。趙州は孤独な隠者が坐禅している山間の小屋に赴き、小屋の前を東から西へと歩きはじめた。隠者は趙州には目もくれなかった。趙州は今度は西から東に歩いた。それでも目もくれない。そこで趙州は入口に立って小屋の住人に向かって『ああ、小屋の主よ、貴僧の負けだ』と言明した。相変わらず目もくれない。趙州はそこですだれを引き下ろして小屋を去った。小屋の主はこれも無視した[11]。

「この話は訳がわからぬであろう。一人は絶対的な無関心の状態にどっかりと腰をすえて動かず、他方は忙しく手を尽くして口をきかぬ僧をなんとか動かそうとするが、無駄骨に終わる」。

仏眼の示衆の結論は（要約すれば）次のようなものであった。

「趙州と南泉がこの隠者を理解しそこなったと考えるならそれは間違いだ。一方この僧が禅匠たちの間で通常交わされる問答をまったく知らぬ救いようのない隠者だと考えると、それも大間違いだ。ここで必要なのは、この三人の禅匠の間で起こっている、表面上の食い違いのすべてを超え、ここで聴いている汝らも含めて三人がいる理想世界を洞察することだ。そうした洞察は明晰《めいせき》で汚れのない『道を見る眼』を持つ者だけに許されている」。

別の示衆(12)で仏眼はいう。「今日、禅の修行者が陥りやすい病が二種類ある。一つは驢馬《ろば》に乗っていながら驢馬を探し求めること、もう一つは、驢馬に乗ってしまうと降りようとしないことだ。汝らは驢馬に乗っていながら驢馬を探し求める方が重病だというかも知れない。しかし、いいかな、乗っていながら驢馬を探す愚を知るには大なる知恵は要らない。一番深刻な誤りは、驢馬に乗っているのを知った後であえて降りようとしないことだ——それが自己満足の状態を誘い出し、驢馬に乗り続けることになる。

「私が禅修行で最重要だというのは、驢馬に乗り続けるのではなくて、汝らが驢馬そのもの、実は宇宙全体が驢馬そのものだと会得することだ。それが分かったら、どうして汝らは乗り続けるだろうか。乗り続けるなら、それは汝らが自分の病をまだ知らないということになる。汝らが乗るのを止めたとき、全世界は（汝らの自由経験の場として）なんと広いことか！　この二種の病を直ちに捨てよ、そうなれば『心』を煩わすものは一切なくなる。(13) そうなれば、汝らはダオ（道）の人といえる。そこにはもうどんなものであれ、汝らを苦しめるものはない。

「それが、南泉普願が趙州従諗に『道とはなにか？』と訊ねられた時『平常心が道だ』(14)と答えた理由だ。師の南泉からこの答えを与えられたとき、趙州の憧れや駆けずり回りはたちまち止んだ。その時、彼には『仏陀病』や『祖師《そし》病』の意味がすっかり分かったのだ。以後彼の行くところ、相見した禅師たちがどんな病に罹《かか》っているかを見抜くことができた。そうして、［あらゆる禅病を知る］当時最高の禅の名医となったのだ。

「趙州が鄂州《がくしゅう》の茱萸《しゅゆ》という名の禅匠と出会った時の出来事について汝らに話そう。趙州が尋ねてきたとき茱萸は、趙州が杖を手にして自室の前を東から西へ歩んでいるのを見た。茱萸は『なにをしているのか？』と訊ねた。趙州は『水源がどこかと探しているのだ』と答えた。『わしの所には水一滴もない。ないものを探し当てようとしてなにになる?』。これには答えずに、趙州は杖を道端に掛けたまま去っていった(15)。

「この話で、もっとも秀《すぐ》れた禅風とはいかなるものかがうかがえる。今日、修行僧たちは病を真理と取り違えている。もうこれ以上病で『心』を煩わさないようになってほしいものだ」。

病を知るとは、完全に独立し、自己にのみ拠《よ》り、しかもそれが本物の自己であり、外面にかかずらわないことである。こういう心の状態が本当に得られれば、随処作主《ずいしょさしゅ》である。どこにいるかを知っていて、何も知らないかのように動く。それなのに、だれかに声を掛けられ問いをつきつけられると、彼はどう答えるかを承知している。自分はなにも知らず一切のことに無知だ、と言ってのけるかも知れない。けれども、彼は愚昧《ぐまい》な男でも単なるもの知らずでもない。なぜなら、問われれば聡明な答えを出し、世界にも自分にも満足していて、しかもそのことをよく承知してもいるからである。なぜそのようなのかの理由は説明できないかも知れないが、自分がそのような状態にあることは十分に自覚しており、それにも増して彼の世界である自分に完全に満足している。なぜなら、そのような状態は、彼自身だけではなく存在全体を含んでいるからである。これは「以前はよかった」ではなく、「現に良し」ということである。これこそ彼が「世にもっとも尊い者」であるところである。以上の光に照らして仏眼の次の示衆を見てほしい(16)。

二

「今日の人々に一番必要なのは、自貴、自尊、自成、自立の立場である。これらのことがあって初めて人は落着く所がどこかが分かる。しかもこの人は、落着き所はあるにしても、これをなにか固定したものとしてしがみつくことのないように十分気を配っている。さもなければ、かならず空想に惑わされて物事の処理に迷うことになる。私が手に持つ「払子《ほっす》」の真相をこの人に分からせよ。汝らはこれの正体を知りたいか？（師は、ここで払子を揚げて『これが見えるか』と問うて、又言葉を継いだ）。もし見えると言ったら、汝らは私の払子を知らないのだ。見えないといっても、汝らは私の払子を知らない。となると、汝らの自貴、自尊はどこにあるのか？

「近年、法門の兄弟《ひんでい》が各地の山寺を訪れ、僧坊を訪ねて回り、それを以て仏道を学び遍歴修行と呼んでいる。汝らは本当に遍歴修行で向上したいのか？　五台《ごだい》、清涼《せいりょう》、京師《けいし》、両浙《りょうせつ》、廬山《ろざん》、湘南《しょうなん》、天台《てんだい》、鴈蕩《がんとう》、江南《こうなん》、江北《こうほく》やその他の美しい山や川や湖や寺院を本当に見たいのか？

（師は払子を揚げて続けた）「物事を徹見せよ。そうすれば、汝らの遍歴という一生の大事は了《おわ》る。徹見しなければ、汝らは徒《いたず》らに山河を歩き回って疲れるだけに終わろう

——そしてそのことは汝ら自身の尊厳をいたく損なう。汝ら兄弟よ。自尊心を失ってはならない。誇りを忘れてはならない。汝らは『そのように自分の尊厳を認め、そんな風に自分を尊重して、それでどうなるか？』と聞くかも知れない。私は言おう、『どうなるわけもなし、何の得失があるわけでもない』と。汝らは突っ立って私の話を聴き続けるには及ばない。尼は女性だし、義姉は汝らの兄さんの妻だ。まあ、汝ら兄弟よ、もう禅堂に帰りたまえ」。

「どうなるわけもなし、何の得失があるわけでもない」とは「無事」を説明する言葉である。字義は「何の用事もない」、「何事も生起しない」、「妨げもない」、「落ち着いている」、「穏やかな心境だ」の意味であり、これは客観的にではなく、主観的に人の内的情緒としてあるもので、そこには強制や必然の意識はまったくない。そこから確かさと自主の感覚が生まれ、そこには自身の存在への全幅の敬意がこめられている。禅籍《ぜんせき》を見るとよくお目にかかる、次の言葉はすべて同義語である。

自尊
自貴
自成
自立

自由
自在
自主

「無事」を心理学上「無心」ないしは「無念」に当たるものとみると、「無心」と「自己」――それを完全に浄化するのが禅修行の目的だとされている自己――とはいかなる関係にあるのか、という疑問が起こる。無心とはそのように浄化された「自己」と同一視していいのだろうか？「浄化された自己」というと、一切の内実を除かれた自己は空の貝がらのようなものか、単なる概念に過ぎないと思われるだろうから、誤解を招きかねない。禅で浄化された「自己」とは、一般に「自己」といわれているものの「不可得性」のことで、この不可得性こそ無や空そのものなのである。「自己」は不可得であるというとき、その意味は伝統的に「自己」と呼ばれているものに当たる実体がないということである。

「無心」についても同じで、その意味は心（マインド）の不可得性、あるいは無性《むしょう》、空性《くうしょう》（シューニャター）であることである。そして、個体化された感覚経験から生じる一切の制約や強制にもかかわらず、人が絶対的自由の感覚を持つのは、この空性による。万物の無とはゼロを、万物の多は無限を意味する。そしてこの明らかな矛盾のゆえにゼロ＝無限大と無限大＝ゼロの等式が成立する。

この等式を仏眼は次のように表現した。[17]

「言伝えによると、大昔のナタ太子はその肉を母に骨を父に、返したと、またその後、本来の姿で現れて太子は大いなる奇跡を示された、という。兄弟よ、こんなことはいかにして起こりえたと思うか？　肉を母に返し骨を父に返して、どんな本来の姿で現れたのだろうか？

汝ら兄弟よ、もしこの説話の意味が分かったならば、汝らは五蘊《ごうん》の集まりであるこの身体をすっかり消して十方世界《じっぽうせかい》を呑みこんでいただろう。私の偈《げ》を聴け。

骨は父に肉は母に、返したあと
太子はどんな身体をしているのか？
兄弟よ、耳をこらして聴け。
山も河も大地もまた——
太子の身体はそこに露堂々《ろどうどう》だ。
十方のすべての世界はその上に、
永劫《えいごう》の時はそこに、一切衆生《いっさいしゅじょう》とともにあり、
往く姿も来る姿も、ない。

そして、忘れてならぬぞよ、わが説示を
文字通りに解釈してはならぬ(18)」

ナタ太子が肉体としての存在を捨てたとき、いわゆる本来の身体はどこにあるのだろうか？

それは霊魂か？　もしそうなら、霊魂とは何か？　仏教者は、それは単なる無、つまりはゼロだというだろう。そして、無だからこそ、それは宇宙まるごとを、そこの無数の衆生、山と河、花と生き物、星と月を含めて呑みこむ、ゼロはすなわち無限である、というだろう。ナタ太子は心理的な内実の一切ない「本来の自己」で現れる、彼はつまり自身の主人である。太子は自身の欲望、想像力、思念を自分の個人的な目的にではなく、自身の本来の意思、すなわち「恵み」（カルナー）のために利用する。

感性と理性の身体を脱したナタ太子は、境界のない円、つまり中心がどこにでもある円に譬《たと》えられよう。この種の円には中心が無数にある。中心はどこにもなくて至るところにあり、どこにでもあり、かつどこにもない。太子の身体は、形而上学的にいえば、そこにすべての過去が吸いとられ、そこからすべての未来が繰り広げられる「今ここ」である。

先に引いた仏眼の偈には、こうした理由で次のような前文がついている。

「七掛ける七は四十九、
北極星を見るには南を向け、
生と死、死と生――
泥牛が大声で吠える。
兜率天《とそつてん》にいた時から
仏は王宮にお生まれになっていた、
母の胎内にいた時から
衆生救済の行を達成されていた(19)」

7×7＝49、4×9＝36、または9×9＝81――これは正しい算術で、だれもこれを疑わない。ところで、師はどうして突然くるりと向きを変えて、北極星を探すのに南を向けというのだろうか？　師の相対論的空間の観念はどこへ行ったのか？　感性・理性経験をすべて剝《は》ぎ落とした「自己」は、変梃《へんてこ》な種類の「不可得性」に違いないと人はいうであろう。

恐らくは、仏眼の狂気を疑って異議を唱える人がいても、それは正しいかも知れず、許されよう。なぜなら、その人は不可得なものに親しく出会ったことがなく、それについての「知識」とて、概念化を出ないからである。ところがこの不可得なものは、不思議なことに現実味のあるもので、不可得な仕方で可得となる。どういうことかというと、それは分別智《ふんべっち》の対象ではなく、禅匠が「平常心」とも呼ぶ、無分別智《むふんべっち》とか本来の感覚とかの対象だということである。私は時に応じてこれを直覚とか直接経験と訳してきた。しかし、今では原形(20)のままの方がよいと思う。禅籍から若干の例を引用すれば問題点が明らかになるであろう。

三

一・ある禅匠の許に師に心酔した弟子がいた。師に接する度に、師は手を振って「まだ、まだ」といった。時が経ってある夕べ、弟子は絶望に陥り、「どうしてなのだろう？　悟りに導く教えの一言ももらえない。師は『まだ、まだ』といって私を追いだすだけだ。どうしたらよいのか？　一体どう考えたらよいのか？」弟子は、こんな風に全くの絶望状態が続いたが、探究の対象を手離さず、あらゆる観点から熟考し続けたところ、突然心に閃《ひらめ》くものがあって、師が彼に発見させようとしていたものを直ちに会得した。翌朝師に所見を述べるために推参したところ、師は弟子を見るやいなや叫んだ、「それだ、それだ(21)」。

二．龍潭崇信《りょうたんすうしん》が天皇道悟《てんのうどうご》の会下で暫《しばら》く修行していたとき、格別教えを受けることはなかった。ある日彼は師の許に推参して、「私が師の許に参ってから『心』の真髄についてなんの教えもいただいておりません」といった。道悟は答えて、「汝がここへ来て以来、『心』の真髄がなにかを何度教えてきたことか」といった。「それはいつですか？　どうかお教え下さい。師よ！」「汝が朝茶を持ってくると、私がそれを受けとる。食事を運んでくると、それを受けとる。汝が私に礼をすれば、私も礼を返す。汝に『心』の真髄を教えなかったところがどこにあるか？」崇信は頭を下げて暫くそれについて考えはじめた。道悟禅師は次のようにいった。「ものごとを知り抜こうと望むなら、その場で見てとれ。決して考量してはならない。考量を始めると、もうすれ違いだ」。これで崇信の心が立ち所に事の本質に開かれたといわれる[22]。

三．薬山惟儼《やくさんいげん》が禅の噂を耳にして石頭希遷《せきとうきせん》に参じて訊ねた。「私は経・律・論の三蔵に説かれている仏教の教説には通じています。しかし、聞くところでは禅は直接に人の心を見抜き、それによって直ちに仏にならせるといいますが、私にはそれが納得できません。ご教示いただけましょうか？」答えて石頭がいった。「汝が『そうだ』と言うとき、汝は分かっていない。『そうではない』と言うとき、汝は分かっていない。『それは当然そうであり、そうでない』と言うときも、汝は分かっていない」。薬山は理解できなかった。石頭はそこで彼に江西《こうせい》に行き馬祖《ばそ》道一《どういつ》に会えば、馬祖は教えてくれるかも知れないと言った。いわれた通りに薬山は馬祖のところに行き、石頭に訊ねたように訊ねると、馬祖の答えは、「私は時には人に眉を揚げて眼をみはらせ、あるいは瞬きさせる。しかし、どちらもさせない時もある。相手がそうする時、それでよいこともあるが、時にはそうしても全くだめなことがある」であった。

ここで薬山は「悟り」を経験したが、それをどう表現すればよいか分からなかった。薬山のできたことは、ただ馬祖に頭を下げることだけであった。馬祖がその訳を訊ねたのに対して、薬山は「石頭のところでは、私は鉄牛にとまる蚊のようでした」と答えた。馬祖は頷《うなず》いた(23)。

石頭も馬祖もここで同じことを違った言葉で語っている。二人とも不可得なものを指し示しているのだ。薬山の心が不可得なものに辿《たど》りつく準備がよりよく調えられたのは、しかし石頭と出会った後だったのである(24)。

四．洞山守初《とうざんしゅしょ》は雲門文偃《うんもんぶんえん》に参じたとき、「今回はどこから参ったか」と聞かれた。「査渡《さど》から来ました」「夏安居《げあんご》はどこで過ごしたか」「湖南《こなん》の報慈《ほうじ》です」「いつその僧堂を出たのか」「八月の二十五日です」。

予期に反して雲門は、「杖で打ちのめすところだが、眼をつむってやろう」と言った。洞山はこの答えに驚き、その夕べ中不安に駆られて、雲門の問いに率直に答えた中でどこが間違っていたのかを考えた。翌朝師に参じて、どこが悪かったのですかと訊ねた。雲門は彼を以下のように叱責《しっせき》した、「汝、飯袋め！　これが禅修行したいからとてあっちへ行ったりこっちへ来たりする汝のやり方なのか」。この苛烈な非難で洞山は不可得なものがあることに目覚め、しかもそれが実は可得だと悟ったのである(25)。

この不可得でありながら可得なものは、すべての人を中にいれてだれもがその中心になれる境目のない円に「心」が一度気づけば、日常的な挨拶や問いただしの中にあるのである。ところが、「それを得た」と言った途端に、それは姿を消す、だから不可得なのである。ここには別段、格別であったり、異常なものはないのに、すばらしいことには、それが人生で最大の意義を持つ問題を解決してくれるのである。そういう理由で、徳山宣鑑《とくさんせんかん》が、「禅においてもっともすばらしいことはなにか」と問われて、「禅には言句はなく、『真理』だとして与えるものもない」と言ったのである(26)。禅とは人に対してこれだ、あれだと指示できる真理でも物でも一定の概念でもないので、徳山のこの言葉は、不可得なものをいい表す禅の言葉も句もないという意味にとってよかろう。それゆえ、僧に「徳山と相見した後で何を持って帰りましたか」と聞かれて、雪峰義存《せっぽうぎそん》は「空手で行き、空手で帰ってきた」と答えたのである(27)。空手とは、不可得なものを指し示す。

睦州道蹤《ぼくじゆうどうしょう》は臨済義玄《りんざいぎげん》の年長の同時代人であったが、呼びつけた僧が振り向いて答える度に、よく、「おう、汝愚か者よ！」と言った。「愚か者」とは場合に応じて悪口であったり、褒め言葉であったりする。褒め言葉の場合には、「おう、汝は（不可得が）分かった！」であり、悪口の場合には「おう、汝はまだ分かっておらん！」である。前者では愚か者は「賢者」を意味し、後者は文字通りの者である。

不可得なものは、中心がどこにでもある円と丁度同じように、どこでもいつでも可得だから不可得なのである。禅が摑みにくいとか、惑わしだとまでいわれるのは、この事実による。それはどこにもないからどこにでもあり、どこにもあるからどこにもないのである。

時に師は、修行者が足を組み姿勢を正して坐り、不可得なことについて瞑想するのは不要だと助言する。その理由は当然である。すなわち、人が対象物を得ようと努めれば努めるほどそれが遠ざかるからで、特にこの「対象」が相対的な意味で得られるものでないとき、然《しか》りである。そのように対象とされるものは実はまったく対象ではないのである。

五．王という名の高位の役人が睦州に参ずる約束の時刻に遅れたとき、睦州はその理由を問うた。役人は打毬《だきゅう》をしていましたと答えた。師匠は、「打ったのはどちらか、騎手か馬か」と訊ねた。役人は「騎手です」と。「騎手は疲れたか」「はい、疲れました」「馬は疲れたのか」「馬も疲れました」。睦州はそこで訊ねた。「柱は疲れたか」。

役人の王はなんと答えたらよいのか困った。帰宅後一晩中、「柱は疲れたか」という師の奇怪な問いについて考えた。真夜中、思いがけず答えがはっきり見えてきた。役人の王は翌日、師匠を訪ねて、師匠の問いが分かったと報《し》らせた。睦州は、「柱は疲れたか」と訊ねた。「はい、疲れました」。

仏眼は結論として言う。「これが達摩大師が初めて中国にもたらした禅の意味なのだ」「柱は打毬の遊びをしているわけではないのに、どうして疲れるのか。この意味がわかるか。馬が疲れる、人も疲れるが、それだけでは不十分だ。柱が疲れて初めて真に疲れということがある。この役人が言葉によって不生[29]（これまでここで説明してきた術語では、「不可得なもの」の意）を会得したのは結構だが、もし汝らがここになにか理性に合致したものを求めるなら、大きな誤りを犯すことになろう[30]」。

生とは測れるものと測れないもの、可得なものと不可得なもの、有限のものと無限のものとの混在である。「明眼《みようげん》」を持たないかぎり、人はとかく偏見の穴に落ち込む。ある禅匠は、「汝が見えると言えば、汝の眼は霞んでいるのだ。見えないと言えば、汝には見る力がないのだ」と言った。徳山も似た言葉を吐いている、「汝が何か言ったら、三十棒くれよう。何も言わなかったら、同じく三十棒をくらわそう[31]」。あなたが何かを見ると穴に落ち込む。不可得なことを得たと言うとき、それもまた穴である。不可得なものとは、どのような形の可得性をも超えている。だから不可得と言うのである。ここを理解するには「明眼」が要る。

前述のように、最初の病は、驢馬に乗っているのに驢馬を探し求めることである。第二の病は、驢馬に乗っていると知った後でそれから降りようとしないことである。究極の経験とは、驢馬をも自分自身をも忘れること、それが十牛図《じゅうぎゅうず》の第八、第九である[32]。実は第八図と第九図とは一つで、互いに分けてはならない。二つは盾の両面で、その表は裏から引き離せない。逆もまた真で、どちらかを片方から切り離すと、盾は消えてしまう。まことにこれは不可能事である。不可能事は観念的には可能にできても、現実にはそれは不可能である。第八図の空っぽの円は観念化された表象である。これが禅修行の最終目的だと受けとめられると、第二の禅病に冒される。円はゼロで、ゼロはそれだけでは無意味であるからゼロ＝無限大の等式、つまり第八図プラス第九図で裏打ちされなくてはならない。その統一化ないしは一体化ができたとき、ゼロ＝無限大かつ無限大＝ゼロということの、道徳的もしくは精神的な表現である第十図が登場する。禅は道徳を説くが、それは一般にあれこれの不純な動機にもとづく個我中心の段階ではなく、より高い段階で行われる道徳である。

四

「自己」から一切の不純な内実を捨てさるとは、「自己」を自身の主人公とすること、水が自然に流れる場合と同様にその動きが出てくる、その本来のありのままの姿を取りもどさせることである。龐居士《ほうこじ》の「すべての存在の中に分かち合うものを何一つ持たない人とはいかなる人格なのか」という問い、その意味は、「絶対者とは何か」という問いである。(33) 仏眼はこれを評釈《ひょうしゃく》していう。「これは世間的な塵労《じんろう》を超えることではないか。『心』が自己を意識せず、眼が自らを見ないとき、人は相対性の領域を超えたところへ赴く。ある形姿を見ながら眼に見えるものは何も見ていないとき、音を聞きながら、聞こえるものは何も耳にはいらないとき——これは世間的なあり方を超えてはいないか？　人は連絡通路のない場所にはいったとき、開口部のない場所をのぞき見たとき、仏陀のあり方は空間の三次元性とは無関係だと知る。そのとき、私は汝らが私の弟子だとか、私が師だとかいうつもりはない。汝らが『自己』をはっきりと見ることができれば、すべてのものは正しい処にある。そうなれば、汝らは師と相見していても、師とは意識しない。汝が汝自身とあい見えて相手が汝自身だとは意識しない。同様に、経典を読んでいるとき、経典を見ていない。食事をしているとき、食事を見てはいない。坐禅しているとき、坐っている自分を見ない。汝らの日常活動において、誤まりは起こらず、可得なものは何一つない。汝らがこうして物事のありのままを見抜けるならば、これこそ汝らが自らを頼りにして、自らである「つまり絶対的な自由を享受している」ことではないか？」(34)

要点は、存在への二元論的な観点を最終結論と取らずに、しかし超越論的な解釈には固執しないことである。ある禅師がよく言っていた。「禅の悟りを得るまでは、山は山、川は川だ。最初の悟り経験でこれは否定される。そして、最終の悟得《ごとく》に達すると、一切が再び肯定されて、山は山、川は川となる」と。(35)中国の文学的措辞では、山と川は対《つい》になっていて、「陸と海」とか「凝固と流動」、「静と動」等々と同じ意味である。物理的にはこの句は全宇宙を指し、論理的には山が山、川が川であるときには「諾」ないし「肯定」を象徴するものであり、山が山ではなく川が川でないときには否定を表す。道徳の面でいえば「肯定」は存在のまるごと全部に「その通り」の態度を採ることを意味し、否定はその反対である。

これらの対立を乗り越えて、禅匠が山は山、川は川と宣言するとき、その言葉は論理として、あるいは字義の上では当初の素朴で「無邪気な」肯定と同じであるが、内的ないし精神的には両者の間に距離、相異があり、それを中国人ならば天地の間ほど大きいというであろう。事実、両者はまったく異なる範疇《はんちゅう》に属し質的に別ものであるから、両者をくらべることもできない。禅は論理的・合理的ではないが、常識を踏まえ、かつ平常心に立脚しているので、普通の言語で現実や非現実を「不二元論的」に理解したことを表現する。

（a）慧忠《えちゅう》国師にある僧が訊ねた。「毘盧遮那仏《びるしゃなぶつ》の本来身とは、いかなるものですか」。これは近代の言葉でいえば、「実在とは何か」とか「神とは何か」に相当する。国師はそれを言葉で説明しようとはしなかった。それは師が、言葉というものが、問う者を出口のない迷路や思案に追いこむと知っていたからであるが、それでもなんとか言葉をみつけて、「すまんがその水差しをこちらへ回してくれ」と言った。僧はその命に従った。すると、師匠は水差しを元の場所に戻すよう求めた。僧は命に従い、かつ当初の問いを繰り返した。「毘盧遮那仏の本来身とはいかなるものですか」と。慧忠国師は「古仏は先般亡くなられた」と答えた。毘盧遮那仏がだれだか知らぬ者は、この「話頭《わとう》」の意味についてあらゆる意見を出すであろうが、仏眼は、それらすべてが想像から生まれた荒唐無稽のものだと評釈した。「今は清々《すがすが》しい秋の季節の只中だ。兄弟よ！　毘盧遮那仏とはだれのことか。汝らは僧堂に戻り、各々茶を喫せよ」と。そういって彼は説教壇を降りた[36]。

（b）仏眼は大衆に向かって常識的な言葉にいかに貴重な宝が隠されているかを示そうとして次の「話頭」をいって聞かせた[37]。

趙州は、その住む地域の王侯が老師に表敬したとき、禅床《ぜんしよう》を降りて挨拶しなかった。趙州はそこで言った。「おお、お上よ、お分かりか」と言った。王侯は分からぬと答えた。趙州は「若年の頃から私は僧としての戒律を固く守ってきました。歳老《よ》いた今禅床から動く力もございませぬ」と。(38)

騰騰和尚《とうとうおしよう》は、当時、唐朝の事実上の支配者であった則天武后《そくてんぶこう》に拝謁した。和尚は皇后を見上げて、「陛下はお分かりか」と問う。「分からぬ」との皇后の答え。和尚は、「私は沈黙の戒律をまもっております」と答えた。(39)

慧忠国師が粛宗《しゆくそう》皇帝に謁見したとき、国師は自分の烏帽子《えぼし》を指して、「陛下はお分かりか」と訊ねた。皇帝が「いや」と言うと、国師はそこで、「今日は寒いので、陛下よ、わたしが烏帽子をつけたままでいるのをどうぞ許していただきたい」と言った。(40)

上記の禅匠たちは、高貴な人々をからかっているかに見えるかも知れない。あるいは、日本の諺にあるように、「彼らは暗闇で鼻をつままれたか、狐にだまされたかのようで」あるかも知れない。(41)この中に禅があるだろうか。仏眼は評釈を加える。「汝らがこれらの『話頭』の意味を理解するならば、すべての貧者を養える膨大な宝を手にする。理解できなければ、汝らは入口の門から閉めだされて、相変わらず貧しさに打ちのめされる。だが、それはこの宝の咎《とが》ではなく、汝ら自身の咎だ」と。

(c)その昔、ある禅師が僧に訊ねられた。「菩提達摩が西からやって来た意味は何だったのか」。(42)これは禅ではよく聞く問いである。その意味は、禅宗初祖の菩提達摩をインドから中国に来させたものは何か、である。中国に禅を広めようと望む格別の動機が彼にあったのか。それでは禅とは一体なにか。達摩が西から来る前に中国には禅がなかったのか。禅とは特別に宣伝を要するものなのか。禅とは人がすばらしいと宣伝すべきものなのか。師はこの問いを持ち出されたとき、驚いた様子で、「汝は、自分のことをしなくてはならないときに、他人の考えなど訊ねるが、それよりも自分がどうするかをなぜ考えないのか」と言った。この意味は、他人のことを気にするより自分のことを本気で考えよということである。その僧は言った。「私のこととは何でしょうか」「汝は普段は表に出ない秘密があると認識すべきだ」「師よ、それはどういうことですか」。そのとき師匠は眼を大きく見開き、そしてそれを閉じた。(43)

これもまた問う者をからかった鋭い冗談の一例に見えるかも知れない。眼を見開き、眼を閉じることにどんな秘密のメッセージがあるのだろうか。これはだれもが一日の中で、いつでもしている動作である。格別の動機など、そこにはない。その行動に特に秘められた意義を見る必要はない。禅匠はこの弟子に、いかなる秘密を伝えたかったのであろうか。

六祖慧能《えのう》が、出家前は兵士であった［五祖］同門の弟子の明上座《みようじようざ》に追われたとき、逃げられないと悟り、そこで荷を下ろして静かに地面に坐して、追っ手を待った。彼はそこで相手に何がほしいのかを訊ねた。僧明は、「私は何も特別のものを望んではいません。ただ、望むらくはお互いの師弘忍から師が託されたと伝えられる秘密のメッセージを知りたいのです」と言った。慧能は答えた。「もし左様ならば、善も悪も考えないその時の、父母から生まれる以前の汝の本来の顔はどんなものか、それを見せよ、だ」。この意外な要求が、求めてやまなかった究極の実在に明を即座に目覚めさせた。そこで明は、「他に秘密があるのですか」と訊ねた。慧能は、「もし秘密などがあるとすれば、それは汝の側にこそある。私には関係ない」と答えた(44)。

一人の祖師から次の祖師へ、あるいは師から弟子への伝灯《でんとう》といわれるものとは、人から人への、この「本来の顔」の受け渡しにほかならない。であるから、個人間の伝灯はどこにもない。「顔」とはその人自身のものである。他人から借りるものではない。借りたら、それは自分の顔ではないから、自前の顔の上にさらに人の「顔」をつけたいと望むわけがあろうか。禅で必要なことはただ一つ、生まれる前からもってきた本来の顔を知ることである。それは善悪、正邪、論理・非論理の内容をすべて捨てた「自己」以外にはない。それは物事のありのままの姿である。公案《こうあん》も要らず、「喝《かつ》」も不要である。寒いので私は帽子を被る。年寄りだから、どこへ行くにも杖を引く。禅はここにあるのであって、別の場所にあるのではない、と禅匠は言うだろう。

（d）五祖山の法演がある僧に、「一切事の究極の法則とは何か」と問われた。法演は答えて曰く、「なにも格別なことはない」(45)。そして琅耶慧覚《ろうやえかく》と僧との間の問答を朗誦した。その僧は、「実在はそのあるがままの姿で清浄で汚れがない。もしそうだとすると、どうして山河と大地が出現するのか」という経典の句を引いて教えを請うた。琅耶は特定の答えを与えずに、その問いを復唱して言った。「実在はそのあるがままの姿で清浄で汚れがない、山河と大地はいかにして出現するのか」。これがその僧を会得させた(46)。法演は結んで言った。「金の塵がいかに貴重でも、眼にはいれば傷をつける」と。

一人の僧が投子大同《とうすだいどう》に問うた。「仏陀の教えの大いなる籠《かご》に何かすばらしいものがありますか」。大いなる籠とは、もともと三つの籠に納められていた仏教文献全体、大蔵《だいぞう》、すなわち、(一)経蔵《きょうぞう》、(二)律蔵《りつぞう》、(三)論蔵《ろんぞう》を指す。この問いは、キリスト教の言葉に直せば、「聖書には奇跡があるか」ということであろう。この問いに投子禅師はこう答えた。「大蔵が生み出された」。法演は評唱《ひょうしょう》して言った。「なんという浅はかな答えか！　投子が問われてこんな答えしかできないとは情ない！　もし私が彼だったら、そんな答えはしなかったろう。その僧に『仏教の大蔵に何かすばらしいものがありますか』と問わせてみよ。私は僧に言おう、一礼をして退出するときに『謹んで承り、教えのままに従います』といえ、と（最後の句は一般に経典の末尾にあるもので、キリスト教の「御心《みこころ》のままに、アーメン」にほぼ当たる）。私の答えは投子のそれと大違いだが、兄弟よ、『結局どこに落ち着くのか』と汝らに問おう。私は汝らが眼を見開いて何が何かを見てほしいのだ(47)」。

人は常に宗教的ないし精神的なことの中になにか素晴らしいもの、特別なもの、奇跡的なものを求めていて、それによって平凡な生活を超えたいと願っている。禅匠は自分の宗教経験を語るとき、一種散文的で、とかくぶっきらぼうである。禅匠にとっては、「柳は緑花は紅、山は聳《そび》え川は遠く流れて海に注ぐ」。ペール・ラーゲルクヴィストは『永遠の微笑み(48)』の中で、木を挽《ひ》く老人として神を描写したが、そんな神を禅匠たちが見たとしても、一向に驚くことはない。神がその創造物をもっと賢く優しくしなかったとして非難されたとき、神は、「予は生をなにも素晴らしいものにしようとは意図しなかった。ただ最善はつくした」と答えただけであった。禅者は神が自分らしさを失わないからといって非難などしたことはない。禅者はこの老人と共に木を挽き、その仕事に満足する。

五

とはいえ、こうした敬虔《けいけん》なキリスト教徒が神に向かって生の意味を問うからといって、禅者はかれらを責めはしない。なぜなら、宗教生活なるものは、「自己」を反省し問いまくることから始まるからである。宗教意識の目覚めを示す直喩を取り上げてみよう。

それは、心理学的にいって、「自己」の不安感から始まる。「自己」とは点のようなものである。自己が深いところで自分を支えるものの何一つない孤独な点に過ぎないと知ると、自分に恐れ戦《おのの》く。自分とは何かとの問いが自然に起こる。点は「未知なもの」に囲まれている――この事実のゆえにこそ問いが発せられるのだが、問う人自身は錨地《びょうち》を見いだせぬかのように不安と動揺を感じるだけで、この事実を意識していない。この感覚こそが知性を唆《そその》かす。こうして唆かされた知性は周囲を見回して「未知なもの」に出会う。通常はこの種の出会いのたびに、知性はなんとかそれを克服する。相手が明確、確実で到達可能だからである。だが、今回は状況はそれほど簡単に制御できるものではない。眼の前に立ちはだかり、いや実際のところ周囲を取り囲むその壁には見たところ土台はなく、この恐ろしい怪物を引きずり出して点検し、知的分析や技術的制御の下に置くためのハンドルや梃子《てこ》はどこにもない。仏教用語で言えば、「自己である点」や「点である自己」は不可得性の上に位置している。従って自身は未知の力に強いられるか促されたと感じ、自身への統制力がなく、自身の主人公ではなく、何の自由もない。少々の自由を感じたとしても、それは自己幻想と自己欺瞞《ぎまん》以上のものではない。そしてこの幻想と欺瞞のゆえに、「自己」は傷つけられ、痛められ、混乱させられる。この状態への唯一の解決、自身の主となり、囲繞《いによう》する恐ろしい障害を乗り越える唯一の道は、自己を否定し、無化し、一切の制約条件を振るい落とすことである。「自己」が自身に抵抗するものをもち、自身が虚無に呑み込まれそうだと思っているかぎりは、それは実行できない。一切の二元的イメージを捨てなくてはならない。心理学的には、点は虚無の無へと飛び込まなくてはならない。点は、そのとき境目のない円の中心にいることが分かる。ということは、点はそれ自身が円であるか、あるいは円が消えて点になるということに気づく。円は今や恐ろしい壁ではなくなる。点は今や、どこにあってもいわば境目のない円の全域であるかのように充満している。「自己である点」は虚構の内容を脱却して、今や円全体に溢れる無数の「自己である点」がそれに取って代わる。そのような「自己である点」の一つ一つが私の「自己」、本来のあるがままの「自己」なのである。

この経験は不可得なものと呼ばれる。不可得なものの不可得性は、今や、決して達成されないという仕方で達成される。こうした複雑さの一切の起点となった問いは、不可得なものである未知が唆かしたことに因《よ》るものであった。問うことは答えること、あるいは問いを発する時、すでにそこに答えがあるといわれるのは、そのゆえである。これは人生の謎である。それは不可得なものから出発して不可得なもので終わり、この不可得なものの中に、人生にとって錨地ではない錨地がある。論理学者、いや実は不可得なものを概念で考えたがる人にはだれにでも、上記のことは不思議で理解できないもののように聞こえるであろうが、それは当然である。禅の主張は概念化の地平にではなく、現実の個人経験の地平にあるものだからである。経験を概念化している限りは、経験は当人のものではなく、だれか他人のものと見なされる。不可得なものは、当人から切り離されて、まったく異質なものとして扱われる。禅修行は、この点で知性化とはまったく異なる。禅修行は不可得なものから逃げず、その中に飛び込み、それを不可得なものとして経験する。この状態が実現すれば、禅につきまとう不可解さの大半は消えさる。

法眼文益《ほうげんもんえき》が僧院から僧院へと遍歴している間に地蔵《じぞう》［院《いん》・羅漢桂琛《らかんけいちん》］という名の師匠と相見したとき、地蔵が「どちらへ行くのか？」と訊ねた。「私は旅する僧です」「汝は遍歴修行の目的が分かっているのか？」。法眼は、「いいえ、分かりません」と白状した。地蔵は「汝が遍歴修行の目的を知りたいなら、この『分かりません』こそが汝の求める目的なのだ」と言った。そう言われて、法眼は究極の実在を垣間見たといわれている。物事から離れているかぎり、つまり概念化に耽《ふけ》るかぎり、何事をも禅的には知りえない(49)。このようにして問いが始まり、そして答えが出ると、人はもはや思慮分別のレヴェルに止まれない。これが不可得性と契合したといわれることである。

禅は決して知性そのものを軽蔑《けいべつ》しない。禅が望むのは、知性が自己の場を知り、それが当然属している領域を越えないことである。知性は不可得なものに眼を向けさせるか、それを指し示してその所在を教えてくれる。不可得なものの領域に直接人を連れていってくれるのは、知性ではない。それは、いってみれば入口で止まる。身の回りの一切を捨てて中にはいるべきは、われわれ自身である。たった一筋の糸が身体に残っていても、それが障害になって扉は眼の前で閉ざされるであろう。知性の糸は、可得なものが支配する領域にかならず人を引き戻す。

　これに関連してわれわれが犯しがちな大きな過ちは、不可得なものの領域に止まりたいという欲望である。この欲望が強いと、状況は悪化する。その時、禅は禅徒《ぜんと》のために用意したすべてを失う。というのは、不可得なものが二元対立に転じて、自らが作りあげた暗黒の牢獄に自分を押しこめてしまうからである。霊性的生活は一方通行の道ではなく、双方通行の道である。一方向だけに走らず、常に出発地点に戻ってくる。浄土に止まることはない。浄土に達するや否や反転して、真直ぐに無常と艱苦《かんく》の世界に戻る。浄土真宗の哲学では、それを還相《げんそう》と呼び、極楽浄土への道は往相《おうそう》である(50)。実のところ両者は一つの動きなのであるが、観念的に分けられている。禅にもこれがある。不可得なものが得られるや否や、人は感性・知性の可得世界に戻ってくる。現実にはそうした二つの動き方はないのだが。不可得なものは、それが可得性の世界にあって初めて不可得なのである。答えは問いとは切り離されず、その逆も真である。

六

こうして、不可得なものを得るには、さまざまな問いを発して万物の根源を探らなければならない。しかも、これらの探求は、すべてこれを極限まで推し進めなければならない。これを行うには、極めて鋭い自己点検が必要である。周囲を取り巻く万物と、われわれ自身を照らす智慧という宝石を隠している黒々とした雲は、「工夫《くふう》」(51)という名の実存的な探求が根気づよく行われて初めて払い除けられる。

大慧宗杲(52)は、仏眼清遠と同時代に生きた年下の禅匠で、仏果圜悟《ぶっかえんご》の弟子であるが、禅と思慮分別との関係について力強い、はっきりした見解を表明している。彼の俗弟子は概《おおむ》ね政府高官であり学者でもあったが、私は彼がその弟子たちに与えた書簡から引用する。彼らは学者なので、とかく禅を知的見地から解釈し、語録や師の垂示《すいし》を通じて禅の意味に迫ろうとする。大慧は、禅弟子たちの文字にこだわるこの傾向に強く反対した。以下は、張居士宛ての書簡である(53)。

「貴方が（禅修行という）この荷を担う決心をされたのであれば、あたかも良質の鋼を鍛え上げて造られた骨組のように、貴方自身を鍛え上げる気構えがなくてはなりません。そうすれば、（貴方と禅の間に）何ほどか一致するものがありましょう。相変わらず学問知識と思索に頼り、古人が残した食べ糟《かす》を栄養とされるならば、貴方の生死の業の根を太らせるだけです。古《いにしえ》の聖者は言ったではありませんか。『人が一かけらの現世利益の思いや配慮でも持てば、それは幾多の劫《こう》にわたる繋縛《けばく》となろう』と。聖なる御名も汚れた名前も、虚しい音に過ぎず、優れた形も劣った形もすべては幻影です。もし人の思いがそうしたイメージを追うのであれば、なんらかの形でかならず苦しみましょう。しかし、それらを避けていても大災難に巻きこまれるかも知れません。無頓着も執着も、忌避も関心も——すべて同じく挫折の原因です。昔の禅師《ぜんじ》たちが必要として打ちたてた修行規則すら、多かれ少なかれ便宜上のものに過ぎません。

「そこで、臨済は僧が出入口に現れるや否や『喝!』と叫び(54)、徳山は同じ場合、杖を振りあげました。対象そのものではなく影を追う者は、両師がいわれもなく厳格かつ無慈悲で、人間的感情を無視していると考えます。事実は、両師がともに老婆のように甘やかしていたのです。けれども両師は、その口から何か深遠なもの、または論理的思考を許すものを見出そうとする者を赦《ゆる》すことができなかったのです。人々が禅の意味を知性と想像力を使って言葉による教えの中に求めるかぎりは、東にしか見出せないものを西に求める人と同じです。この切迫した求めは事態を悪化させます。

「貴方が生死の苦の業縛を超え、繋縛の生から解放されたいと望まれるならば、最善の道は今まで学んでこられた書籍を別世界に捨てて、恩慮分別や思惑に頼る習慣を止めることです。耳と眼をもちながら見聞きせず、口をきかず、つまり自ら木か煉瓦の一片になりなさい。そして、心を学問や知性で得たものから徹底的に解放して、空っぽな空間のように保ちなさい。

「これができたら、目標は遠くはありません。

「とはいえ、人が木か煉瓦の一片のようになり、心があらゆる内実を一切捨てたとき、人は一体どこへ近付いているのか、だれがそんな人間と友達になるだろうか、と疑うかも知れません。こうした疑問が心に起こるとき、貴方の知性はまだその権利を主張し、禅匠たちの正鵠《せいこく》を得た教えを誤解していることを忘れてはなりません。

「釈迦牟尼《しゃかむに》は、弟子たちに再三求められて、最後には『法華経』の中に知的分析の圏外にある真理（ダルマ）の性質を明らかにされました(55)。これは、推論できないようなものに価値はないと想像している大半の禅徒には承服しがたく思われましょう。仏陀は四十九年に及ぶ伝道活動を終えるに当たって、この長い年月の間、一言も発しなかったと断言されました(56)。知的傾向の人々は、仏陀のこの言葉にも反対するかも知れません。仏陀の説教が至るところに響きわたっているときに、一言も発しなかったなどと、どうして言うことがおできになったでしょうか。

「貴方は次の古句がお好きなようです。『こうだと言うのはよろしい。こうではないと言うのもよろしい。同時にこうであってこうではないと言ってもよろしい』。この句を正しく理解するには、しかし、経験が要ります。絶対肯定に行く前に、絶対否定をまず経過せねばなりません。『こうではない、そうではない、こうでもそうでもない』という試練を潜り抜けねばなりません。ここまで来るには、常に自身を監視せねばならず、全存在をあげてこの仕事に当たり、感性・知性の世界は、少なくとも一時意識の領域から退場しなくてはなりません。貴方が角製の容器に押しこめられた古鼠のように感じる時がくるでしょう。いかにしたらよいか、どのように前進すればよいか、全く途方に暮れたとき、貴方の工夫は十分に熟してきているのです。そうなれば、突如道が開け、認識の扉ないし悟りが眼前に開かれるのです」(57)。

われわれは感性・知性の世界に住み、どんな状況に遭遇しても問わずにいられない性格であるかぎり、知性に頼り、知的解決を求めるのになんの非もない。禅が反対するのは、いかなる疑問にもなんらかの解決を提供するものが知性だけだと見なすことに対してである。生の秘密に探りをいれるのは、知性の本性なのである。しかし特に問題が人の存在そのものにかかわるときに、知性に全幅の信頼を寄せたり、知性があらゆる面で完全な満足を与えてくれると考えるのは、大きな誤りであろう。

そうした問題は、実のところ本来的に知性が提起するものではなく、単なる好奇心よりもはるかに深い源泉から発してくる。それは意識の深層から出てきて、知性の手に余る。なぜなら、知性は人の存在の周縁に属しているからである。

「存在」は、知性的に把握されるか概念化されるかすると、もはやそのものではなくなる。それゆえに、それは不可得なのである。霊性のもっとも深い満足とそれに伴う心の平安は、不可得というこの事実から来なくてはならない。不可得なものは、知的な煽動によって妨害されずに護《まも》られなくてはならない。不可得なものは、表面上は知性から出ているものであるが実は知性がそのものによって唆かされた結果であるところの、疑問に答える用意ができるまでの間、その不可得なものをそのままにしておかなくてはならない。「不可得なものを激しく動揺させてこの動きを起こさせたものは何なのか。意識の目覚め以来ずっと続いてきた、この大騒動など起こさないで、そのまま静かにしていられなかったのはなぜか」と人は訝《いぶか》るかも知れない。「心」とは不思議なものである。

こころこそ
こころ　まよわす
こころなれ
こころにこころ
ゆるすな、こころ(58)

問いを発してあらゆる物事の理由を求めるのが知性だが、あることがそうであることに一切の疑いを持たずにそのままに受け取るべきものが一つある。そして不思議なことに、そのもの自体を手に入れると、それについて問う必要がない。人は完全に満足するので、それのために自分がひき起こした一切の騒動をいわば忘れてしまう。騒動が大きければ大きいほど、満足は大きい。これが存在の神秘で、人は存在のあるがままに満足する。神秘か非神秘か──それはもうわれわれの関心事ではない。

一方で知性を立て、他方に不可得なものを立てると、そのものは捉えられない。二つを互いに分離させようとしてはならない、両者を対立させてはならない。分離と対立があるかぎり、解決は望めない。不可得なものがそれとして受け入れられれば、不可得性は消えてなくなる。初めに可得なものと不可得なもの、可知のものと不可知のもの、概念化と真実との間にどんな対立があったとしても、それはもうない。これを禅経験というのである。

その経験がゆきわたると、可得なものは不可得なものと一体化し、不可得なものは可得なものと合体する。一方をとれば、他方もこれについてくる。しかし、このことは概念的な次元で起こるのではなく、実存的、あるいは経験的な次元で起こる、あるいは別の用語を用いて──静的にではなく動的に、空間的にではなく時間的にといってもよかろう。

七

［等観《とうかん》居士に宛てた大慧の手紙から引用する（59）］

「わが宋朝の学者役人諸兄（60）は多くのことを学び、多くのことを憶えることを仕事としておられます。なんでも知り、それを理解したいと望んでおいでです。この世のことを理解された後は、さらにこの世に属さないことをも理解しようとされます。不幸なことに、この人々はこの世のことと別世界のこととの間になんの類似点もないことを理解できません。無心と無為を身につけ、すべての言葉へのこだわりと文字本位の知識を退け、学習と記憶で得られるものを一擲《いってき》し、なにも知らず、なにもできない操り人形のようになって初めて別世界のことがわかります。この境地にはいれば、この世界のことと同様に別世界のことについて真に語ることができます。ただ知性にだけ頼ってものごとの現世的合理について語り、相対的な知識の諸原理でそのことを体系化し、あらゆる種類の計算と計画をたて続け、挙句他人にそれを認めてくれと求め、他人にも承認を与えるような手合いを、仏陀は増上慢《ぞうじょうまん》の人と名づけました。そのような人は、仏陀の超越的な智慧である般若智《はんにゃち》（61）の生命を縮め、『大般若』の真理を嘲《あざけ》る人であり、またその人の改悛は、同時に世に千人の仏陀が現れても、そのだれ一人にも受け入れられないでしょう。

「馬祖は『汝の心をおいて仏陀はない』と教えています。(62)もし貴方がこの一句に従うだけで悟りを得ようとされるならば、実在との一致はありえません。なぜかといいますと、この自分の心を究極の実在だと考えると、貴方は自らに反するなにかがあることに気づくからです。二つの対象の間の対立が常について回りましょう。貴方はあるものから別のものへと彷徨《さまよ》いつづけます。まるで溺《おぼ》れるのを避けようとして、火の中に飛び込むのに似ております。対立するものの間を行ったり来たりしてなんの利益がありましょうか。

［宝誌《ほうし》和尚は『大乗讃』で詠っています(63)］

「幻の身体が鏡の中にその姿を映す
影像と幻の身体――二つは別物ではない。
汝は影像をすてて
　身体だけを保持したい、――
身体も影像も
　端から空であるのを忘れて。
身体と影像は、端から二つではない

一方は自立できず、
　もう一方は存在しない。
一方を捨てて他方を保持したいなら
汝は生死の海に漂い、沈みつづける」

「おお、等観居士よ！　貴方が真に『心』を開いて自由になりたいと思われるなら、ただ『仏陀は汝の心をおいてない』の一句を信じて、いささかなりとも知性を信じようとしてはなりません」

外道《げどう》（仏教以外の宗教思想）の哲学者が仏陀に問うた。「私は言葉で表現できることについては貴方に聞くまい。また、言葉を超えたことについても聞くまい」と。世界が誉め称《たた》える方は、暫く一言も発せられなかった。哲学者は仏陀を称えて、「世界が誉め称える方の大いなる慈悲心は、私の迷妄の雲を払い、おかげで私は悟入《ごにゅう》することができました」と言った。

哲学者が去ってから、阿難《あなん》（アーナンダ）が仏陀に訊ねた。「あの哲学者が悟入できたといったのは、何を理解したからなのでしょうか」。仏陀は、「それは鞭の影を見て行先を知る賢い馬のようなものだ」と言われた。(65)

人間の感性・知性の世界は黒白、善悪、正邪、あるべきか、あらざるべきかと、どうしても二元的になる。ところが、二元的な現実解釈を超えなくては満足できないのが人間のあり様である。至るところにあって人を悩ます生の矛盾は、なんとかして解決せねばならない。この生の矛盾を避けられず解決もできないものと考えるとしても、なんとかしてそれが避けられず解決もできないのはなぜかをみつけ、同時にその理由で満足を感じられるようにしなければならない。知性は、日常生活に多大の混乱と困惑とを引き起こす一切の矛盾を、解消するなり軽減すべきだと主張するであろう。たぶん、人が通常、「論理的に矛盾のない」とするものがあまり論理的でなくて、伝統的にそのように軽視されたものとしての論理は超える必要があろう。それに対して、すべての矛盾を、その困惑させる性質が消えさる場に解消できるような一段高い見地から、それらの矛盾を評価する新しい論理を構築しなくてはならないであろう。「心を安らげること」(66)が先行して、知性はそれに役立つべく調整せねばならない。どのように役立てるかについての問題は依然として残っていよう。『碧巌録《へきがんろく》』（第六五則）(67)に載っている、外道の哲学者が仏陀にもちかけた上記の問いは、まさしく今挙げた問題点に触れている。この点に満足な答えが得られたなら、禅修行は終わる。禅匠たちは、「生きるべきか、生きざるべきか」の矛盾をどう解決するのだろうか。かれらが論議に訴えないことは当然予想できる。かれらは人生のもっとも基本的で具体的な事実と取り組もうと努める。推理、分析や科学的な実験は、すべて概念化に導き――それは人を、直面する個人経験から遠ざける。概念化とは一般化することで、一般化では具体的な個別の事実が考慮の外に置かれてしまう。禅の流儀は抜本的、根本的で、分析を根元から切って捨てる。それは無限に論理の道をたどることを許さない。南泉は、僧らが猫の帰属をめぐって僧堂を二分して争っているのを見て猫をつまみあげて僧らに示し、「一句言いえたらこれを両断しない」と断言した。一句を言う僧は一人もおらず、哀れな動物は、僧らが「あるべきか」と「あらざるべきか」の間の矛盾を解けなかったためについに犠牲になった(68)。

馬祖は「四句百非(「有、無、有無、非有・非無」、「自、他、自他、非自・非他」、「生、滅、生滅、非生・非滅」などのうち、どれを使っていってもいけないとしたら、どうするか)を脇へ置いて、菩提達摩はインドから中国に何をもたらしたか」という質問を受けた。これはいわばあらゆる形式での論理的屁理屈《へりくつ》に頼らずに究極の真理に達することといってよかろう。馬祖はただ、「今日は疲れていて、答えられない。智蔵《ちぞう》(馬祖の高足の一人)に聞くがよい」と答えた。これは哲学者が教室で弟子の質問に答えるやり方ではない。いくつかの著名な禅談に、才気溢れる評釈を加えたことで知られた大禅匠の雪竇重顕《せつちょうじゅうけん》は、馬祖についてこう記している。「四句を離れ百非を絶す――天上・人間《にんかん》、唯だ我のみぞ知る」と(69)。

以上の二例は、禅匠が論理矛盾の問題を解くとき、心中にある方向がどこを向いているかを示して余りあるだろう。
外道の哲学者が、言葉で表現できることと表現できないことに関して提起した問いへの雪竇の巧みな頌《じゅ》は、次のように、あえていえばややからかい気味に始まるが、なぞ言葉のように結ばれている。

実在の車輪はずっと不動のままだ、
ただし、動きだせば間違なく二つに割れる。
明鏡が現れて台座に据えられると、
美しいものと醜いものとへの分離がすぐに生じる。
美しいものと醜いものとが分かれた！
迷妄の雲は晴れた！
大悲《だいひ》の野にはどこにも
一片の塵も見いだせない！
賢い馬が鞭の影を感じとるのを思う。
千里を駆け去り――
呼び戻せるだろうか？
もし帰ってくるなら、三度指を鳴らそう。(70)

実在の車輪が梃子でも動かぬならば、それは車輪ではない。車輪は回転してこそ車輪である。不可得なものは可得なものに変わらなくてはならない。しかし、それぞれが相手の中になくてはならない。あらゆる種類の分割は無限、永久に続くに違いないが、仏陀の大悲が輝かしく全世界を照らし、そこでは一片の塵も鏡の面を暗くはしない。あるいはこう言った方がよい、そこでは仏心《ぶっしん》がその光り輝く性質を保っている、と。二分割がもたらす無限に埃っぽい塵埃《じんあい》と、それに由来する複雑さや混乱との中で、仏陀の大慈悲心《だいじひしん》の輝かしい性質は、実にこの世の塵があるがゆえに可能なのである。

哲学的にいえば、禅修行の主眼は、第三祖の僧璨《そうさん》（六〇六年没）の言葉によると、「存在を追うな、また非存在に執着するな。常に一の中にあれ、そうすれば二は自然に消えるだろう。汝が動きを止めて不動なものに立ち返りたいと思うなら、不動なものは一層動き出すであろう。二元に固執するかぎり、どうして一に出会えようか。二は一であるから二で、決して一にこだわってはいない。一なる心は不生《ふしょう》で、万物に欠点はない……(71)」。

一九六二年（昭和三七）

訳注

※本稿の元となっているのは、工藤澄子《くどうすみこ》氏によるA4サイズ、四三頁のタイプ原稿と、その元となる、同じくA4サイズ、五六頁の著者の手書き英文草稿である。ともに題名を欠く二つの稿を編者（常盤《ときわ》義伸《ぎしん》）が校訂し、タイトルを文中から選んで添えた上で、一～七の分節を加えた（邦訳／酒井懋《さかいつとむ》）。

（1）慧可の生没年については、『宝林伝』（八〇一年編。全一〇巻の内、現存しているのは七巻）の第八巻を参照のこと。その記録によれば、没年は五九三年、世寿（享年のこと）一〇七歳。田中良昭著『宝林伝訳注』（内山書店、二〇〇三年）参照。

（2）著者、鈴木大拙（以下、大拙と略記）は「心」を「こころ」と訓読みし、中国音「シン」を示している。

（3）一法師の下で修行した慧可についての最初の記録である『二入四行論』には法師の名前はなく、この主題に関しては「ある人が慧可に問うた」とのみ記されている。慧可がこの法師に導かれてすでにこの問題を解いていたことは疑いない。この法師が後年、達摩大師または菩提達摩と呼ばれた。『二入四行論』は、『鈴木大拙全集』第二巻に紹介されている敦煌《とんこう》本。現代語訳は、柳田聖山著『達摩の語録』（『禅の語録』第一巻、筑摩書房、一九六九年）、同『ダルマ』（『人類の知的遺産16』、講談社、一九八一年）参照。

（4）慧可と達摩（達磨）の問答はまず『祖堂集』（九五二年編）巻二に、次いで『景徳伝灯録』（全三〇巻、一〇〇四年編。以下『伝灯録』と略記）巻三に見える。『禅学研究』第八八号（二〇一〇年三月、所収）の衣川賢次《きぬがわけんじ》氏の祖堂集研究論文によると、『祖堂集』は当初一巻が、その後一一世紀初頭までに一〇巻が、そして高麗に伝わった後、高宗《こうそう》三二（一二四五）年に二〇巻が開版された。現行の二〇巻本の初めの二巻は、当初の一巻本に相当。現存する最古の公案集である。

（5）“subjectum”『禅八講　鈴木大拙 最終講義』第二部第一章「禅と心理学」冒頭のこの語に対する著者・大拙の原注参照。

（6）この句は『宝鏡三昧』（四七句九四行の中の第四二句）から。同書は、『禅林僧宝伝』（三〇巻、一一二三年編）第一巻（『大正新修大蔵経』〔以下『大蔵』と略記〕巻四七、五二六a）によれば、曹山本寂《そうざんほんじゃく》（八四〇―九〇一年）が師の洞山良价《とうざんりょうかい》（八〇七―八六九年）から最初の教えとして授かったと記されている。

（7）出典は圜悟《えんご》克勤《こくごん》（一〇六三―一一三五年）の法嗣《ほうし》（仏法上の弟子）の一人、大慧宗杲の語録（全三〇巻）の第一九巻にある法語『示妙証居士』。大拙の草稿では、この語録の引用文の前に『宝鏡三昧』の引用偈をもってくるように、との指示がある。大拙は次のように記している。

「大慧のこの言葉の前に以下の助言がくる」

一方、タイプ原稿は偈を大慧の言葉の後に置いたままにしている。編者は草稿の指示に従った。

（8）趙州従諗は、馬祖道一―南泉普願の法嗣。『五灯会《え》元《げん》』（全二〇巻。一二五二年編、一二五三年刊）第四巻の厳陽尊者善信《ごんようそんじゃぜんしん》の項からの引用。善信は、この問答によって即座に悟りを得たといわれる。

（9）仏眼清遠は、五祖〔山〕法演の法嗣の一人。大拙はその語録（一四〇三年編『古尊宿語録』

（以下『古』と略記）全四八巻の巻二七―三四、『続蔵経』影印版、新文豊公司、巻一一八に収める）から、以下、数多くの引用を行っている。本問答は、『仏眼和尚語録』（以下『仏眼語録』と略記）巻二八、二五七丁右上）に簡約化された形で載っている。次注を見よ。ちなみに「一丁」とは右左の二面からなる書冊一枚のことを言う。一面が上下に分かれる場合、右上から左下まで順にａｂｃｄと数えるため、「二五七丁右上」は「二五七ａ」という表記になる。以下、同様。

(10)　夾山善会の言葉は、『仏眼語録』（『古』巻三一、二七九ａ）より。

(11)　出典は『仏眼語録』（『古』巻三一、二七九ａｂ）。南泉普願―趙州従諗については訳注（8）を参照のこと。

(12)　『仏眼語録』（『古』巻三一、二八〇ｃｄ）。

(13)　原文は「心下無事」。

(14)　『仏眼語録』（『古』巻三一、二八〇ｃｄ）。「平常心是道」（動揺しない平常な心が悟りの道だ）は、もともとは馬祖道一の言葉で、彼は平常心を生死心に捉われないものとして、後者、生死心と区別している（『四家語録』巻一『馬祖語録』七ｂ）。『伝灯録』巻一〇、趙州禅師の項参照。

(15)　『仏眼語録』（『古』巻三一、二八〇ｃｄ）。『趙州録』（秋月龍珉編『禅の語録』第一一巻（筑摩書房、一九七二年）の四六三番）にも見える。鄂州の茱萸山和尚も南泉普願の法嗣の一人。

(16)　『仏眼語録』（『古』巻三一、二八〇ｂｃ）。

(17)　『仏眼語録』（『古』巻二八、二六一ｄ）。

(18)　『伝灯録』巻一五、石頭希遷（七〇〇―七九一年）の第四世法嗣の投子大同（八一九―九一四

年）の項に、投子はある僧に「那吒《ナタ》太子がおのれの骨を折って父親へ、肉を切って母親へ返したときに、太子ご自身の身体はどうなったのでしょうか」と問われ、手にしていた杖を地に置いた、とある。これが恐らく、禅籍で那吒太子に言及した嚆矢《こうし》であろう。太子は、インドの伝説文学においてはNalakūbara、すなわち「夜叉の主」であるクベラ（Kubera）神の子とされている。
(19)『仏眼語録』（『古』巻二八、二六一b）。7×7＝49は以下に述べる逆説がいかに理にかなっているかを示すためと思われる。
(20)「原形」で著者が意図した語は「無分別智」（nirvikalpajñāna）であろう。タイプ原稿上、「原形」のすぐ後に見られる「akalpilajna」という奇妙な綴《つづ》りは草稿になく、削除した。
(21)『仏眼語録』（『古』巻二八、二六二c）。
(22) 龍潭崇信（生没年不詳）は天皇道悟（七四八―八〇七年）の法嗣。『伝灯録』巻一四、龍潭崇信禅師の項参照。タイプ原稿も手稿もこの部分で切れているので、『伝灯録』の叙述に従って、以下の通り改める。大拙原文「これが崇信の心を……といわれる」→訳文「これで崇信の心が立ち所に事の本質に開かれたといわれる」。
(23)『仏眼語録』（『古』巻二九、二六九b）。『大慧語録』巻二三、『法語』（『大蔵』巻四七、九〇七b）、『四家語録』巻一『馬祖語録』の終わり近くで、これに触れている。薬山惟儼（七五一―八三四年）は石頭希遷の法嗣。この話頭（話《わ》ともいう。公案のこと）は、臨済宗の人々が薬山に、江西の馬祖道一（七〇九―七八八年）にも師事させようとしてむりに作りあげたものと見られる。ここに臨済宗徒の間での薬山の高い評価が示されている。

（24）著者は *Living by Zen*（一九四九年）の「V. The Koan（公案）」において、この同じ主題を取り上げている。

（25）『仏眼語録』（『古』巻三三、二九五c）。洞山守初（九一〇―九九〇年）は雲門文偃（八六四―九四九年）の法嗣。『雲門広録』巻下（『大蔵』巻四七、五七二ab）は、洞山守初の名前をあげていない。しかし、『古尊宿語録』巻四の『洞山守初語録』は、終わり近くで「師は雲門の許にたどりついて訊ねた」と述べている。

（26）『仏眼語録』（『古』巻二九、二六三bc）。徳山宣鑑（七八二?―八六五年）は龍潭崇信（訳注（22）参照）の法嗣。雪峰義存は徳山宣鑑の法嗣。疑問を呈したのが雪峰義存。この部分は『雪峰義存語録』の巻上、二bに見える。

（27）『仏眼語録』（『古』巻二九、二六三c）。『雪峰語録』巻上、三b。

（28）『仏眼語録』（『古』巻二九、二六三c）。『伝灯録』巻一二。陳尊宿《ちんそんしゅく》・睦州道蹤（『五灯会元』では道明《どうみょう》）は黄檗《おうばく》希運《きうん》の法嗣。「愚か者」の原語は「担板漢」で、肩に板一枚をかつぐ男。つまり見方の狭い人を意味する。

（29）「不生」。「生は生でない」という洞察を示す語で、これは、すべて何かであるものが何かでないこと、「無自性《むじしょう》」「空《くう》」であることを意味する。この洞察がものごとの本来のあり方であることを示す表現として、『楞伽経《りょうがきょう》』などで「無生法忍《むしょうぼうにん》」の語が用いられる。

（30）『仏眼語録』（『古』巻二九、二六五bc）。王常侍（常侍は官名）は、臨済義玄（?―八六七年）の語録である『臨済録』には、成徳府の知事と記されており、その後、師臨済に応えて眼中の金屑に関して批判的な意見を述べている。あるいは彼が師睦州によって眼を開かれたのかも知れない。

(31) 臨済は、徳山(訳注(26)参照)が、「道《い》い得るも三十棒、道い得ざるも三十棒」と言い放ったと聞いて弟子の一人を徳山へ送り、徳山にその理由を訊ねさせた上で相手の反応いかんを知ろうとした。『臨済録』「勘辨《かんべん》」(問答者相互による批判的検討のこと)を参照のこと。

(32) 大拙の英文『禅論文集』第一輯(ロンドン、一九二七年刊)の中の『十牛図』を参照のこと。『十牛図』は梁山廓庵《りょうざんかくあん》(大慧宗杲の同時代人)の作。各段階の題は次の通り。一.尋牛《じんぎゅう》、二.見跡、三.見牛《けんぎゅう》、四.得牛《とくぎゅう》、五.牧牛《ぼくぎゅう》、六.騎牛帰家《きぎゅうきか》、七.忘牛存人《ぼうぎゅうぞんにん》、八.人牛倶忘《にんぎゅうぐぼう》、九.返本還源《へんぽんげんげん》、一〇.入鄽垂手《にってんすいしゅ》(人々の中へ入って祝福を与える)。

(33) 龐居士は龐蘊《ほううん》(七四〇?―八〇八年)、馬祖道一の法嗣。龐居士は馬大師に問うた。「万法と侶(仲間)とならないものとはどんな人か」。馬師は言った。「居士が一口に西江《せいこう》の水を吸い尽くすのを待って我は、すぐ汝のために言おう」。『祖堂集』巻一五、『伝灯録』巻八。『龐居士語録』では同じ質問を初めに石頭希遷に試みたことになっている。

(34) 『仏眼語録』(『古』巻三一、二八〇d)。「出塵労」(現世の苦悩)は『龐居士語録』の冒頭に見える語。居士はまだ若年の頃に塵労を実感して、生の真の意味を知りたいと願った。

(35) 大拙は、黄龍祖心《そしん》(一〇二五―一一〇〇年)の法嗣・青原惟信《せいげんいしん》(?―一一一七年)が、みずから体験したこととして説いた説法の内容に言及する(『五灯会元』巻一七、二六a)。

(36) 『仏眼語録』(『古』巻二八、二五八d―二五九a)。慧忠国師とは南陽《なんよう》慧忠(?―七七五年)

のこと。六祖慧能の法嗣。「盧舎那仏」について、『華厳経』（ブッダバドラ漢訳六〇巻本〔『大蔵』巻九〕）から三ヵ所の描写を訳出する。

私が聞くところでは、覚者《かくしゃ》シャカムニがマガダ国の菩提樹の下に坐して、始めて正覚《しょうがく》を達成されたとき、覚者の影響を受けて菩提樹が優れて素晴らしい音を立てて正覚の成就を称揚し、不可思議な光明が全世界に満ち満ちた（巻一、大蔵三九五上）。

菩薩たちが覚者の深く広大な在り方を褒め讃える偈の言葉を発したのに呼応して、覚者のお顔とお口の歯の間とから光明が現れて全世界を照らした。これを見て、その光明のなかで菩薩たちは、偈をもってさらに褒め讃えて言った、「無量劫《むりょうこう》の時の海の中で徳行を実践され、全ての覚者たちに供養し終わって、衆生たちの無限の海を照らすことを願って、遍照仏《へんじょう》（ヴァイローチャナ・ブッダ、盧舎那仏）は正覚を成就された」と（巻二、大蔵四〇五中下）。

菩薩たちの一人、普賢《ふげん》（サマンタバドラ）は、偈をもって覚者を褒め讃えた。「遍照仏は十方世界に一切の覚者たちの姿を現出された。これらの覚者たちが去来されることは全くないが、覚者たちの誓願《せいがん》のおかげでだれもが覚者を見る、ここにも、あそこにも。すべての仏陀の世界で、一々の塵の中に無数の仏陀の後継者たちが修行しており、すべてが必ず各自の世界をもっとされ、各自の誓願に適《かな》うように世界を浄《きよ》めている」と（同、四一上）。

これらの描写から我々は「盧舎那仏」の語が、釈迦牟尼仏（覚者、仏陀、如来などと言われたシャカムニ）の悟りの内容が時間・空間を絶して時間・空間を建立する性質のものである事を、一切を照らす光明に譬えること、しかもその働きが特定の覚者に限られず、ここ・今において現成《げんじょう》すること、を言っていると知る。普賢は、『華厳経』でその働きを代表する菩薩である。

(37)『仏眼語録』（『古』巻二九、二六八b）。

(38)『伝灯録』巻一〇、趙州従諗禅師の項にも見える（訳注（8）参照）。

(39) 騰騰（「盛んに活動する」と「のんびり」との意）と呼ばれたこの和尚の名は福先仁倹（生没年不詳）のこと。嵩山慧安《すうざんえあん》（五八二—七〇九年）の法嗣。和尚が騰騰と呼ばれたのは、師、慧安が［「祖師西来意」を問う］弟子たちに一切の質問を禁じ、自己を問うことを求めたあと、農村地帯を巡錫《じゅんしゃく》して回ったからである。仏眼が引くこの話は、『伝灯録』巻四にも見える。「祖師西来意」については、訳注（42）を参照のこと。

(40)『伝灯録』巻五の慧忠国師（訳注（36）参照）の項にこの話は見当たらない。粛宗皇帝は、在位七五六年七月—七六二年四月。

(41) 大拙原文「狐に鼻をつままれたようだ」を、本書訳文では「暗闇で鼻をつままれたか、狐にだまされたかのようだ」に訂正した。

(42)「祖師西来意」の文言の具体的意味は、『二入四行論』（注1c参照）の序で、「師」が中国に来た意義を論じている曇林《どんりん》の説明に示されている。

わが法師は西域、南インドから遥々と山や海を越えて、この国の人々を仏教によって教化《きょうけ》するために旅してこられた。二人の出家、道育と慧可とは、幸運にも師にお会いして数年のあいだお仕えして師の意図をよく受け止めた。師は、二人の誠意に心を動かされて真実の道を教えられた。こうして汝の心を安んぜよ、こうして修行せよ、こうして他人に譲り、こういう仕方で他人を導け。これこそ心を安んずる大乗の教えなのだ、と。

法師がこの国に渡来した意図は、この初期の禅書に非常に明瞭に示されているので、禅徒は顔を合わせるたびに常にそれを相互に確認すべき、もっとも重要な事柄と考えたようである。この基本的な問いかけへの応対は様々であったにせよ、禅徒の間に、心を安んじる大乗の真理を認める点で異論はありえなかった。

(43)『仏眼語録』(『古』巻三二、二八一a)。(嵩山)慧安国師は中国禅宗の第五祖・弘忍の法嗣。『伝灯録』巻四に見える。

(44) 中国禅宗の第六祖・慧能の説法集『六祖大師法宝壇経』宗宝編、行由第一(『大蔵』巻四八、三四九b)。明上座について、『伝灯録』巻四は、初めは「慧明《えみょう》」、のち師の名を避けて「道明《どうみょう》」と改めたとする。

(45) 五祖[山]法演。仏眼(訳注(9)参照)と圜悟の師。『古』巻二二、二二六a、『法演禅師語録』中巻(『大蔵』巻四七、六五八b)。

(46)　琅耶慧覚（生没年不詳）は汾陽善昭《ふんようぜんしょう》（九四七―一〇二四年）の法嗣。法演の「金屑」は、この場合「清浄本然《しょうじょうほうねん》」、つまり「忽生山河」の現実とは切り離された、本来そうであるような明白かつ汚れのないこと、を意味する。

(47)　投子とは、投子大同（訳注（18）参照）のこと。『伝灯録』巻一五。『法演禅師語録』中巻、『古』巻二一、一二二一a（『大蔵』巻四七、六六四a）。法演は投子の見解を排しているかに見える。編者にはそれが正しいか否か、疑わしい。大拙は法演の最後の言葉「要汝諸方眼作麼」を、「私は汝らが眼を見開いて何が何かを見てほしい」と訳している。編者は「汝らがこれとあれとを見分けるのを期待して何になろう」と読む。したがって、法演と投子とが違った事を言っているとは思われない。

(48)　ペール・ファビアン・ラーゲルクヴィスト（一八九一―一九七四年）は、スウェーデンの劇作家、詩人兼小説家で、一九五一のノーベル賞受賞者。主たる作品である *Det eviga leendet*（一九二〇年刊。英訳 *The Eternal Smile* は一九三四年刊）は人間の運命をめぐる、死者の物語、会話である（『エンサイクロペディア・ブリタニカ』）。大拙は、全集第二〇巻の一四二―一四五頁に所載の「東洋の心」最終章で、この話を取り上げている。

(49)　『仏眼語録』（『古』巻三三、二九四d）。大拙は、地蔵院羅漢桂琛（八六七―九二八年）の法嗣である法眼文益（八八五―九五八年）のこの則をもって、仏眼の引用を了《お》えている。『伝灯録』巻二四の清涼院《せいりょういん》文益の項に見える。

(50)　曇鸞《どんらん》（五世紀―六世紀）は、北魏の浄土教の第一祖。菩提流支《ぼだいるし》が漢訳した、五世紀インドの仏教学者・世親《せしん》の『浄土論』の注釈において、二つの側面、すなわち浄土への往相と浄土からの還相とが一体であることを、阿弥陀仏の本願《ほんがん》の廻向《えこう》として説いている。日本における浄土真宗の開祖の親鸞《しんらん》（一一七三―一二六二年）はこれを受け入れ、その宗教思想の一つの柱として取り上げた。大拙は、親鸞の主著である『教行信証』の英訳（一九六三年に原稿が完成し、一九七三年に京都の真宗大谷《おおたに》派より刊行）の第五章「The True Living」の三三頁に、以下の訳を付している。two forms of turning over (eko) : the outgoing and returning

(51)「工夫」とは、目的達成に向けて全力を尽くすこと。不可得なものを会得するのがここでの目的である。

(52) 大慧宗杲は、仏果圜悟禅師（訳注（7）参照）の法嗣。圜悟と仏眼は、五祖山法演の法嗣。大慧には三〇巻および四巻の語録と、『正法眼蔵』（公案六六六則と、真の禅修行法に関する評言からなる禅公案集）とがある。以下、大慧の禅の俗弟子に宛てた二書簡が、その四巻の語録の巻四から取り上げられる。

(53) 四巻の語録の巻四、八四b―八六bの『示張通判普彦』（通判・張普彦宛ての仏教真理の教示）の抄訳。

(54) 徳山宣鑑と臨済義玄との間に接触があったことについては、訳注（31）、また『伝灯録』巻一五の徳山の項を参照のこと。

(55)『法華経方便品第二』の中心テーマである。

(56)『楞伽経』四巻本の巻三（『大蔵』巻一六、四九八c）に見える。

(57) 張居士に宛てた大慧の書簡を示して「工夫」の具体的な内容を紹介することは、ここで終わる。

(58) 大拙は次のように、この句を訓読みのまま記載している。

Kokoro koso

Kokoro mayowasu

Kokoro nare

Kokoro ni kokoro

Yurusuna, Kokoro !

編者の仮訳は、以下の通り。The same mind is that very mind which deludes the mind.

Never have the mind trust the mind, dear mind.

(59) 大慧が、ある俗弟子に与えた別の書簡は次の通り。『大慧語録』巻四、八二ａｂ：『示等観居士廖司戸季繹』(「等観居士・司戸・廖季繹に示す」)。本書簡の前半分が訳出されている。

(60) ここでは宋朝の「士《し》大夫《たいふ》」。

(61) 「般若智」は『大般若経』に説かれている。

(62) 馬祖道一は、六祖慧能―南嶽懐譲の跡を継ぐ。「馬祖は……と教えています」は大拙が補ったもの。『伝灯録』巻六は、馬祖の言葉として「汝らよ、自身の心が仏陀であり、この心が仏陀の心であると固く信じよ(汝等諸人、各信自心是仏、此心即是仏心)」を挙げる。

(63) 宝誌和尚(四一八―五一四年)。大慧は、宝誌の「大乗讃」(「大乗を讃嘆」する歌十首)の第二歌の冒頭部分を引いている。『伝灯録』巻二九。

（64）大慧の等観宛ての書簡の紹介はここで終わる。

（65）雪竇重顕（九八〇—一〇五二年）が編纂した『頌古《じゅこ》百則』の各則と、雪竇のつけた偈に、後世、圜悟克勤が評釈を加えた『碧巌録』の第六五則。大拙は同第六五則、「外道問仏有言無言」から引用している。

（66）「安心」については訳注（1）下の本文を参照。

（67）『碧巌録』第六五則（訳注（65）参照）。

（68）『雪竇頌古』、『碧巌録』第六三則（「南泉両堂争猫」）。南泉普願は馬祖道一の法嗣であり、趙州従諗の師。

（69）『雪竇頌古』第七五偈、『碧巌録』第七三則（「馬大師四句百非」）。西堂智蔵《せいどうちぞう》（七三五—八一四年）は、南泉普願、百丈懐海《ひゃくじょうえかい》とともに、馬祖の高弟の一人。

（70）『雪竇頌古』の偈、第六五則（訳注（65）参照）。訳語「実在の車輪」の原文は「機輪（jilun）」で、問う者の覚醒した行動を指す。「ずっと不動のまま」の原文は「曾未転（cong wei zhuan）」。「明鏡が現れて台座に据えられてある」の原文は「明鏡忽臨台（mingjing lintai）」。般若智の現前を意味する。

（71）僧璨（?—六〇六年）は中国禅宗の六人の祖師の中で、達摩・慧可に次ぐ第三祖とされている。大拙が数行を引用している『信心銘』は、僧璨の作とされている。現存するものは各行四言の対句七三からなっている。大拙が引用している対句は、第九、一〇、一一、一二、二三と二四である（『伝灯録』巻三〇）。鈴木大拙 *Manual of Zen Buddhism*（ロンドン、一九五〇、五六、七四、八三年刊）の On Believing in Mind を参照のこと。

利子論

宇野弘蔵

［概説］マルクス経済学者である宇野の説く利子論は『資本論』のそれとは異なる。マルクスの利子論はパートナー・シップを前提としており、両者が一にならねば成立しないため、利潤論に回収されてしまう。商業資本と貸付資本それぞれの産業資本との関係において、マルクスはまず前者を利潤論に結びつけてしまったがために順序が混乱した。それゆえ資本の物神化を完成させられず、資本がそれ自身に利子を生むという規定ができなくなっている。そこで宇野の利子論は、資本の物神化は商業資本を通してはじめて実現すると述べる。貸付資本に利子が生まれるとき、資本ではなく、貨幣が商品となることを明確にしなければならない。資本に利子が付随するのではなく、最初は商業労働に付随する利潤が生じる。商品を売買する労働で資本家が貸付資本を利用することで利子と利潤が発生し、利潤から利子を差し引いた分が企業利潤となる。資本が直接に利子を生むのではなく、貨幣市場で生じる利子が資本に付随するのである。そうして資本の物神性が完成するが、マルクス経済学の原理では株式市場が説けないことを宇野は問題視する。『資本論』の利子論と商業利潤論が未完成であるがゆえに、資本主義経済における現象を経済学的に再検討することが可能になる点に、『資本論』から学ぶものの大きさを見出しつつ結ぶ。最後に、聴衆からの質問に対し、日本の事例を引き合いに出しながら論を補足した。

私の最終講義は利子論ということになったのですが、この利子論というのが私の場合は『資本論』の説くところと相当違っているので、問題点が非常に多いわけです。私自身『資本論』では利子論がいちばん欠点をもっているんじゃないかと思っている。ほかの部分は、それまでの経済学でも、あるいはその当時の経済学でもある程度まで論ぜられているが、利子論はそれまでにもあまり発展がなかったといってよいのじゃないかと思う。その点は、経済学史的には非常におもしろい問題じゃないかと思うのですが、それはともかくマルクスでも利子論は利潤論や、あるいは地代論やなんかと同じような程度にまでは確立していない。利子論は利潤論や地代論と同じような前提をもってなされていないと思う。展開の順序も問題だが、理論的展開の前提となる想定が非常に悪い。貨幣資本家と機能資本家とがいて、その貨幣資本家が資本を貨幣の形で機能資本家に貸してやるというのです。こういう想定は利潤論や地代論では考えられないことです。

つまり資本家が自分で資本を投じないで、人に貨幣を資本として貸してやるという。そういう想定は利潤論でも地代論でも出てこない。これはもちろん実際上の問題としては、そういう想定をしてもいいような事情が大いにあったんでしょう。ラムジーによってマルクスはいっているが、例えば引退した資本家が有能な青年実業家に金を出してやる、いわゆるパートナー・シップというものでしょう。そういうものを考えて、それで利子論をやっている。つまり、この無一文の有能な実業家が機能資本家として借りた貨幣を資本として利潤をあげ、その一部を利子として貨幣資本家に支払うというのです。

しかしこれでは貸付資本の利子にはならない。先ず第一に、その貸付ける貨幣は一定の期限をもったものではない。むしろ反対に機能資本家の手で利潤をあげる期間が貸付の期限になる。これではその期限の来るごとに全資本を返してまた借りなければならない。機能資本家は貨幣資本家の代理をしているとするほかはない。しかし誰でも知っているように、利子というのは必ず一定の期限をもって貸付けられた資金に対して支払う代価である。そんなことはマルクスも非常によく知っているはずなんで、たとえば資本の流通過程を論ずる『資本論』の第二巻ではマルクスも、資本の運動過程中には必ず貨幣資本として多かれ少かれ一定の期間遊休しているものが出てくる。そしてそれがいろんな資本家の間で融通されるという関係が近代的な信用制度の基礎をなしているといっている。これは貸すほうの側が一定の期限をもった資金を貸すんで、ただ貨幣を資本として出して、相手がそれを資本として使って、利潤をえて、その内の一部を利子として支払うというようなものではない。事実、それでは利子率も決らない。マルクスの例解のような二人の資本家の間では、ただ個人的にあるいは已《すで》に市場で決った利子率によって決定するほかはない。これでは利子を理論的に規定するわけにはゆかない。また、今もいったように借りた資本を返してしまったら、この機能資本家は資本をもってないことになるんで、また借りなくちゃならない。結局どういうことをいっているかというと、この貨幣資本家と機能資本家の関係というのは、それが一体になって資本を投じて利潤を得ているということをいっているより以上のことをいってないことになり、利潤論の中に入ってしまう。

そういうわけで『資本論』では利子論の出発が非常に悪かったんじゃないか、こういうふうに思う。『資本論』の利子論もその後半は銀行信用の問題をやっているんで、結局そこに帰着する。

ところがまた銀行で扱う資金というのがどういう貨幣かということが問題になる。マルクスのいうような貨幣資本家とか、あるいは現在われわれの周囲でみられるような種々雑多の預金者とかの貨幣によったのでは理論的には規定できない。産業資本の運動の中から出る資金として一定の期限をもって貸付けられるというものでなければならない。一定の期限がくると、例えば三ヵ月先にはどうしてもいるような貨幣、あるいは一年先にはどうしてもいるような貨幣を、この三ヵ月間、あるいは一年間、銀行へ預けるとか、人に融通するとか、そういうのでないと利子は原理的には規定できない。それはちょうど地代論で、産業資本家に対立する土地所有者を想定しなければならないというのと同じことで、そこに資本家や直接の生産者が土地を所有するという想定では地代は規定できない。そういうわけで『資本論』は利子論の出発点で利子を理論的に規定できないようなことになっている。

次に、それと関連することであるが、マルクスはそこで直ちに資本が商品になるというふうにいってしまう。資本を商品にするということになると、利子がなにかわからなくなる。多くのマルクス主義経済学者諸君は、これを資本の物神性を示すものといっているが、これでは資本の物神性は、資本が例えば有価証券のように商品として売買されるときにあらわれる、資本の商品化としては説けなくなる。そこではじめて、資本はいわゆる擬制資本として利子を生むものとして売買されるのであって、その場合は利子は代価じゃない。資本は利子を生むものとして商品になる。貸付資本のほうは貨幣を貸して利子を取る。利子はその貨幣の一定期間の使用価値に対する代価なので、資本の代価じゃない。その点がどうしてマルクスにはっきりしなかったのか、むしろ不思議なんです。

そういう意味で利子論というのは非常に出発点が悪かったんじゃないか――こういうふうに思うんです。これはもともと利子論を利潤論や地代論のように純粋の形で考えなかった為めだろうと考えられるが、それと同時にその展開の順序も、よくなかったのではないか。

私の場合、利子論の中へ商業資本を入れているんで、あるいは妙に思う人が多いかも知れないが、決してそうでない。産業資本にとっては貸付資本も、商業資本と同様に、産業資本にとって始末のわるい流通費用を節約するという意味をもっているんで、その点では同じ任務をもっている。もちろんその出現の場面も違うし、機能も違うので、同じにしてしまうわけにはいかない。

片一方は遊休している貨幣資本をできる限り生産資本化するもので、銀行がその仲介をなし、銀行資本の手で資金の売買がなされる。産業資本の流通過程で剰余価値を生まない貨幣の形態の資金が遊んでいるのを、銀行を通して他の産業資本に融通すると、その産業資本によって追加的な剰余価値が生産される。つまり剰余価値を生産しない流通費用を資本家社会的に節約することになる。それで利子が支払われることになる。

これに対して商業資本の問題は、流通費用の節約では同じだけれど、この方は商品を売る期間のほうの問題、遊休している貨幣としての流通費用じゃない。もちろん貨幣の貸付でも商品の売買が促進されるだろうが、そこではむしろ剰余価値の追加的生産が目標になっている。商業資本のほうは、直接に剰余価値の生産が追加されるというのでなく、流通費用の節約が商品を販売する期間を短縮するという点であらわれる。これは産業資本にできないというより産業資本に代って短縮するということになる。貸付資本も実際は銀行を仲介にしてはじめて実現されるのだが、しかしそれにしても産業資本同士の関係だが、商業資本の方は銀行と違って商品を買ってその販売を引受けて流通費用を節約する。こういう関係で両者は同じような任務をもっている。そういうわけで利子論で商業資本を説くことは決して異様のことではないのです。

しかし利子論のほうに出てくる資金というのが、産業資本から直接に出てきて産業資本に融通されるのに対して商業資本の方は独立の資本として産業資本に対立する。もちろんあとでいうように商業資本もその運動過程に生ずる資金をこの貨幣市場に出すし、また貨幣市場から借りるということにもなるが、それは飽くまでも利用するという性格を免れない。商業資本のほうはいまもいったように産業資本の作った商品を買い上げてしまう。それは資金を融通するのとは全く違う。同じ流通費用の節約だけれども、商業資本は商品を買い上げて、産業資本では相当期間がかかる流通期間を短縮する。そこでその期間の負担を少くするので、産業資本から商品を安く買うことができる。そこに商業利潤の根拠がある。これはマルクスもだいたいそういうことを商業資本についてはいっているんです。しかしどうもそこが明確に説かれていない。それは元々、流通費用の問題が利潤論で明確に考慮されていなかったからだといってもよいのではないかと思う。産業資本の一般利潤論のあとへ商業利潤論をやるというのが、ただ利潤論を商業利潤で補足するということになり、そのうえで利子論をやるが、これも資本関係の特殊のものとして扱うということになっているように考えられる。

しかし貸付資本は、特殊な独立の資本ではない。これに対して銀行資本はその仲介者として独立の資本になる。だから銀行資本は利潤を与えられなければならないが、貸付資本は利子でよい。この点が明確でないと利子論はうまくできないし、商業利潤論をそれと関連せしめることもできなくなる。

私のこの商業利潤論というのは他の部分と同様に大いに問題にされ、今も論争がつづいているといってよいのですが、問題は特に『資本論』でうまく片付いていない商業労働者の賃金に帰着するといってよい。

賃金も商業資本にとっては資本なんですが、商業労働者というのは商人の労働のかわりをするので、その労働は剰余価値は生産しない。しかし賃金を払って労働者を雇うと、その資本には利潤が与えられるのでなければ意味がない。その労働を商業資本家が自らやれば、賃金はないし、また利潤もつかない。どうしてそういう関係になるかというわけだが、マルクス自身それがいいぐあいに解けてないんです。なんでもないことなんだけど大変な苦労をしている。

前にいったように商業利潤の根源が流通期間の短縮による流通費の節約という、つまりマイナスになる費用をマイナスするということにあることが明確になっていれば、賃金労働者がそれをさらに一層節約して賃金に対する利潤をも得させるような、そういう関係ができてくるということは、すぐわかる。余りに簡単な解決なので私にも少々心もとなく、これでよいのかと思えるほどですから批評のあるのも当然だが、どうも批評をみてもほかに考えようはない。それは商店を開いたりするのと同じにその費用をつぐない、その利潤もえられる程に流通費用が節約されるというわけです。投じた費用の回収と、それから利潤を計算しても成り立つんでなければ、資本を投じる意味はない。商人自身が自分で働くと、その働きに対しては利潤は出ないのでマルクスも困ったわけです。商人としては自分に賃金は払わないから、ただ、買い入れた商品に対する代価、それに対する利潤を他の産業資本と同様に得られれば、商業に資本を投じてよいわけです。そこに産業資本の一般利潤率によって決定される商業利潤があるわけで、そういうよりほかにない。マルクスもだいたいそう考えることになるのではないかと思うんですが、その点明確になっていない。

商業資本と産業資本との関係、それから貸付資本と産業資本との関係の、その関連が、『資本論』の場合には商業資本のほうがかえって利潤論へすぐついて、そしてあとから貸付資本を説く。そこで何かこの方が外から来る関係のようになっている。実際はそうじゃなくて、貸付資本のほうが、産業資本の中でできる遊休貨幣資本を資金としてお互いに貸し合って、それで流通費用を節約する。だから直接的なんです。商業資本のほうは商品を買い入れて、そして売る、その流通期間を短縮するんだから、産業資本にとっては、むしろ外になる関係、その順序が『資本論』で利潤論から商業利潤、それから貸付資本の利子ということになったんで、そこの点が問題を残すことになり、二つとも十分に展開できなくなったんじゃないかと思う。そしてそれが結局、いまの資本関係の物化、資本の物神性の完成にも影響してマルクスも混乱している。つまり、資本はそれ自身に利子を生むという規定ができなくなる。

はじめに貨幣資本家が機能資本家に資本を出して、そしてそこから利子を得ているということになると、利子の根拠が不明になるばかりでなく、資本がそれ自身に利子を生むという、商品経済の物神性の極致をなす資本の物神性の方は説けなくなる。これをマルクスは後に梨の木に梨がなるように、資本は利子を生むというふうにいっているが、マルクスでは、貨幣資本家が機能資本家に貨幣を出すときから資本は物神化している。もっともそのときは資本は、利潤を生むものとして商品になるという。利子を生むものとしてではない。後に物化を説くときには利子を生む物として貸手は自分の貨幣を売るといっているが、これでは全く利子の意味がわからなくなる。利子は商品としての資本の代価として支払われるものではない。前にいったように貨幣を一定期間貸付けて、その代価としてこそ意味がある。それを最初に資本を商品として売って、それから利子を得ているというから混乱する。それも最初は利潤を生むものとして資本が商品になるといって、後には利子を生むものとして貨幣を売るという。これでは資本の物神性が説けないのは当然といってよい。

私は、この点は必ず最初の貸付資本のとき資本でなく、貨幣が商品となることを明確にしなければならなかったものと思う。この場合には資本はまだ物神性を完成してはいない。マルクスは機能資本家の得た利潤が、貨幣資本家との間で分割されるところから質的な分割に移ることを説こうとして苦心するが、質的の分割に移りようがない。というのは、貸付資本で支払われる利子というのは、これを貸付ける人と、貸付けられた人との間で、また貸付けられた人がそれを利用して剰余価値の追加的な生産をやって、その一部分を利子として払うんで、ちゃんとその根拠がある。資本がそれ自身に生むというような物神性をあらわす利子じゃない。本当に物神化を完成してはいないんです。それ自身に利子を生むとはいえない。だから最初は利潤を生むものとしていったわけです。後に利子を生むものとして外化するといっても、単なる貸借関係からはそうはいえない。これは貨幣市場をみればすぐわかる。

貨幣市場の利子は、貸手と借手とでその需要供給で決まる。もちろん銀行が中心になってだが、始終上下している。それは物神化して資本の属性ということにはなっていない。この物神化は商業資本を通してはじめて実現すると私は考えている。商業資本家が自分でやる商業労働は、一般に資本家の労働を代表するものといってよい。資本家も労働をしないわけではない。ただ物を生産し、価値、剰余価値を生産するということはない。資本家はいろんなことを考慮して物を買ったり、売ったりする。これが仕事。商業資本はそれを純粋に代表しているわけです。商業資本家は商品を買い集めて、それを売る。そこで資本家の労働を代表するといっても極めて特色のある点で代表する。すなわち資本家にとっては、直接はもうけにならん費用をなるべく節約するという、資本家社会的にマイナスとなるものをマイナスするという点で代表する。もっとも産業資本家も資本家としては商人的であって、安く買って高く売るということを一時も忘れるものではない。産業資本家となれば価値で買って価値で売るものと考えるのは大間違い、ただ競争でそうなるというだけで、理論はその点で価値の形成と増殖を論証しうることになるわけだが、それはともかく商業資本は、いわばそういう競争の部面を引受けたような格好になって、資本家の労働を代表する。それと同時に商品の買入れには、できる限り信用によって貸付資本を利用する。商品の売捌きには、しかし原則としてそれを利用するわけにはゆかない。つまり買うときには手形で買ったものをできる限り速かに売る。それが彼の資本家としての腕前になる。そこで買入資金に対しては利子を支払いながら得た利潤は当然に利子といわゆる企業利潤とに分かれてくる。借入れない自己資本に対しても同様の分離を移入する。全体の利子を差引いてあとに残る利潤部分は、自分の働きによって得た利潤だという観念ができる。それが一般的に利子に対する企業利潤になるわけです。それはマルクスのいうように貨幣資本家が機能資本家に資金を出して利子をとるというのではなく、また産業資本家の遊休資金が銀行を中心とする金融市場を通して互に融通される場合に生ずる利子で直ちに企業利潤という概念ができるわけでもない。それは資本家が利潤を自分の労働で得たものと観念しうるような関係を通さなければならない。商業資本家は資本家の労働を代表するものとして、また貸付資本を非常によく利用しうるという地位によってこの観念を形成する。もちろんそれはもともと商人資本的なるものとして資本家である、一般の産業資本家にも容易に移入させる。そこで資本はそれ自身に利子を生むという観念が一般化してくるわけです。その場合、資本がそれ自身に利子を生むというときには、この利子は貨幣市場の利子を反映したものではあるが、直接にそれではない。

いままでこの点が明確でないために貨幣市場と資本市場との区別がいい具合にできていないんです。資本市場では利子率は積極的にはできない。貨幣市場でできた利子率を反映して、資本は利子を生むものとして売買される。これは具体的にいえば、株式市場にあらわれている。そこに金融市場と資本市場との関連が明らかになる。株式は金融市場で形成される利子率を借用してその相場をつくりながら売買されるわけです。ところが売買されるだけでなしに増資をしたり、新しい株式を募集したりすることになれば、金融市場に集る資金と、株式市場へいく資金とが互に融通しあうことになる。たとえば金融市場で利子率が上がれば、株式市場の株の相場が下がってくる。

利子率が下がれば、株式市場の相場が上がるということにもなる。自分自身では利子率を形成しないが、相場を通して資金が株式市場と金融市場との間を動くというそういう機構ができる。ここではじめて資本が商品になる。これが資本市場、これに対して金融市場では貨幣が商品になる。利子は商品としての貨幣の代価、資本市場でこの利子率を反映しながらそれ自身に利子を生むものとしての資本、いいかえれば擬制資本が売買される。もちろん、どちらも本来の商品をなすわけではない。しかし資本家的商品経済は、こういう機構をもって全体の特殊歴史的な構造を補強する。それはともかくこういう関連で資本はその物神性を完成する。マルクスのいうように貨幣資本家と機能資本家との間で利潤を分けるというのでは、資本の物神性の客観的根拠は解明できない。悪くすると貨幣の蓄蔵に基く前時代的な物神性で片付けられるということにもなりかねない。梨の木に梨がなるという例は、どうもそういう感を与える。

しかしまた私のいうようにして資本の物神性の完成の根拠が明らかになっても、経済学の原理では株式市場は説けないという、非常にむずかしい問題がある。

そこでこの資本の物神性、つまり資本がそれ自身に利子を生むものとして現われるということは、原理的には、資本主義の理念をなすものと考えざるをえないのです。これはヘーゲルの言葉を借りてそういったわけです。もっともヘーゲルがわかって借りたわけではないので、そんなことはどうでもよいのですが、資本主義のイデーというわけです。物神性としてはその方が適しているともいえる。

要するに資本は、貨幣としても生産手段としても、商品としても、遊ばしておけないということが、資本主義のイデーだというわけです。それは不断に利子を生みつつあるので、遊ばしておくと利子を失うことになる。商品も、貨幣も、生産手段も、また工場に雇った労働者も、資本としては一時も遊ばしておけないというのが資本家的精神だというわけです。それを例えば営利的にそう考えるというのでは物神性とはいえない。もっと根本から、いいかえれば資本家的商品経済の機構からそうなっていることを明らかにするというのでなければならない。ところが、いまもいったように、その具体的あらわれとしての株式市場は経済学の原理じゃ説けない。

最後にこの点について、私の考えを述べておきたい。

株式市場というのは、これは土地の場合もそうなんですが、資金を持っている人が株券を買ったり、土地を買い、それによってその資金に対して資本としての利子を得るということになるわけで、これはわれわれが日常的にみていることですが、こういう資金の所有者というのは、経済学の原理では扱いえないのです。原理論では資本として投じうる資金をもっていれば、利潤が得られるはずなんです。もしそれが産業資本として投ぜられてその運動過程で形成される資金であれば、金融市場で貸付資本として利子を得るということにもなる。それは一時的な利殖にすぎない。株を買うとか、土地を買うということは、実際にあったとしても原理的には説けない。例えばそういう資金で土地を買った資本家では、地代は説けない。株券を買った場合でも同じで単に利子を得るだけの投資をするという資本家は、経済学の原理では想定できない。こんなことをいうと、現実を無視したものといわれるかも知れないが、マルクスが『資本論』を書いたときには、こういう想定も無理ではなかったのではないか。資本主義は発展するにしたがって理論的に想定される資本主義に近づきつつあるものと考えられたのであって、またそれによって『資本論』のような原理論の体系ができることにもなった。ところがそのマルクスが利子論では、原理的には想定できない貨幣資本家と、機能資本家とをもちだしてきたので、この問題は利子論や株式会社論によって改めて考えてみるべきものとなる。事実、株式会社の資本家ということになると、原理的には規定しえない二種類に分かれる。単に配当を受けるだけの、いわゆる普通株主と普通株主の資本を自分の資本と同じように利用する大株主、いいかえれば会社を支配する資本家とに分かれ、この関係は原理的には規定できない。

第一に普通株主は資本家としての機能を積極的にはしない。土地所有者であったり、他の事業の資本家だったり、商人だったり、俸給生活者などだったりする。原理がこういう複雑な資格をもったものを規定しようとすると、必ずその基本的規定を不明確にする。現実にそういうものがあることは事実で、それは原理的規定を基準にして分析し、解明すればよいので、こういうものを原理的に規定することによって原理的規定を放棄するのは、科学的方法とはいえない。

第二に、大株主のほうも、こういう普通株主の存在によって自分の資本以上を支配しうることになる。ちょうど普通株主が資本家として失うものを委譲されるわけで、大株主のほうも原理的に規定するわけにいかない。それはちょうど独占利潤というのを原理的に規定しようとすると、利潤の一般的な規定は失われてしまうのと同じで、マルクス経済学がいわゆる近代経済学と違う点もそういう点にある。

第三に、今いった株主資本家が二種類に分かれるということに関連していることといってよいが、株式会社の利潤が配当として分配されることになると、その処分の仕方はまた原理的には規定できない。大株主が決定して、普通株主には利子に相当するものをやればよいということにもなる。普通株主としては配当は多ければ多いほどがよいと考えるのに対して、大株主としてはむしろ株式会社を代表する地位につくことになる。これも本来の資本家とはいえないものに変ってくる。要するに資本家が双方で変化してくる。これは経済学の原理で解明すべきものではなくて、株式会社制度が一般的にあらゆる産業に普及した時代、いわゆる金融資本の時代をとって規定しなければならない。その場合の規定は原理的にはできない。もちろん原理的に規定される資本とか、利潤とか、利子とかを前提にしなければその規定は与えられないが、これを原理的に規定した経済学の基本概念と同じように扱うことはできない。先きにあげた独占利潤を一般的に規定するのと同様、基本的規定を台無しにする。

マルクスは、地代論を説く場合に、土地所有者から資本家が土地を借りて労働者を使用するという、いわゆる資本家的土地所有を想定して論じ、これに対して実際上はそんなものでない諸形態をもって反対する主張に、そういう異論は、資本家的土地所有が歴史的なものでなく、永久的なものとする説にこそ適当であるが、自分のように歴史的理論には無意味だということをいっている。マルクスの場合、土地所有も資本主義の発展と共に資本家的土地所有を実現すると考えてよかったので、そうもいえたのであるが、われわれの場合はそういっただけでは片付かない。資本家も原理で与えられた規定だけでは片付かない株主資本家のようなものが一般化してくる。そこで逆に経済学の原理で与えられる規定はどういう風にして得られ、どういう風に使用したらよいかというようなことを考えなくてはならぬことになる。それと同時にマルクスが経験的事実によって想定した貨幣資本家と機能資本家というような、原理的には問題にならない想定も再検討することが必要になる。

『資本論』の利子論は、その点では最もよい材料を提供してくれる。もちろん『資本論』の利子論が全部間違っているというのではなく。マルクスはこの部分でも非常に沢山の資料を扱って論じているのであって、その理論的展開には学ぶべきものが非常に多い。利子論が間違った想定で始められても資本の物神化を説こうとした点は、たとい成功していなかったとしても、やはりマルクスらしい、極めて重要な意図を示しているといってよい。また擬制資本の規定のような重要な概念も与えている。銀行信用に関しても同様である。ヒルファディングのように『資本論』の規定をそのまま使って、その上に金融資本の規定を与えるということも、今まで述べてきたことからいって賛成するわけにはゆかないが、しかしそれでも『金融資本論』ができたのをみると、『資本論』の偉大さがわかるように思う。『資本論』の所説を私は屢々《しばしば》批評し、もし訂正してよければ訂正しようではないかというてきたのは、『資本論』の規定がそう簡単に間違っているといって済ませないと思うからです。しかしまた『資本論』は一言一句動かすことができないものだと考えるのは、『資本論』の偉大さを真に理解し、尊重するものではない。利子論、商業利潤論は、まさに未完成のものだけに、われわれにとっては『資本論』を学ぶ場合にそういう点を考えるのに最も適している部分といってよい。

大体、以上のようなことを最終講義で利子論として述べたつもりですが、あと何か問題を出してもらえると補足的に述べることができるのではないかと思います。

問　マルクスの利子論はやはり商品取扱い資本に対して貨幣取扱い資本というように展開したということが影響しているのではないですか。

——そうかもしれない。貨幣取扱い資本というのが銀行の前身のようなものとして出るのですが、貨幣というものは取り扱うといっても、商品のように売らなければならぬものではない。商品取扱い資本が商業資本へ発展するような関係はない。それは貨幣の両替とか、保管するとか、代って支払をするとか、という銀行になると附随的な業務になるものをなすにすぎない。銀行が取り扱う貨幣はまるで違った性質のものになる。貨幣取扱い資本のやったことは、その点では問題にならない。あそこで商品と貨幣を並べて取扱い資本といったのが、悪かったのではないかと思う。問題は、しかし利潤論で産業資本の流通費用をどう扱うかということにあった。産業資本自身ではそれが処理できないということが、もっと明確にされていたらああいうことにならなかったのじゃないかとぼくは思っている。

これはしかしまだ問題になっている点です。しかしこの点から片付けてゆかないと商業資本論はできない。しかも商業資本論が明確になると、利子論との関連も明確になる。利潤論を一般的にやったから商業利潤論をやるというのはよくない。利子論でも銀行資本の利潤論がある。

それにしてもいちばんおもしろい問題は、ぼくはやっぱり物神性だと思う。これによって始めて資本市場と貨幣市場とを区別することができる。この点はしかしマルクスだけじゃなしに、ほとんどあらゆる経済学者がはっきりと区別してない。キャピタル・マーケットとか、マネー・マーケットとかといいながらそれがどう区別されるかということは、はっきりしていないんです。これは一般には資本概念が明確になっていないのでマルクス経済学以外では当然なのだが、それだけにマルクス経済学で是非明確にしたい。

日本では資金ということばがある。これが外国にはないんではないか。ファンドといっても、ミッテルといっても違うんです。資金ということばは実にいい。ぼくもこの通俗語を使うのをはじめ躊躇していたんだが、これは『資本論』でいえば〝貨幣としての貨幣〟にあたると思ったのです。ところがそれが少々うまくない。マルクスは貨幣としての貨幣というのを、略して〝貨幣〟としているんです。価値尺度としての貨幣、流通手段としての貨幣、貨幣としての貨幣ということになるのだと思うが、それが貨幣になっている。これは資金としての貨幣とした方がいいと思ったが、その最初が貨幣の蓄蔵となっている。そうするとこれは資金とはいえない。もっと富の一般的形態として貯蓄の目的になる。資金というのは、何に使ってもよいもの、自由に使える貨幣として、資本として使ってもよいが、そうでなく、生活に使ってもいい、支払に使ってもよいという貨幣、そういうものとして商品流通から出てくる。蓄蔵というのには少し合わない。それで使わなかったのだが、今は資金が貯蓄にあてられるというように使っている。資本の運動過程にある貨幣は直ちに資金をなすとはいえないが、その運動の過程でも貨幣として遊休している間は一時的だが資金になる。これが商品になって貨幣市場で売買される、これを単に貨幣というよりは資金といった方が明確になるというわけです。

マルクスはこれを貨幣が資本として貸付けられるものとして利子を説き、そこですでに資本が商品になるといってしまったもんだから、資本の市場、資本の物神性の完成した姿というのが説けなくなってしまった。はじめから利子を生む資本が商品になってしまった。利子付き資本、あるいは利子生み資本という言葉で、貸付け資本と、それからのちに展開される、ぼくのいわゆる、それ自身に利子を生むものとしての資本というのが、両方いっしょになっているんです。マルクスの場合、貸付け資本ですでに貨幣が利潤を生むものとして商品化しているので、先きにもいったように資本の物神性が説かれていることになる。これは商品になる貨幣を資本といったもんだから混乱してきたのではないかと思う。資金といえば商品になるのに非常によかったんじゃないか、だから資金市場といったほうがいい、貨幣市場というと、例えば一〇〇円の貨幣が売買される、その代価が幾らかという変なことになる。

問　実際上も長期資金市場とか、短期資金市場といっていますね。

――いっている。日本ではいっているんだけど、外国にはないんです。マネー・マーケットです。貨幣になっちゃう。そこに混同がおこる。資金ということになれば貨幣でありながら流通手段じゃない、流通手段からフリーになっている、なんにでも使える、貸付け資本として一定の期限をもって貸付けることもできる。もちろんそれは貨幣なんだけれども、資本として動いている貨幣じゃない。資本としての運動過程にある貨幣なんだが、遊んでいる貨幣、そういう意味で資金になるわけです。資金ということばはいいのじゃないかというのですが、通俗語というのと、外国語にないのとでみんな自分じゃ使っているくせに、ぼくがいうと承認しないんです（小笑）。資金市場といって資本市場と区別した方がよい。もちろん金融市場といってもよいが、とにかく資本市場としての有価証券市場、株式市場と区別しないと利子率との関係なんかも明白にはならない。両市場における資金の動きも同様だと思う。

問　それはマルクスのいわゆる「経済学批判」のプランでは一応貨幣市場と資本市場に分けているんじゃなかったですか。

——そうだったか知ら……ちょっと覚えていない。そうかもしれない。プランはおもしろい問題を沢山含んではいるが、具体的には『資本論』ということになる。それはともかくマルクスはやっぱりパイオニアとして偉いと同時にパイオニアらしい欠点ももっているんではないだろうか。物神性という規定についてもそういうことがいえる。商品経済の物神性を見つけたということはえらいことだと思うが、やはりパイオニアらしく早く使いたくなったのではないだろうか。商品でいってしまった。もちろん商品でいってよいのだが、ほんとうは貨幣でいったほうがいいと、ぼくは思っている。商品でいったんでははっきりしない。殊に買手にとっては商品はその使用価値のほうが主になっている。貨幣なら使用価値自身が価値物になるんで、物神性は先ずここで表われてくる。『資本論』のあの節はおもしろいのだが、物神性の実体的根拠の暴露が主になる。しかしこれでは貨幣での物神性の形態的発現に対しては少しずれたことになる。商品価値の実体で暴露されるにしても、先ず形態的に貨幣であらわれる点が明確にされていなければならない。マルクスはその点を価値形態論でやっているのだが、そこでは物神性として明確には規定していない。

これと似たことが『資本論』ではほかにもある。たとえば変態という言葉ね、あれも非常におもしろいことばですが、それは運動体としての資本の場合にこそあてはまる。資本が貨幣、商品、貨幣になるというように。ところがそれをマルクスは商品の流通に使ってしまった。しかしこれは適当ではなかった。変態というのは蚕の場合でも、卵から幼虫、蛹《さなぎ》、蛾になる。この全体が変態でしょう。そこで蚕というのは、この全体の運動体としてあるということになる。どこが蚕かということはない。ちょうど資本と非常によく似ている。貨幣で商品としての生産手段、労働力を買って生産資本になり、商品を作って、それが貨幣になってまた帰ってくる。この変態は蚕よりもっと徹底している。むしろこの方に適している。資本は死なないんだから(笑)。しかも卵を生むんだから(小笑)。それこそ運動体としての変態ということになる。商品の変態といっても、これは商品と貨幣とが交換されて貨幣になり、その貨幣で新しい商品を買うというので、商品としては場所を変える運動です。資本のほうは場所を変えないで自分の姿を変えていく。だから蚕の変態と非常に似ているわけですね。

問　むしろそれは『資本論』の第二巻の問題ではないですか。

――第二巻は資本を運動体として解明しているのですが、変態ということば自身はあまり使ってないんです。これもパイオニアとして変態ということばを発見したときに、あまりうれしくて商品の運動のほうに使っちゃったんじゃないかというわけです。

しかしそうすると資本のほうに使えなくなった。同じ運動にしても違う。資本のほうは時間的な運動で商品のほうは空間的な運動、もちろん資本の時間的運動も商品、貨幣の空間的な運動を基礎にしなきゃ出きない。その点は資本の運動のおもしろい点で変態の意味が、本家の蚕より明確になる。商品、貨幣の流通を基礎にしながら独自の運動体になる。それはともかく、こういう物神性とか、変態とかという、未だ何人も明確にしなかったものをマルクスははじめて発見しながら、惜しいことにちょっと早く使いすぎているのではないか。人口法則でもそうです。これはちょっと逆になるが、産業予備軍という言葉にすぐつけてしまったから折角の規定が産業予備軍に埋没してしまっている。もっともこの方はエンゲルスが若くして天才的に発見したことばで、マルサスに対する規定としては経済学的に未熟なものだった。これをマルクスが理論化したわけだが、どうも産業予備軍という言葉がよすぎてマルクスもこれに引きずられた形になっている。種々雑多のものが入ってきて人口法則としての理論的展開には邪魔になっている。理論的には人口法則の方がたいへんな発見でしょう。

人口法則というのは、労働力商品という資本主義経済の基本的な商品に対する資本の関係を解明するもので、一般の商品の価値論に対するものだと思っていいんです。労働力商品は資本では直接は生産できないので、人口法則がその価値の基礎をなすことになる。マルクスもそのことをいってはいるんだが、産業予備軍という規定でその点が不明確になっている。もちろんイギリスの資本主義の発展は実際上この産業予備軍を基礎にしてできたもんだから、事実としてはそういっていいんだけれど、理論的には人口法則に抽象して説かなきゃいけなかったんじゃないかと思う。

問　ちょっと話は違いますけど、三段階論を思いつかれたのは――マルクスの話が出ましたから――わたしは戦前じゃないかと思うんですが。そうじゃございませんですか。

――実際上はそうです。というのは、ぼくは『資本論』を勉強しようという目標をもっていたわけですが、東北大学で経済政策論の講義をしていましたから、そのためにそういうことを考えることになったし、また当時の資本主義論争に対してぼくはいろいろ疑問があった、――ぼくにはいわゆる講座派も労農派もほんとうにはこの問題を解いてないというように考えられた。これは『資本論』自身に対する問題でもあったんだが、後進国の資本主義化をどう考えるかという点、後進国で先進国と同じように資本主義の発展が見られるかどうかという、これは誰でも知っているんですが、その点が資本主義論争ではみんな知っていながら、明確に考えられなかった。殊に日本のように、後進国として、しかも金融資本時代に資本主義化した場合にどうなるか、この点に非常に興味をもっていたのです。

つまり原理を日本の分析にどう使うかということを考えていたわけです。ぼくが戦前に書いた論文で、「資本主義の成立と農村分解の過程」というのがあるのですが、それはその点を『資本論』によって書いたんです。後進国の場合はつまり農村分解の過程が違うのが当然ではないか、こういうことを書いたんです。イギリスでは資本主義的な農業経営が出るかもしれないが、後進国ではなかなかそれが出ないんじゃないか。こういう問題を書いた。それは原始的蓄積の過程が違うということを述べたのです。今ほど明確にはいってないが、現状分析をやるにはやはり先進国と後進国を区別しなきゃいけない、それを原理ですますわけにはゆかない。その間に必ずどういう時代に資本主義化するかという段階論が入らなければいけないというわけです。この問題は実は大変なことを含んでいたのです。

東北大学で昭和十一年に、ぼくの友人が病気したために経済原論の講義をしたことがあるのですが、そのときに『資本論』によりながら『資本論』を修正するという、だいたいいまの原論のシステムができているんです。これは今の問題から当然でることだったのです。そういう考えをもったのはその昭和十年前後ですが、大変な問題だったので、まだ一般には発表しなかった。『資本論』を問題にするということは、戦前にはぼくにもできなかったのです。

話が横にそれてしまったのですが、なお日本資本主義論争に関連してブルジョア革命についてどうもこれを社会主義革命と直接に比較するという考え方にも、その当時から疑問をもっていた。最近は段々とその点が明確になってきたのですが、ブルジョア革命というのは、もちろん大変なことではあっても商品経済の発展を阻害するものを除くということに帰着するが、社会主義革命というのは社会主義者によって資本主義に代るものを作ってゆかなくちゃならない。例えばいまの利子論で論じた機構にかわるものを作るというのはたいへんなんだろうと思うが、そうしないと社会主義は実現されない。その点大変な問題になる。少くとも生産手段を遊ばしておけない。資本主義は労働者も生産手段も遊ばしておけないという、非常にエコノミカルな処置をとるようになっているが、社会主義でそれをどうやって資本主義に負けないようにやれるかというのはたいへんな問題です。こういうことを考えるというのも、経済学の原理と社会主義運動の関係が明らかになっていないとできない。三段階論による原理論の体系的完結というのと関連するのです。

問　原蓄がイギリスみたいな形でいくのはイギリスだけだったようなことを、ちょっとマルクスもいっているところがあるんですね。

――それはマルクスもたしかに認めているのですが、しかし、後進国がその資本主義化を如何なる段階でやるかによって異るという点は明確にしていなかった。

問　工業のほうはだいたい同じにいく……農業のほうは……

――しかし工業も、先進国で得た成果をすぐ輸入するので、その影響が非常に大きいわけです。ぼくはそこを人口問題にかけたわけです。つまり農村の分解を比較的にやらないでもやれる。後進国の農村の年々の過剰人口をもってやれるので特にエンクロージャーのようなドラスティックな方式を必要としないわけです。日本でいえば農村の次三男や子女の労働で十分に近代的な機械工業を発展せしめることができたのです。原始的蓄積による農村分解をイギリスのようにやらなくてもできたわけです。この点が日本資本主義に当然考慮されなければならないというのです。

なお最終講義では最後に資本主義の階級性について述べたのですが、これは私の『原論』でも最後の章になる。資本主義は商品経済として当然だが、表面的には階級性を示していない。つまり商品売買の自由と平等の世界をなすわけです。それを経済学的に分析すると階級関係がわかる。同時にその階級関係で、はじめて封建社会や古代社会の階級関係もその基盤を解明される。つまり剰余労働の基盤が一般的に明らかにされる。しかし資本主義自身では立前としては階級社会ではない。それがイデオロギーとしては法律になってあらわれているわけです。政治でなく法律をイデオロギーとしている点が重要なのです。自由と平等と正義になるわけです。法律学者からいえば、階級関係はない。経済的にも資本家と労働者と土地所有者との関係は、表面的には階級関係ではない。経済学的分析をしなければそれは明らかにならない。そこで資本主義を経済学で解明するという場合にも、あたまから資本主義を批判するというのではよろしくない。

資本主義は搾取関係を基礎とするといっただけでは問題にならない。商品経済的に自由平等の立場で売買しながらしかも搾取関係がその内に展開されることを明らかにするのでなければ、その点を科学的に明らかにするものとはいえない。搾取という言葉自身がすでに階級性を示しているように見えるのでかえってそのことをなおざりにする傾向がでるが、それはいけない。ここでいう搾取は封建社会や奴隷制度のように直接に階級関係によって行われるのではない。不当のことをやっているようにとるんじゃほんとの搾取関係はわかっていない。すべて価値で売買されながら搾取関係を明らかにするのでないといけない。収奪関係というのは商品経済的にも不当といってよいが、搾取関係はそれではいけない。収奪というのは原始的蓄積で土地を取り上げるように財産を取り上げることをいう。実際上は商品経済的にも収奪が行われている場合が少くないが、それは経済学的には理論的に証明するわけにはゆかない。経済学的には、資本家的搾取関係を商品経済の法則の内に解明していく、しかもそれは政治や宗教はもちろんのこと、資本主義社会のイデオロギーとしての法律関係からも独立に、それ自身に発展する社会として解明する――それが経済学の原理となる。それはヘーゲルの論理学にもあたる体系を、完結した体系として展開するものではないかというわけです。

もっとも私自身は、ヘーゲルを研究したわけでもないし、その論理学を理解したとは自分でも決して考えていないので、そういう比較がほんとに出来るのか、どうかはわからないが、とにかく経済学の原理は、全体系が自立的な運動をなすものとして規定できる。これがまた私の理解している経済学と社会主義との関係を示しているわけです。つまり資本主義は抽象的に一般的にではあるが全社会を完全に認識しうるという点で変革の対象になるというわけです。しかしそれはまた『資本論』の重要な規定に反することになる。いわゆる「収奪者が収奪される」という規定がマルクスでは経済学の理論そのもので説けるようにいっているが、私にはそうは考えられない。原理の体系にはそういう展開は入らない。それは理論的に規定できるのでなく、理論的にはあたかも永久的に運動するかの如く体系的に論証されるということが、反ってその実践的変革の根拠を示しているというわけです。もっともそうなると客観的な法則によって、社会主義社会が実現されるというのではなくなる。今さきもいったように、社会主義は資本主義が法則的にやっていることを自主的にやらなければならないということになる。それと同時に、資本主義社会の階級性と共に、一般的に社会の階級性を止揚するということになる。そういう意味で資本主義社会の階級性を原論の最後に説いたわけです。

マルクスも『資本論』の第三巻の最後に地代論のあとの収入の篇の最後に「諸階級」という章をおいている。もっともあの収入の篇はあまりいい篇じゃない。それでも分配関係と生産関係なんかというところはおもしろいですが、それはともかく最後に「諸階級」を書こうとして中断——というよりはじめたばかりで切れている。それでも資本主義社会の階級を一般的に論じようとした意図はうかがえるように思う。私の場合は序論に対する結論のようなことになっているが、資本主義社会の階級性はいまいったように、表面的には非階級的な、しかし内実は階級をなしているという意味で最後の階級社会ということになるんじゃないかと考えたわけです。一方で体系が完結すると同時に、あらゆる階級社会の経済的基礎を明らかにし、階級対立の最後をなすものであることも明らかにされるのではないかというわけです。

資本家と労働者といえば直ぐに階級関係がわかったようにいうのでは、まだほんとにはわかっていない。労働者と資本家とがどういう関係で階級関係をなすのか、これこそ経済学の原理の課題です。

最近よく独占資本という言葉が使われるが、これはどういうことを意味するのかを明らかにしないといけない。独占資本という言葉はブルジョア的にも不当なものとしてよいものとなっているので、資本というよりは非難の対象として都合がよいかも知れないが、それでいい気になっていると案外自分のイデオロギーのプチ・ブルジョア的性格に満足していることになる。何人でも資本主義社会に住んでいると、その生活からプチ・ブルジョア・イデオロギーをもつことになるので、こういうことは十分に気をつけないといけない。社会主義者としては勿論だが、科学的研究でも独占資本という言葉を使いすぎると真に資本主義を批判するということにならなくなる。公正取引委員会と同じイデオロギーになる。資本自身を科学的に批判的に把握することが大切なので、独占資本は一般的には私のいわゆる段階論で扱われなくてはならないが、その場合には原理的規定を与えられるわけではない。独占利潤も同じで、これを原理的に規定しようとすると経済学の原理自身が曖昧になる。私は、独占資本——正しくは金融資本というべきだが——にしても、商人資本にしても、さらに産業資本そのものにしても、資本主義の発展過程であらわれる具体的なものとしては段階論的に規定しなければならないと考えている。そこでは経済学の原理がそのままあらわれるのではない。多かれ少かれ非資本主義的な経済と人口とをもった社会として原理を基準にしながら、タイプとして規定するほかはない。帝国主義論は、資本主義の発生、発展の段階における重商主義、自由主義に対して展開されなければならない。それは『資本論』のような原理論にそのまま続けられてはならない。そうしないと原理は自由主義の原理になってしまう。

スターリン論文でもちょっと面白い問題があった。たしかスターリンは社会主義を一般的に論ずるときにも、一般的な資本主義に対してでなく、現代資本主義に対して論じていたと思うが、これはよくない。いわゆる独占資本主義に対比される社会主義は、社会主義一般でなく、現実の発展段階の社会主義になる。特定の社会主義になる。これを直ちに一般的な社会主義として主張するのは筋が通らない。一般的な資本主義に対して一般的に社会主義を規定した上で、そういう特定の社会主義を考えないととんでもないことになる。スターリン論文にはそういう点に問題があったのではないか。この基準があってこそ具体的な社会主義についてもその発展が考えられることになる。さらに具体的には特定の国の社会主義ということも現状分析できるのではないか。私はずっと前にある人々とこの問題を論じたとき、その人達はソ連の社会主義を直ちに社会主義そのもののようにいうので、そのことを注意したことがあった。社会主義にも発展段階もあれば、特定の国の特殊の事情もあるわけで、すべて一様にというわけにはゆかないのが当然だろう。この点も資本主義について原理と段階論と現状分析の、いわゆる三段階論がないと明確にはならないのと同じ関係があるのではないか。もちろん経済学の原理に対応して社会主義の原理が法則的に規定されるというのではない。段階論、現状分析についても同様である。こういうわけで私は、経済学の研究が三分野に分かれ、原理論は体系的に完結したものになるということを明らかにするということは、極めて重要なことだと思っている。

なお『資本論』の最後の章で「諸階級」を論じようとしたマルクスの原稿が最初のところで切れてしまっている点で非常に残念に思うのは、土地所有の地位についてマルクスの考えをもう一歩踏みこんで聞けなかったということです。地代論が利子論のあとについているあの順序は、どうも資本主義社会には必ずしもなくてよい土地所有者というように考えられていたのではないかと思えるんです。たしかに土地所有者は資本主義社会でも寄生虫的存在なのだが、資本主義になくてよいというものではない。この点、マルクスはよく知っているし、私もマルクスからそれを学んだんですが、しかしマルクスも、レーニンも他方では資本主義にとって土地は国有になってもよいようにいっている。この点はやはり資本主義と土地所有との関係を、もっと明確にしておかなくてはいけなかったのではないかと思う。資本主義では土地は国有になっても私有的な性格がなくなってしまうということにならんのです。例えば国から借りた土地は必ず又貸しされる点を考えてもわかることです。ところでマルクスが地代論を利子論のあとにおいたということは、私にはその点に何か不明確のものがあったのではないかと考えざるをえない。地代は、利子よりも、利潤にいわば近い関係にあると私は考えている。利潤論は先ず地代論で補足されなければならない。それは無産労働者が土地私有に基いて出るという原始的蓄積に対応した関係だといってよい。マルクスが地代論を利子論のあとにもってきたというのは、その点を不明確にするんじゃないか、クラシックのなごりじゃないかという気がする。この点は、しかしなお大いに攻究されなければならないことと思っている。マルクスは地代を前にもってくる考えをもっていたこともあるようだが、『資本論』では結局そうしなかったというのは、なにかクラシックの考えが残っていたんじゃないか。こういうふうに思う。実際、体系が完結するのはやっぱりイデーにもっていかなくちゃならない。私はそういうふうに思うんです。それでこそ最後に資本主義社会の階級性を論ずることもできるというわけです。

なお、経済学で論理学が具体的に展開されるというと、友人の哲学者諸君は、それでは自分らは何をすることになるのか、哲学はなくてよいのかというのですが、そういうわけではない。論理学はいわば科学としての哲学、これに対してイデオロギーとしての哲学、これは唯物論か、観念論かという問題、これはやはり論理学と区別すべきだと思う。これはもちろん経済学の原理論からの推論なので哲学者諸君に考えて貰《もら》わなければならない。もっとも経済学の原理が論理学を具体化するものだといっても、経済学の方でもまだまだその体系が完成しているわけではないし、またその体系の内部構造も哲学的に解明されているわけではない。いいかえればこれはいわゆる弁証法論理学として一般化されて始めて解明されるのでないかと思うわけです。イデオロギーとして哲学はこれに対して実践論として展開されるべきものと考えています。今もいったように、こんなことは私の経済学からの推論にすぎないので、問題を出されてもお答えできるというわけではありません。私が最近に考えていることを述べてみただけです。蛇足とでもいうべきものでしょうか……。

問　先生はヘーゲルと『資本論』との関連に非常に関心をもっておられるわけですが、日本では梯《かけはし》（明秀）さんの仕事とか、武市《たけち》（健人《たてひと》）さんの仕事とか、それから、古いところでは三枝《さいぐさ》（博音《ひろと》）さんの仕事などあるんですが、あれについてはどういうふうにお考えでしょうか。

――そういう哲学者諸君のやり方はぼくとは方向が逆なんじゃないかと思う。ぼくはやはり経済学のほうからいったほうがいいんじゃないかという気がする。梯君のものはよく読んでいるわけではないが、どうも経済学を哲学でやるというように思える。労働価値説なんかも哲学のほうが先に出ちゃって……

問　中身がないわけですね。

――ええ。前に梯君はぼくを批評していたことがあって、ぼくも多少読んでみたのですが、ぼくには答えようがないし、答える必要もないと思ったことがあった。この間もある大学の学生がきてその話が出たときいったのだが、黒田寛一君がよく梯君とぼくとを並べるんだけど、あれは非常に困る、と。ぼくは経済学をああいう哲学で補足できるものとは考えない。もっと『資本論』そのものによって論理学をやるべきだと思うんです。武市君は非常によく知っている東北大学時代からの友人なのですが、彼は神戸高商を出て、東北大学で哲学をやったんで、最初は教室で、ぼくが先生になって彼が学生だったわけだが、そんな関係ではない非常に親しい友人です。年もあまり違わない。彼はヘーゲルの研究から『資本論』をやったわけですが、しかしぼくにはどうも『資本論』の展開をそのまま論理学化したという点に大変な問題があるように思う。『資本論』自身の展開になお訂正すべきものがあるのではないかというわけです。ぼくは武市君らによく『資本論』から学んだと思う弁証法論理を話してみてたしかめたことがあるが、ヘーゲルの方はぼくにはよくわからなかったので彼から教わるということはしていない。今でも時々にロージックは読むがドイツ語はわかっても、論理はどうもよくわからない。何かあるようには思える。この二つの偉大な著作は何とかして結びつけたらと思うが、仲々大変なことです。

ぼくの原論は、つまりぼくなりのその試みといってもよい。実際、ぼくは原論の展開でゆきつまると、ローギックのそれにあたるところを読んでみて、わからぬなりにヒントをえたことが時々あった。これも『資本論』の訂正と同様にぼくらに独力でやれることではない。哲学者諸君と経済学者の協同で大いに研究すべきことだと思う。

一九六八年（昭和四三）一月一八日　法政大学社会学部

イギリス経済史における十五世紀

大塚久雄

［概説］大塚が経済史の研究に専心しはじめた一九三〇年代という時代は、経済学にとって変化の激しい一〇年間でもあった。本講義では、その当時もっとも影響力のあったイギリスの経済史研究誌 *The Economic History Review* からコスミンスキーとポスタンの論文を取り上げ、両者が当時大塚にとって重要なテーマの一つであった「前期的資本」研究において決定的な意味をもっていたと語る。従来、資本主義時代の前段にあたるイギリス十五世紀の国民経済を衰退の時期とみるか、はたまた繁栄の時期とみるかについては、相対立する二つの学説が並立していた。ポスタンは、衰退はイギリス全体に見られるものであり、一方の繁栄は農民層に見られるものだとして両説は矛盾なく統一できるものであると主張した。このポスタンの見解と、十三世紀のイギリス経済について分析したコスミンスキーの論文とを併せて考えると、イギリスにおいて資本主義の順調な発達と前期的資本の衰退とが共に無比なまでに顕著であった歴史的意味が明らかになる。こうした考えのもとで、大塚はピレンヌやヴェーバー、『資本論』やレーニンを読み進め、自身の「局地的市場圏の理論」を構想した。ポスタンの理論はイギリスのみならず、ある時期の南ネーデルラントや南フランス、西北ドイツ、帝政期ロシアやアメリカ合衆国といった他国の一部地域、さらには近年の開発途上の国にも当てはまるものであることを指摘している。

一

きょうは最終講義ということで、さきほどから紹介とか謝辞とかいろいろな形で俎上にのせられましたので、少々堅くなっておりますが、一つ勇を鼓して「西洋経済史」のしめくくりをやってみようと思います。この「西洋経済史」という選択科目の講義は、この一〇年あまり松田智雄教授と私でかわるがわる担当してきました。そのやり方について、二人のあいだで別に協定があったわけではないのですが、私としましては、担当の年ごとに何か一つ特殊なテーマをえらんで、それを中心に講義をするという方法をとってきたわけです。今学年は「前期的資本」というテーマを取上げたのですが、これは、松田教授からもお話がありましたように、おそらく私の最後の講義としてもっとも相応しいものだろう、と考えたからでした。そこで、きょうはそのしめくくりとして、このテーマに関連させながら、ヨーロッパ経済史に関する研究史を少しばかり、私なりの観点から振り返ってみたいと思います。

さきほど学部長からお話がありましたように、私が本学の経済学部を卒業して、経済史の研究に専心しはじめたのは一九三〇年の四月のことでした。ところで、一九三〇年代というのは、さまざまな意味で経済史研究にとって、内外ともにたいへん重要な時期でした。西洋経済史だけをとってみても、現在わが学界で指導的な地位にある方々の多くが、何らかの意味において、一九三〇年代に育った人々ですね。そういう、わが国でも経済史研究者の輩出した時期であり、そして、学問的環境からいいますと、ドイツ歴史学派の経済学者たちがつくり上げたいわゆる古典諸理論の残光がようやく消えさろうとし、それに代って、新しい経済史学の立場が目覚しい姿を現わしはじめ、画期的な研究業績がつぎつぎに発表されるという、国際的にみてもそういう変化のはげしい一〇年間でした。

そうした点で、当時われわれの注意をもっとも強く惹きつけたのは、何といってもイギリスの経済史研究誌 *The Economic History Review*（一九二七年に創刊）でした。たとえば、早くも一九三一年にソ連のコスミンスキー（E. A. Kosminsky）教授が "The Hundred Rolls of 1279–80 as a Source for English Agrarian History" という創意にみちた論文を寄稿していますが、これはきょうは一応われわれの視野の外におくとしまして、一九三五年には同じコスミンスキー教授の "Services and Money Rents in the Thirteenth Century" という有名な論文が掲載され、一九三九年にはポスタン（Michael M. Postan）教授の "The Fifteenth Century" という、短いが、しかし、おそろしく含蓄のふかい論文が現われました。このポスタン教授は、諸君もたぶん知っているでしょうが、現在ケイムブリッジ大学の経済史の教授であり、老齢ですがなおイギリス経済史学界の大御所的存在です。

ところで、このコスミンスキー、ポスタン両教授の論文は、当時なおも「前期的資本」の問題を追究しつづけていた私にとって、実に決定的な意味をもったといってよいほどのものでした。そこで、私はその二つの論文の内容を、さっそく『経済学論集』誌上に紹介したわけで（『近代資本主義の系譜』後編、補論一および補論二、本著作集第三巻所収）、学界にもかなりの反響があったと記憶しています。現在では、さいわいなことに、両論文とも邦訳がでています（いずれも、「社会科学ゼミナール」叢書、未來社、に収録）。実は、きょうはこの二つの論文の内容を、私なりに、その前後の諸研究と関連させながら簡単にお話し、そして、それが私の研究の進展にとってどのような意味をもったか、また、現在学界にどのような問題をなおも投げかけているか、といった諸点を究明するという、そうした仕方で講義をすすめていくことにしたいと思います。

二

まず、ポスタン教授の論文“The Fifteenth Century”、これはわずか八頁の短いものですが、たいへん野心的でかつ画期的な内容の論文だと私が感じていることは、さきにも申したとおりですが、その筋はだいたいこのようなものです。——諸君がよく知っているように、イギリス史のうえで十五世紀といえば、次の十六世紀にエリザベス朝のあの目覚しい経済的繁栄が展開される、その直前の時代です。もう少しわれわれの経済史の問題にひきつけてみると、イギリス資本主義の羽ばたきの時代といってもいいし、あるいは巣立ちの時代といってもいいでしょう。ともかく、そこから資本主義がまさに姿を現わそうとしていた時期だったわけです。

ところで、ポスタン教授によりますと、このイギリスの十五世紀に関しては、従来二つのまったく相反する見解があった。その一つはウィリアム・デントン（William Denton）の見解です。彼の著書 *England in the Fifteenth Century*, 1888 の Introduction にみられる要約によると、あの百年戦争のあいだに、イギリスはだんだんと経済的に衰退しはじめ、十五世紀の前半、とりわけ半頃には、いわばその底にあった。つまり、彼は十五世紀を国民経済の衰退の時期とみたわけです。ところが、これと正反対の評価をしたのが、いま一つのサロルド＝ロジャーズ（J. E. Thorold Rogers）の見解です。あの *A History of Agriculture and Prices in England*, Vol. V, 1889 の Introduction や *Six Centuries of Work and Wages*, 1889 などにみられる要約によると、十五世紀はむしろ経済的繁栄の時期で、農民たちや土地をもたない「日雇」labourers さえも著しく裕福になっており、まさしく彼らの黄金時代であった。ただし、その後三、四世紀のあいだに、農民やとりわけ「労働者」labourers の経済状態は産業革命にむけてだんだん悪化していく、と彼は主張するわけで、これはマルクスの例の「絶対的窮乏化説」にとって一つの認識のモデルともなったものですが、ともかく、このように十五世紀を経済的繁栄の時期とみるのがサロルド＝ロジャーズの見解でした。

こういう相対立する二つの学説が、ポスタンの論文に先立つこと約半世紀の一八八〇年代の終頃に、つぎつぎに発表された。そして、だいたいにおいてこの二つが並立したまま、今世紀の三〇年代にいたった。まあ、こういってよいだろうと思います。その間歴史家のなかには、十五世紀のような過渡期には史料がひじょうに少なく、分からぬところが多いので、そういう見解の対立も生じてくるだろうが、きめ細かい研究がすすめば、そのような表見的な矛盾はおのずから解消するだろう、そうしたことを主張する者もあったのですが、ポスタンはそうした見方に賛成しなかった。彼は、むしろ、こう主張したのです。そうではなくて、実はどちらも実証的に正しいのだ。十五世紀は経済的衰退の時期だったというのも事実だし、経済的繁栄の時代だったというのも事実だ。問題は、そういう一見しただけでは矛盾しているようにみえる二つの事実を、論理的に矛盾なく統一しうるような、そうした歴史像をイギリスの十五世紀について描いてみせることにある。ポスタンの主張は、まあ、そうしたものだったと言ってよいでしょう。

ところで、もう少し具体的にいいますと、そうした課題をはたすために、彼が提出した見解はだいたい次のようなものでした。デントンの衰退説がいわばイングランドの全体としての経済的盛衰に関するものだったのに対して、ロジャーズの繁栄説はむしろ農村における、とりわけその下層社会の経済的向上に関するものだった。もう少し詳しくいうと、イングランドを国民経済全体としてみれば、十五世紀の半頃には、まさに大不況のどん底に陥っていたが、農民層（日雇や農村の職人たちも含めて）だけをとってみると、まさに逆に、次の時代の大繁栄につながっていくような、めざましい経済成長をすでに開始していた。そして、これはどちらも真実だとみるほかはないが、それでは、こうした二つの事実は十五世紀イギリスの現実のなかで、どのように結びつき、どういう形で並存していたのだろうか。ポスタンは、まあ、こういった大胆な問題提起を試みたわけです。

この問いに対して、ポスタン自身もその論文のなかで正面から答えようとし、また本質的な点にすでにふれているわけですが、いまからみると必ずしも十分とはいえないので、その他の研究史上の成果も交えながら、私なりの仕方でその問題点を説明してみることにしましょう。

まず、諸君が「経済史」の講義で聞いてよく知っていることから始めることにします。十四世紀の後半になると、イギリスの農村地域では例の「コミュテイション」

commutation、つまり農民の賦役労働の金納化が進展しはじめ、それに伴って、それまでイギリス封建社会の基礎を形づくってきた土地所有関係、すなわちあの「マナー」manor の制度も解体しはじめることになります。マナー制度の中心をなしていたのは、領主の直営耕地といいますか、そうした「ディメイン」demesne ですが、領主はマナーの内部に住む農民たちの賦役労働によってそれを経営していたわけです。ところが、賦役労働が金納化され、しかもその貨幣で雇入れようとする「日雇」labourers の賃銀がさまざまの原因によって――そのなかには疫病の流行によって農民人口が激減したこともありました――いちじるしく騰貴したのです。こうしたなかで、一方農民たちのあいだにはさまざまな種類の手工業、とりわけ毛織物の製造がますます広まり――そうした傾向は早くも十三世紀のうちに始まっていた――、彼らはしだいに裕福になるとともに、そのなかから事実上独立自由な自営農民（いわゆるヨウマン）も姿を現わしはじめ、他方、ディメインの経営にいきづまった領主たちは、それを分割し、裕福な農民たちに貸しつけて地代をとることを始めた。こうして旧来のマナー制度は急速に解体し、十五世紀の半頃には、それはもはや見紛うべくもない現象となっていたのでした。

そればかりか、こうした農村地帯におけるマナーの解体に並行して、旧来のいわゆる中世都市（ギルド都市）でも経済的衰退がみられたのでした。この「都市の衰退」

decay of townsという現象はなお三、四世紀にもわたって進行しつづけることになるのですが、その傾向が十五世紀に入るとともにはっきりと現われはじめたというわけです。その重要な原因の一つは、もちろん、旧来の都市から職人たちが農村地帯に移り住み、いまいった農民手工業の一翼に参加する、つまり、いわゆる《urban exodus》だったわけですが、そうした農村と都市の双方にわたる生産事情の変化に並行して現われていた「商業の衰退」もまたその重要な原因の一つでした。いや、ポスタンのいう国民経済全体の衰退のなかには、むしろ後者の方がいっそう大写しになっていた、といった方が正しいかも知れません。

ところで、この「商業の衰退」なるものの実体をしらべてみると、それが何よりも遠隔地商業、とりわけ外国貿易の衰退だったことが容易に分かります。とくに外国貿易の衰退については、これは戦後のことになりますが、ロンドン大学のケァラス＝ウィルスン（E. M. Carus-Wilson）教授、この人はイギリス経済史学界の長老の一人で、彼女女性ながら現在Economic History Societyのpresidentの地位にある方ですが、彼女のひじょうに緻密な実証などによって、そうとうよく分かってきました。そうした外国貿易の衰退について注目すべき事実を拾ってみますと、たとえば、こういう現象がみられます。まず、羊毛輸出貿易の激減。イギリスは古くからヨーロッパ第一の羊毛生産額とその輸出で知られており、あの十四世紀を頂点として繁栄をきわめた南ネーデルラント（とくにフランデルン）の毛織物工業なども、原料の大部分はイギリスからの輸入に仰いでいたのでした。ところが、この羊毛の輸出額が十四世紀後半あたりから減少しはじめ、十五世紀の終りまでに半減してしまう。また、この貿易の上にたって大きな勢力を振るっていた羊毛輸出商人のギルド、「マーチャント・ステイプラーズ組合」Company of Merchant Staplers もその力を失い、取引内容もちがった性質のものになってしまいます。つぎに、穀物貿易の変質。イギリスは古くから穀物輸出国でしたが、この穀物の輸出も激減しはじめる。その減少ぶりは羊毛のばあい以上といってよく、十五世紀も終頃になってくると、輸出ができなくなるばかりか、ロンドンにさえ穀物が来なくなってしまい、その結果逆にロンドンは外国から穀物を輸入しなければならない、というような一見奇妙な事態にさえなってしまいます。ともかく、このような「商業の衰退」によって、十五世紀の前半のうちにめぼしい貿易商人は軒並みに破産し、半頃までにイギリスは全体として大不況の様相を呈することになるわけで、デントンが経済的衰退とみたものの内容は、実はこうしたことだったのです。

ところが、こうした「商業の衰退」にまさしく反比例して、さきに簡単に説明したように、十四世紀末あたりからマナー制度の解体によって農民たちの社会的地位はいちじるしく向上し、それに並行して彼らの経済的状態もどんどん裕かになりつつありました。とりわけ、農民工業とでもいうべき姿で成長する農村工業の蔓延は顕著で、十五世紀半頃には、もちろん地域によるニュアンスの相違はあれ、イングランドの到るところの農村地帯に毛織物工業がしっかりと根を下すようになるのでして、十六世紀イギリスの経済的繁栄の土台となったのがこうした農村工業の成長であったことは、申すまでもないでしょう。

ところで、ポスタンはあの論文のなかで、十五世紀のイギリスにみられたこうした毛織物工業の繁栄開始をもってしても、当時国土全体を覆っていた経済的衰退をとうてい補塡するものではありえず、農業生産にしても、マナーの解体過程に伴って、絶対的な衰退を示していた、というふうに見ているのですが、これには、たとえばコスミンスキーのように、農民層の富裕化や農村工業の発展を過小評価しているという批判があります（E. A. Kosminsky, Peut-on considérer le XIVe et le XVe siècles comme l'époque de la décadence de l'économie européenne?, *Studi in onore di Armando Sapori*, Vol. I, 1957）。その正否を判定することは実証的にはかなり困難なことになりますが、あとでコスミンスキーの論文を紹介するさいに分かるように、ある点では当っているように思われます。が、実は、ポスタンの論文のいちばん重要な論点はむしろ別のところにみられるわけで、その点をつぎに説明してみることにしましょう。

三

十五世紀は、このような二つの動向をはらみながら、イギリスの経済が構造的に大きく変化しつつあるいわば「転換期」だったとポスタンは見たのですが、そうした「転換期」の歴史的意味については、彼はこのように説明するわけです。そこにみられた決定的に重要な事実は、単なる生産の増減といったことではなく、むしろ富の「分配」distribution of wealth におけるいちじるしい変化だった、と。この「富の分配」という用語は、デントンやロジャーズ以来使われてきている、まあ、内容のある程度あいまいな語です。狭義に、経済学者が普通、生産・流通・分配・消費というばあいの「分配」ともちろん解してもよいし、またそれなりの興味もありますが、もっと広義に、マルクスのいう「生産手段の分配」Verteilung der Produktionsmittel ――大熊信行教授のいわれる「配分」、私もこの用語法に賛成です――を含めてみると、これは実に興味津々ということになってきます。というのは、生産関係の根底を形づくる「生産手段の分配」（なんなら「資源配分」といいかえてもよろしい）の状態が変化することによって、社会の経済的構造がその基礎において大きく転換する、そうした意味合いを含めることができるようになるからなのです。そこで、このような観点から、さきに述べた史実をいま一度見返してみると、こういうことになるでしょう。マナー制度が解体し、それに反比例して、農民たちは独立自営農民へと社会的地位を高めていく。これは、もちろん、重要な生産手段である「土地」が封建領主の手から離れて（さしあたっては少なくも事実上）農民たちの所有となることを意味しています。いや、それればかりでなく、労働要具や原料など「土地」以外の生産手段が農民たちの掌中に蓄積されることも可能となってくる。あの半農半工の姿で到るところに展開される農村工業、とりわけ毛織物工業がそれを如実に表現していることは申すまでもありますまい。こうして「富の分配」状態が変化し、封建領主層はしだいに貧窮化し、農民層はそれに反比例して富裕化した。そして、この一見相反する貧窮化と富裕化の同時存在が決して矛盾したことではなく、同一現象の両面であったことはいうまでもないでしょう。

ところで、こうした「富の分配」状態の変化がいま一つの局面を伴わざるをえなかったことも、見逃しえないわけです。それは、「土地」だけではなく、資本に転化しうる（あるいは可能態における資本としての）「貨幣」の配分状態をもいちじるしく変化させたことです。つまり、「貨幣」も封建領主の手から離れて、ますます農民や職人たちの掌中に帰するほかはなくなったことです。そして、これが旧来の商業、そうした商人たちの営みに壊滅的な打撃をあたえることになったのでした。

さて、この講義でいままでいろいろな側面から、理論的にまた実証的に、追究してきた「前期的資本」なるものをここで思い出してほしいと思います。中世イギリスの封建社会でも、そうした前期的な商人や高利貸の営みはさかんに行われていました。そして、それはもちろん、自然経済の優勢な村落共同体を土台とする領主たちのマナー支配、そうした封建社会の体制を前提とし、その範囲内で行われるものでした。具体的にいうと、農民や職人たちの余剰生産物を、そしてまた、それが形をかえた領主たちの現物収入を買占めて遠隔地（国外も含めて）で売り、彼らの必要とするものを遠隔地から買入れてきて売付け、その価格差を利潤として獲得するというものでした。こうした営みは、他面において封建領主層や農民・職人たち、当然のことながら、とりわけ後者を貧窮化させることになりますが、こんどはそうした彼らに貨幣を貸付けて高い利子を貪り、ますます貧窮化させる。そういう悪循環を生みだしながら、そのうえに商業が繁栄し、商人の富がつくりだされていたわけだったのです。

ところが、マナー体制が解体して、農民（および職人）たちの社会的地位が向上し、その経済的基盤が強化されるにともなって、そうした商業や高利貸はもはや不可能になってしまいました。というのは、農民や職人たちが商人の要求に唯唯諾諾として従わなくなったばかりか、領主たちのもとには商人に売るべき余剰生産物も、商人から必要物資を買うための貨幣もなくなってしまったからです。マナー体制の解体とともに、中世以来栄えてきた商業はしだいに衰退しはじめ、ついに、あのデントンが指摘したような大不況となって現われることになったのでした。もっとも十四世紀の後半には、百年戦争のための国庫の借入れや軍需を利用して富を蓄積し、あわや財閥を形成するかに思われた大商人もでてきましたが、そうしたものも十五世紀の前半のうちに軒並みに破産してしまいます。こうして、ある歴史家がいうように、近代イギリスの大資本家で封建時代からつづいてきた家族は一つもない、というような事情が生れたのでした。それのみか、高利貸たちも農民や職人の富裕化とともに姿を消していきました。あの思想家としても有名なトーニー(R. H. Tawney)は、十五世紀前半のイギリスの農村では、職業的高利貸はもはや例外で、貸借は隣人同志の関係となっていたと述べていますが、ある程度の誇張はあるにしても、それが一般的傾向だったように思われます。ともあれ、こうしていまや、資本へと転化しうる「貨幣」がむしろ農民や職人たち、とりわけその一部上層の掌中に蓄積される傾向が生れてきたのでした。

さて、ポスタンはあの論文のなかで、こうした「富の分配」状態の変化、とりわけ「いわゆる中産階級《ミドル・クラス》の構造と地位に生じた変化」は近代イギリス人の視角からすれば健全な発達であった、と結論しているのですが、これはこの講義の問題関心にとってはきわめて重要な意味をもつように思われます。それを、私なりに表現してみますと、このようになるでしょうか。——十五世紀におけるこうした「富の分配」状態の変化を起点として、まさしくそこから、イギリス資本主義は芽生えはじめ、十六世紀におけるマニュファクチャーの簇生《そうせい》がそれにつづくことになる。そうだとすれば、十五世紀イギリスの大不況のなかには、古い封建的な社会体制の崩壊の地響きとともに、それと相関して、新しい資本主義の羽ばたきの音が木霊《こだま》しているのだ、と考えるほかはないわけです。そしてまた、そう考えてはじめて、資本主義の発達が無比に順調であった他ならぬイギリスにおいて、前期的資本の衰退がまた無比に顕著であったことの歴史的意味も、十分に明らかになってくるのではないでしょうか。

もっとも、ポスタンは問題の所在をここまで深く掘り下げているわけではありません。実は、それをはっきりと教えてくれたのが、さきにもふれたコスミンスキーの論文だったのです。この論文に示されている論旨をもって補ってみると、ポスタンの論文はいっそう生き生きとしてわれわれに訴えてくるように思われます。そこで、局面をかえて、コスミンスキーの論文の要旨を紹介してみることにしましょう。

四

コスミンスキーの"Services and Money Rents in the Thirteenth Century"という論文は、直接には十三世紀のイギリス農村社会の研究であり、"inquisitions post mortem"

その他の厖大な史料を丹念に分析したものなのですが、実はその結論として導き出されてくる二、三の論点が当面われわれの問題関心にとって大きな示唆となるわけです。それは、だいたい、こういうことなのです。

いわゆる古典理論、とりわけヴィノグラードフ（P. Vinogradoff）によりますと、十三世紀はイギリスのマナー制度の最盛期で、彼以後はずっとそういうふうに考えられてきたわけです。ところが、コスミンスキーの丹念な実証にしたがうと、事態ははるかに複雑だということになります。こうです。イングランドの東南部に多くみられる典型的マナーについてみると、十三世紀前半には賦役労働（すなわち労働地代）はたしかに増大する傾向にあり、その量は半頃にほぼ頂点に達したといえるだろう。しかし、賦役労働と並んで、貨幣地代もそうとう広く存在していた。とりわけ、イングランドの西北部に多くみられた、マナーの体をなさないような小所領、とくにナイトたちの所領では、貨幣地代が圧倒的だった。このように、十三世紀のイギリスの封建的土地所有体制のもとでは、実は労働地代（賦役労働）と貨幣地代がまさしく並存していたのだ。コスミンスキーはまずこのような事実を指摘するわけです。ところが、それにつづいて、さらに次のような重要な事実が指摘されることになります。それは、こうです。

イングランドの東南部に比較的多かったといわれる、労働地代の比重の大きい典型的マナーは、諸君が普通聞いているような経済学の常識からいうと、貨幣経済とか商業といった現象といかにも無関係なものであったかのように思われるでしょうが、実はそうではなかった。いや、それどころではなかった、とコスミンスキーはいうのです。たとえば、農民たちの賦役労働によって生産した穀物や羊毛を、領主が商人を介して遠く外国へまで輸出するようなマナー、その程度の高いものを歴史家は「企業マナー」などともいうのですが、そういうマナーでこそ、実は労働地代の量がかえって圧倒的に大きかった。というのは、遠隔地との商業を営む前期的な商人たちと手をつなぎ、彼らに、そうした賦役労働による余剰生産物を遠隔地で売ってもらい、そして自分たちの身分的必需品や奢侈品を買ってきてもらう、そういうことをマナー領主たちはやっていたわけなのでした。これに比べて、西南部に比較的多く貨幣地代が優越しているような小所領、いわゆる non-manorial estates では、農民が貨幣地代を支払うというのですから、貨幣経済とまったく無関係だったなどとは、もちろん言いえないわけです。けれども、このばあいの貨幣経済なるものは、実はいま述べたようなあの遠隔地間の大規模な商業、そうした商人の営みではなかった。むしろ、狭い局地内部での商品取引、それも小生産者同志の、ないしはそれにせいぜい小商人が介入する程度の、とても商業などとはいえないような、局地内部における隣人間の小規模な商品取引で、そして農民たち——実は半農半工の農民や職人たち——は、商人をほとんど介することなく、みずから直接にこうした貨幣経済に入りこんでいたのでした。だからこそ、また貨幣地代の支払いも可能だったわけです。

さて、コスミンスキーは以上のような諸事実を述べたのち、そこから、こんどは封建制の解体と貨幣経済の発達の関係について、次のような決定的に重要な結論を導き出してくることになります。こうです。(一)まず、封建的土地所有者すなわちマナー領主たちの方が直接に、「交換経済」exchange economy に巻きこまれていくばあいには、賦役労働はかえって増大し、封建的支配が逆に強められていくことになる。ところで、このばあいの「交換経済」は前期的な商人による遠隔地間商業ですから、前期的商人はそうした過程を支えながら、自分もそれによって繁栄することになる。つまり、商人たちは領主層の賦役増大に力を合わせて、封建制の強化の方向に働くというわけです。(二)ところが、これと反対に、農民（半農半工の農村職人も含めて）の方が直接に、「交換経済」のなかに入りこんでいくばあいには、封建地代は貨幣地代の形をとるようになり、そして農民たちはしだいに自立的となって、マナー制度は解体していくことになる。ところで、このばあいの「交換経済」は、狭い局地内部での、すぐれて小生産者同志の商品交換——コスミンスキーはすでにこの点をはっきりと示唆しています——なのですから、一方では前期的商人の営みの余地は激減し、他方ではそこを基盤としてさまざまな農村工業、とりわけ、十六世紀半頃から大繁栄をとげることになる毛織物工業が芽生えはじめるというわけです。ともかく、コスミンスキーによると、十三世紀半頃のイギリスでは以上のような二つの相反する歴史的動向が互いにせり合っていたのでした。そして、そのうち、後者つまり農民的な貨幣経済の発達が前者つまり領主的な貨幣経済をついに圧倒しさったのが十五世紀の前半であり、そしてその半頃をどん底とするあの大不況が実はそれに伴う商業の著しい衰退の現われであった、ということの意味も、十分に理解しうるようになるわけです。

さて、以上はコスミンスキーの論文の要点を私なりの仕方で紹介してみたのですが、こんどはその結論として示されている諸事実にてらしてみると、さきのポスタンの論文で言い残されていたというか、ある程度あいまいだったいくつかの論点が実にはっきりと分かってくることになるわけです。たとえば、穀物の輸出が減退し、ロンドンにさえ穀物が来なくなったという事実を、ポスタンはむしろいきなり農業生産の絶対的衰退に結びつけていこうとするわけですが、そうは簡単にはいかない。というのは、それには、農村工業の繁栄（日雇の増大も含めて）が穀物の需要をつくりだすために、穀物が現地で売られ消費されてしまうので、外部へは輸出する余裕がなくなってしまう、そういった一面を伴っていたからです。羊毛の輸出の減少についても、まったく同じことがいえるでしょう。つまり、理論的に表現してみれば、国内市場の急激な増大がそうした遠隔地商業の衰退を招来したというわけでした。ついでに一言しておきたいのですが、経済学者のなかには、国民経済の発展はいつでも必ず貿易依存度を高めることになる、というふうに考えておられる方も多いようですが、ときには、とりわけ決定的に重要な時期にそれとまさに逆のことがおこりうることは、右の事実にてらして明らかだといえましょう。念のため、記憶に止めておいて下さい。

ともかく、このようにして、十五世紀のイギリスを襲った大不況期の歴史的意味も十分に明らかとなってくるわけです。つまり、それは、封建的なマナー体制を解体させながら、下から盛り上がってくる農民層の自立と富裕化、とりわけそれと絡み合って展開する農村工業のなせるわざであり、その結果としての前期的な商業（とその担い手である商人層）の全般的な衰退だったのです。こうした見方は、経済学や歴史学の通説の立場からすると、或いは異様にみえるかもしれませんが、それを根拠づける史実はその他にいくらもあります。たとえば、そうした前期的な商人たちが封建的な支配者層と手をつないで、農民たちの社会的向上を、だからまた農村工業の蔓延を極力阻止しようとしたことにも、よく現われています。あの一三八一年の「農民一揆」Peasants' Revolt のとき、国王の背景にあって、そして誰にもまさって、それを力ずくで弾圧しようとしたのはそうした商人たちでした。国王リチャード二世と一揆の指揮者ウォット・タイラーの二度目の会見のさい、ロンドン市長のウィリアム・ウォールワースがいきなり背後からとびだして、タイラーを一撃のもとに斬り殺した事件は、実に象徴的だと思います。だからまた、政治的な弾圧にもかかわらず、十五世紀の前半にいたって、マナー体制の全般的な解体が進行するとともに、彼ら大商人たちもそうした大波浪のなかでつぎつぎに破産し、姿を消していくことになったのでした。

ともかく、われわれはこのように言うことができると思います。ポスタンの論文は短編であるためか、かなり大まかで、問題になりうる点はたしかにあるのですが、しかし歴史の大きな筋道は実にみごとに捉えられている。そして、それ以後、見るべき異論はまず現われていないように私は思います。別の表現をしてみれば、われわれは、ポスタンが示した基本的事実を無視して、封建制から資本主義への移行過程のことを考えるわけにはいかなくなっている。こういってもよいでしょう。

五

さて、以上のような史実をしっかりと念頭においた上で、論点を、この講義のテーマとしてきた「前期的資本」の理論に、そして、その問題をめぐって私が若き日に経過した研究過程にひきつけながら、もう少し掘り下げてみることにしましょう。

資本主義の発達、あるいは好みによって近代化といってもかまいませんが、そうした過程が歴史上いちばん早く、しかももっとも順調な形でなしとげられたのがイギリスであることは、まず異論のないところと思いますが、他ならぬそうしたイギリスで、資本主義なり近代化なりの羽ばたきが聞えはじめる十五世紀に、封建時代以来繁栄をつづけてきた前期的資本、そうした旧来からの商人や金融業者たちが、他の国々の歴史にはその類比を見ないほど徹底的な衰退におちいり、そして、彼らとはまったく別の社会的系譜をたどって、むしろ農民や職人たちのなかから資本主義経済の基軸となるべき産業資本家たちが姿を現わしてくることになった、と考えるほかはないのです。ところで、事実はまさしくそうだとしても、理論的には、それをいったいどのように捉えればよいのか、そういう問題が生じてくるわけです。私は、おぼろげながら、この問題を早くから意識しており、ひじょうに若いころの論文「いわゆる前期的資本なる範疇について」（拙著『近代資本主義の系譜』前編、大塚久雄著作集第三巻所収）などはすでにその現われだったわけですが、コスミンスキーやポスタンの論文をよんで史実の細かいひだが明らかになってくるにつれ、つぎからつぎに分からない問題が現われてきて、それを一つ一つ解決していかなければならなくなりました。こうして、ポスタンの論文以後、私はそうした問題をたえず自分のまえに突き付けられつづけていることになったわけであります。いや、私だけではなくて、学界全体が現在でもこの問題を突き付けられている、といってもよいのではないかと思います。

ともかく、私はたえず「ここがロードスだ。さあ、跳んでみろ」と言われている思いできました。この『イソップ物語』にでてくる言葉は、ヘーゲルやマルクスが引用しているので、諸君もよく知っていることと思いますが、たしかその話の内容はこうでしたね。ある人が、自分はロードス島で、あるいはその首都のロードスかも知れませんが、みごとなジャンプをやったと法螺を吹いた。すると、それを聞いていた誰かが、地上に円を描いて、「ここがロードスだ。さあ、跳んでみろ」といったというのです。私はたえず、ポスタンによって描かれた円を意識しつづけてきたのでした。いや、そればかりではなく、資本主義の発達のあとを理論的に解明したと称する人があれば、その言葉とともに、ポスタンの描いた円を指し示してきたわけです。それは必ずしも、法螺吹きを暴露してやろうというのでなく、何とか納得のいく理論をみつけたかったからでした。さきほど松田教授は私のことを無窮動といわれましたが、実はそうした問題を自分に突き付けて、じたばたしどおしだったというのが実状だったといえるかも知れません。

それはともかく、こうした問題を内に抱きながら、理論の面においても研究対象の面においても、私は自分の視野を広げることにつとめてきました。まず、理論の面でいうと、こういうことになるでしょうか。ピレンヌ（Henri Pirenne）の有名な論文 The Stages in the Social History of Capitalism, *American Historical Review*, 1914（ピレンヌ、大塚久雄・中木康夫訳『資本主義発達の諸段階』「社会科学ゼミナール」㈠、未來社、所収の第一論文）、これは私の周辺でも案外に評判のわるいものだったのですが、この論文およびその影響下におこなわれた実証的諸研究にひじょうな注意を払ったのも、そのためでした。マックス・ヴェーバーの『プロテスタンティズムの倫理と資本主義の精神』（梶山力・大塚久雄訳、岩波文庫、上下）や、のちには彼の *Wirtschaftsgeschichte. Abriß der universalen Sozial- und Wirtschaftsgeschichte*, Hrsg. von S. Hellmann und M. Palyi, 1923（ウェーバー、黒正巌《こくしょういわお》・青山秀夫訳『一般社会経済史要論』上下。ただし、この邦訳はすぐれたものですが、ヴェーバー特有の用語の理解について私と解釈を異にする点がいくつか含まれています）の熟読によっても、目の覚めるような理論上の示唆をあたえられました。また、こうした問題関心から『資本論』をもちろん読みかえしてみましたし、戦後まもなくレーニンの『いわゆる市場問題について』（飯田貫一訳、国民文庫）の邦訳に接して、これまた深い示唆をあたえられました。こうした遍歴のなかで、まえまえから読んでいたN. S. B. Gras, *The Evolution of the English Corn Market from the Twelfth to the Eighteenth Century*, 1926 や A. P. Usher, *The History of the Grain Trade in France, 1400-1710*, 1913 にみえる《local market area》という方法概念がまったく新しい光のもとに現われてくるようになり、こうして私の「局地的市場圏の理論」が構想されることになったのでした。しかし、それにいちおう目途がついてくると、こんどは同じような理論構想が、私だけでなく、他の人々によって試みられていることも判明してきました。コスミンスキーの理論構想（E. A. Kosminsky, *Studies in the Agrarian History of England in the Thirteenth Century*, tr. by Kisch, 1956, Chap. VII）、これは残念ながら彼の死によって萌芽的なものに終っていますが、フランスのムーヴレ（Jean Meuvret）の構想（赤羽裕「フランスにおける一七二四―二五年恐慌の展開過程」『社会経済史学』三二の三、七二―三頁）は、実証的な裏づけとともに理論経済学界にも対応物をもつだけに、今後が大いに期待されるわけです。

なお、ここでポスタンの論文にみられる価格史論的および人口史論的傾向について一言しておきましょう。この傾向は、彼のばあい後になるといっそう著しくなり、それが私の周辺ではあまり評判が芳しくないのですが、そしてまた私にもそれが彼の提起した問題の根本的な解決に直接役立つとは思われないのですが、しかし、構造論的な観点を重要視するあまり、そうした変動論的な観点からの分析の必要性を過小評価することには、私はどうしても同意することはできません。

つぎに、研究対象の面における視野の拡大に話をうつしていきましょう。ポスタンが問題として学界に突き付けたような歴史的事実が見られるのは、何もイギリスだけのことではない。十五世紀のイギリスほどくっきりした姿ではなく、多かれ少なかれ程度は劣っているにもせよ、およそ資本主義が封建制のなかから自生的に発展する気構えをみせた国々では、或る時期にみな同じような事実が見られた。私には、こういうこともしだいに分かってきました。まず、イギリスにもっとも似ているのは、対岸の南ネーデルラント。これはのちにベルギーと北フランスの一部になる地方ですが、ここではやや遅れて十六世紀に、イギリスの十五世紀に近似した事情がみられます。これには、ピレンヌやそのお弟子たちのすぐれた研究があったわけですが、ともかく、私は早くからオランダの経済史に興味をもっていたので、まずこのことに気が付きました。しかし、調べていくうちにそうした歴史的事実の分布がはるかに広いことが分かってきました。時期は異なり、程度ははるかに劣っているにもせよ、同様の事実は南フランス（ドーフィネやラングドック）にも、ライン下流地方の西北ドイツにも、ザクセンにも、そしておそらく帝政期ロシアのある地域にもみられたのでした。しかし、私をいちばん驚かせたことの一つは、建国期のアメリカ合衆国とりわけ東北諸州にみられた、おそらく史上無比といってよいほどみごとな「局地的市場圏」の形成でした。これで、建国期のアメリカ合衆国に対するアダム・スミスの高い評価の意味が具体的に分かったように思いました。いま一つは、日本史研究者の業績を読んでいくうちに、幕末のわが国にもおそらく十四世紀のイギリスに匹敵するほどの「局地的市場圏」の形成がみられたことが分かってきたことでしたが、これについて詳述することはもはや差し控えます。ともかく、ポスタンがイギリスの十五世紀について提起した問題は、現在なお経済史研究者に対して、このような形で突き付けられつづけている、といってよいのではないかと思います。

ところで、この数年間に、私はポスタンの提起した問題が自分がいままで理解していた以上に奥深く、また規模の大きいものであることが、しだいに分かってきました。つまり、いま世界的に大きく渦巻いている低開発諸国（あるいは開発途上にある諸国）の近代化とよばれている現象の或る一面が、それと本質的に同一の問題を抱えていることに気づいたからでした。もちろん、この低開発国の近代化という現象は、そのなかに封建制から資本主義への移行過程を含んでいますが、しかしそれよりははるかに幅広くかつ複雑です。というのは、移行の現実の出発点が封建制だけでなく、それ以前の、あるいはそれ以外の諸構造を含んでいますし、また、意図されている移行の到達点も、あるばあいには資本主義ですが、あるばあいには社会主義であるからです。低開発国の近代化の問題は、そのように複雑きわまりない現象ですが、そこにもあのポスタンがかつて指し示した円が描かれていて、その点で経済史の研究成果がその解決のためにある本質的な貢献をなしうる、私はいまそう考えて、その点から再びポスタンの提起した問題を見返しているわけです。経済史研究者のなかには、封建制から資本主義への移行の問題（だからポスタン的問題）はもう過去のものとなってしまったという人々も多いのですが、以上のような意味で、私は決してそうではないと考えております。

六

さきほど松田教授もいわれましたように、経済史家としての私の研究は、ある意味では、「前期的資本」の問題をもってはじまり、またたえずそこへ立ち返ってきたといってよいかと思います。この「西洋経済史」の講義の今年度のテーマとして、「前期的資本」をえらんだ理由もそこにあったわけでした。ところで、この「前期的資本」をテーマとする今年度の講義では、史実を解明するだけでなく、とくにその理論を体系的に説明するのに力を入れてきたことは、諸君もおそらく気づいていたことでしょう。「前期的資本」の理論はもちろん経済学のレパートリーに入るものですが、まあ、伝統的に経済史以外の講義では取扱わないのが普通のようです。それで、一度経済史の講義でそれを立ち入って取扱ってみたい、とかねがね考えてきました。それがこの講義で実現できたというわけなのです。が、ともかく、講義全体の基調が理論の方にかなりの程度傾いていた以上、理論を問題にしたときに私が必ず言及することがらを、ここでも最後に述べておきたいと思います。

よく私がいうことですが、理論は地図に似た性質をもっています。地図は、現実の地形を事実に照応させるとすれば、地図は理論にあたるというわけです。地図は、たとえば登山にさいして、現実の地形を見通すためにきわめて重要な導きの糸となります。これは確かですね。しかし、だからといって、現実の地形が地図にしたがって造られたというわけではなく、まさに逆に、地図こそが現実の地形にもとづいて作りだされた抽象物なのです。ですから、地図と現実の地形のあいだに食いちがいがあったばあい、地図がまちがっているといって、地形がまちがっているとは決していわないですね。そんなことをいう人々は、まず遭難の危険を覚悟しなければならないでしょう。こうした地図と現実の地形の関係は、経済学における理論と事実のばあいにも当てはまると思います。経済学も経験科学である以上、究極のところにおいては事実こそが絶対的な土台なのであって、理論を万能視するような態度はお互いに十分に慎しまねばならないということです。ただし、これは自分の実感を信頼せよ、ということではありません。しばしば蜃気楼を混入させがちであるような実感は、まったく当てにならないもので、まさに逆に、理論によってそうした実感を批判するところにこそ、およそ科学は成立するものだからです。そうではなくて、理論の批判にたえるような事実にこそ経済学の究極の拠りどころを求めてほしい。「前期的資本」の理論についても、このことを念頭に止めておいてほしいと思います。

さて、最後に一言。さきほど経済学部長のお話にもありましたように、私は昭和十四年の四月以来、まあ、その間に戦争や病気やその他さまざまの出来事がありましたけれども、この東京大学経済学部で一貫して、経済史（とくに西洋経済史）の講義を担当してきました。これは、私にとって大変な努力を要する苦しい仕事でありましたが、また、実はそれだけにやり甲斐のある、大変楽しい仕事でもありました。生涯のうちにこういう機会の与えられたことは、やはり私の大きな喜びであります。さきほど関口尚志助教授がいわれましたように、これから自由な時間をたくさん持てることは、私としてはたいへん嬉しいのですが、同時に後髪を引かれるような思いがすることも事実です。ここに列席された皆さんに、心からお願いしたい。われわれの東京大学経済学部が先人たちから受けついできた、真理追究への逞しい精神が、どうか、この教壇の上でも、また、そのまえに居並ぶ学生諸君の間でも、いつまでも生き生きと持ちつづけられていくように。このことを心から念願して、私はこの教壇に別れを告げたいと思います。

皆さん、ありがとう。（拍手）

一九六八年（昭和四三）二月一日　東京大学

インド思想文化への視角

中村　元

［概説］インド学は「エジプト学」か？——仏教学者でインド哲学者である中村は、この問いを出発点に、いかにしてインド思想文化を追究するかを論じる。「エジプト学」とは、エジプト文明が現代と古代とで断絶していることから、対象を死滅した文明として研究する態度の謂いである。ヨーロッパでは十八世紀以来、同様の態度をインド学に適用するのが主流であり、日本もまたその例外ではない。しかし、インドやその文化的影響を受けたアジア諸国では、インド学の対象となるものが今も一般民衆の間に生きている。だからこそ、多くの限界を有する翻訳を介してではなく、生きたサンスクリット語のニュアンスを知るべきなのだ。このことは言語のみならず、生活、風習、慣例にも言えることであり、古典の読解には必要不可欠である。日本におけるインド哲学という区分は、あくまでも種々の権威至上主義の妥協の形態でしかない。このままでは問題を哲学的に取り上げることはできず、専門家の業績が一般の思想家に影響を与えるような事例は極めて少なくなっていく。インド古来の文化的伝統を尊重しつつ近代科学の照明も当てることで、インドの諸哲学体系を見直すべきであろう。西洋思想史やシナ思想史、インド思想史の並行性を見れば、人類の思想史には一貫した流れがあることが指摘できる。そうした視角から考えれば、インド思想史を普遍的な人類の思想史に定着させる必要があると自ずとわかるだろう。

最後のお別れのご挨拶という意味で、割合い広い、一般的なテーマを取り上げて、「インド思想文化への視角」ということで申し上げてみたい。

ここで思想文化という語を用いたが、それは思想面における文化という意味である。文化というときには英語の culture、ドイツ語の Kultur の訳であるが、インドでは saṃskṛti という語を現代のサンスクリット語およびヒンディー語などにおいては用いている。しかしインド人は昔から特に文化というものを自覚していたわけではなく、西洋の culture, Kultur を自分らの言語で表現する必要に迫られたときに、saṃskṛti という語を使うことにしたらしい。saṃskṛti という語——saṃskṛta の a が i にかわっただけであるが——は Veda 聖典以来「用意する」「準備する」「つくり出す」という意味に用いられている。また思想を表示する語はいろいろあるが、インドでは、一般に darśana という語を用いることが多い。これは「見ること」という意味であるが、英語の view、ドイツ語の Anschauung の意味に用いられ Lebensanschauung, Weltanschauung の意となり、さらに、哲学説を意味することもある。講座の名称は「印度哲学」であるが、わたくしは世間に対してはしばしば「インド思想」という名称を使って来た。そのわけは、「印度哲学」というと「わあ、むつかしいなあ」というような叫び声を発する人々がいる。その誤解の対象とは別のものであるという意味で「インド思想」という語を使う。現代のサンスクリット語やヒンディー語に直してしまえば、どちらもdarśanaで区別はない。そこでここに「思想文化」という語をかかげたのは「思想面における文化」というほどの意味であり、文化のうちでも特に思想面に限定して言うのである。

わたくしは三十年間、不肖の身をもって東京大学でインド哲学を講義してきたが、自分の知り得たところは極めて僅《わず》かであり、僅かずつ牛の歩みで研究を進めて行くうちに、自分の研究結果がつねに修正または訂正を要するものであることをいつも感じている。本日は東京大学における最後の講義であるから、自分の研究に対する自己反省、つまり自己批判を述べ、将来どのような方向に研究を発展させるべきであるかを述べたい。わたくし自身が今ここで述べ希望するような方向に研究を発展させることができるかどうかわからないが、将来若い方々によって発展させて頂きたいと切望している。

インド学は「エジプト学」か？

ところでここで一つ、最初に問題を提起したい。インド学は「エジプト学」か？ということである。

東洋文化の偉大な源泉を明らかにしようとするインド学――それは本質的にエジプ

ト学と異ならないものなのであろうか？　今ここでエジプト学という表現をもち出したのは、一時東大インド哲学研究室に在籍された佐藤一郎氏（北大教授）がたまたま「シナ学はエジプト学にすぎないか」という問題を私的な談話において提出されたが、これはインド学にとっても重要で適切な問題であるので、今ここに取り上げてみたわけである。

インド学者の研究方法ないし研究態度なるものは、本質的にはエジプト学者の研究方法ないし研究態度と異ならないものであるという見解が、十八世紀以来のヨーロッパにおいては支配的であったし、現在の日本のインド学界ないし仏教学界ではかなりの流れを占めているように思われる。その証拠には「インド学はエジプト学か？」というような問題提起は専門家によってなされなかったのである。

もちろん「インド学はエジプト学（an Egyptology）である」という立言のしかたに反対意見あるいは不快感をいだかれる学者も日本には少なくないであろう。しかし研究方法の問題について批判的反省を加えようとする場合には、日本におけるインド学や仏教学がヨーロッパの研究方法をそのまま採用し模倣につとめてきた限りにおいて、やはりこのような学問的傾向が圧倒的に有力であったと言わねばならぬ。

〈エジプト学〉という表現を用いるわけは、こうである。現代エジプトの文明は、相つづいた異民族の侵入と戦乱と他の文化の移入とのために、古代エジプト文明から断絶している。近代のエジプト人にとってはスフィンクスやピラミッドは謎の存在であって、何を象徴したものであるか、もうわからなくなっている。ヒエログリフは死語の文字である。今のエジプト人の精神的支柱となっているものは、イスラーム文化と反西欧感情とであろう。だから、エジプト学者は死滅した文明としての古代エジプト文明を、全く過去の遺物として研究する。その文明は西洋のエジプト学者にとっては、何ら共感も親近感も感じえない異質的な存在にすぎない。ただ、奇異なものが残っているから、それを研究してみようと思うだけである。その文明は捨て去られたものである。しかし過去の偉大な文明に対する好奇心と驚嘆の念をもって、パピロス文書を解読し、スフィンクスやピラミッドを発掘調査する。

この態度はヨーロッパのインド学者にとっても典型的であった。ヨーロッパ人はインドに到達するとともに、そこに異質的な文明を見出した。そこでやはり同様に好奇心と驚嘆の念をもって研究に従事した。ただエジプト文明の場合と異なることは、インドおよびその文化的影響を受けたアジア諸国では、過去からの文化的伝統が、全部ではないが少なくとも部分的には、一般民衆の間に生きているという事実であり、西洋のインド学者はこの事実にも対面しなければならなかった。しかしこれはエジプト学との間の本質的な区別にはならなかった。そのわけは、古代エジプト文明がすでに死滅したものであるのと同様に、古代インド文明の残存伝統は近代西洋人の目から見ると、過去の文明の「残滓《ざんし》」にすぎないのであり、やがて西洋文明の浸透とともに捨て去らるべきものだと考えられていたからである。奇妙なものが残っているから、それを研究してみようというだけである。だからヨーロッパに出発したインド学はエジプト学とその研究方法ないし態度に関しては本質的な相違はない。研究対象が相違していただけである。

このような事情にもとづいて、ヨーロッパにおけるインド学や仏教学は、エジプト学やアッシリア学、シナ学などと同一部類に属するものとして出発した。そしてこれらの学問に従事する人々が同一の学会を形成し、同一の学術雑誌をともに刊行している。かくしてイギリスでは *The Journal of the Royal Asiatic Society* が、ドイツでは *Zeitschrift der Deutschen Morgenländischen Gesellschaft* が、フランスでは *Journal Asiatique* が、アメリカでは *Journal of the American Oriental Society* が刊行され、今日に至っている。そうしてこれらの諸国では、インド学者や仏教学者がエジプト学者と一緒になって「国際東洋学会」などを順次に開いている。

これは一般西洋人の眼から見ると、何ら怪しむに足りないことである。西洋人がオリエントと言うときには、マルセイユ以東を全部引っくるめるとのことである。西洋人の眼から見て、異質的な偉大な文明はすべてひとまとめにされる。だから、ロンドン大学にはアジア・アフリカ学院（School of Oriental and African Studies）という大きな研究所があって、東洋研究とアフリカ研究がひとまとめにされているし、米スタンフォード大学にはアジア・スラヴ学部（Department of Asiatic and Slavic Studies）という学部があって、東洋研究はロシア研究とひとまとめにされている。

ひるがえってわれわれの問題として、わが国の学界はどうであろうか？　わが国における問題を考えてみよう。前に述べたエジプト学的研究法は明治中期に西洋から入って来た。最初に南条文雄によって見事に遂行・移入された。大蔵経全般の目録である『南条目録』がかれによって初めて編纂され、今後の研究の基礎をなし、『法華経』『楞伽経《りょうが》』梵本の刊行のごとき重要な業績がある。ただかれの場合には純文献学的研究にとどまっていたために、エジプト学的研究者と敬虔なる篤信者・教育家とが同一人のうちに兼ね具わって併在していて、そこに矛盾をも感ぜられなかったし、世間もそれを当然のことと考えていた。この性格はその後の偉大な学者についても言えるであろう。

ところが日本の学者の場合には、他のアジア諸国の学者の場合と同様に、特殊な問題がある。そのわけは、――過去の日本の文明が仏教を離れては考えられず、仏教は過去の日本文明の中核を構成して来たのみならず、それは今なお生きているものであり、特に仏教の研究者は多くは仏教徒である。そのために、その研究対象を見る場合に、西洋のエジプト学者がピラミッドを調査する場合とは異なった複雑な問題意識をもって対するからである。

今後われわれは、どのような研究方法と研究態度をもって研究を進めて行くべきであろうか。この問題について考えてみたい。

思想史研究の基本

従来インド哲学の研究は歴史的に行なうということが学界における一般的傾向となっている。過去のことを論ずるならば、どうしても歴史的な見方が必要となってくる。しかしただ思想がどのように移り変って行ったかということを述べるだけでは、大して意味がないと思う。それは、歴史家がただ王朝の推移を述べるだけでは歴史と言えないのと同じである。思想の推移変化ということは、人間の社会において人間の現実生活に即して行なわれたものであるにちがいない。ある人がある時期に自分がかつていだいていた思想を改めて、異なった思想を抱懐するに至ったということは大変なことである。そこでは深刻な、心の中での葛藤抗争があったにちがいない。思想史家はその心の中の苦悶の呻《うめ》き声を聞きとらねばならぬ。

そこで思想史というものは、人間の生活の場との連関において理解されねばならぬ。古代のインド人はいったいどのような生活をしていて、何を悩んでいたのであろうか。人間生活の現実の場面を明らかにせねばならぬ。こういうことを考えて、まずインドの歴史を明らかにしたいと思った。インドの歴史と称する書は多数著わされていたが、大部分は原資料の読めない学者の書いたものが多く、どうも当てにならない。そこで自分で当たって見るよりしかたがないと思って、資料を検討して歴史をまとめてみた。それが『インド古代史』上下二巻である。しかしグプタ（Gupta）王朝以前までしか扱えなかった。そのわけはグプタ以後になると、碑文の類やその他資料が多くて、まとめるのが容易でないために、資料は自分で集めてみたが、その結果を公表し得る程度にまでまとめることができなかったのである。こういう仕事を将来、原文の読める皆さまに期待したいのである。

またグプタ以前の時代についても、わたくしがあの書をまとめてから約二十年の間にインドでは考古学的な発掘が非常に発展したから、その成果によって補正したいと思う。ただこの二十年の間にも見つかった資料は同種類のもの、例えば votive inscriptions（献納銘）のようなものが多いから、全般的な結論は変更の要がないのではないかと思う。しかしいずれにせよ最近の発掘や研究にもとづいて補正する必要がある。そうして同じ資料についても新たな視角から新しい解釈を施す必要がある。この点でコーサンビー（D. D. Kosambi）博士の *Introduction to Indian History* は非常に重要な書である。これは唯物史観の立場をとっているが、ロシアの正統派からは叱られた本である。しかしいろいろ教えられる点の多い本である。またボンベイの

Bhāratīya Vidyā Bhavan という研究所で刊行しつつある十巻予定のインド史はいわば「大日本史」のインド版とでも言うべきものであり、統一の点では問題があるが、刊行者ムンシ博士の高邁《こうまい》な理想が胸に迫り、また資料的意義は大きいと思われる。

ところで思想史の研究ということになると思想文献を読まねばならぬが、われわれが十分に文献を読解できているかどうか甚だ疑問であるということを近年ますます痛感するようになった。よく世間ではインド哲学の書の翻訳は難解であると嘆かれている。内容が難解であるならば致し方ないが、実はわれわれの理解力が不足しているために、翻訳文自体が晦渋《かいじゅう》になっているのではないか、と考えられる点がある。

私は皆さんと一緒にサンスクリットの原典を読んできたが、その際には英語やドイツ語で書かれた辞書を手がかりとし、英語やドイツ語の翻訳文を参照しながら読んでゆく。しかし西洋の学者が原語原文を適切に理解表現しているかどうかが疑問である。例えば仏教梵語は今のところエジャトン（F. Edgerton）の辞典を手がかりにせねばならぬが、その辞書がいかに不適切な表現や誤謬の多いものであるかということは、宇井博士が晩年に多数の著書の中でしばしば指摘されているとおりである。

さらにわれわれにとって大きなハンディキャップとなっていることは、われわれがその英訳文やドイツ訳文を適切に理解できているかどうかも疑問である。だからわれわれの原文理解は二重にずれていることになる。

これに対してわれわれには武器がある、漢文が読めることだ、と言われるが、これも当てにはならない。第一に漢字でうまく表現のできないことがある。第二に漢訳者がしばしば誤解をしている。第三にシナ的な思惟を訳文の中にもち込み、儒学的または道教的な観念を採用している場合がしばしばある。また密教聖典ではシナ人が性に関する露骨な表現を好まないために、曖昧《あいまい》模糊たる表現に終わっている。そうして日本人の場合にはさらに大きなハンディキャップがある。それは現在のわれわれの漢字の理解が古代シナ人のそれとは異なるために、とんでもない誤解をしていることがある。

わたくしは先年ハイデラバードからナーガールジュニーコーンダへドライヴして出かけたことがある。樹木はポツンポツンとあるが荒れはてた広い野原を通過したときに、同行してくれたハイデラバード博物館長シュリニバーサン（Srinivāsan）博士に、わたくしがここでは「kāntāra がつづいていますね」と言ったら、「これは kāntāra ではない。aṭavī である」と訂正された。何故わたくしがまちがえたか？ 反省してみると、kāntāra を漢訳仏典では「曠野」と訳している。ところで日本人は「曠野」というと、例えば「国境の町」という歌に出てくる「雪の曠野の町の灯よ」というような句を連想する。だからわたくし自身が原義からずれて理解していたのである。これに対して梵和辞典をみると aṭavī を「森」と訳しているが、日本人の理解する「森」とインド人の理解する aṭavī とは非常に異なったものである。

生きているサンスクリット

さらに漢訳者が誤訳をした適例、それはまたわれわれが西洋人のつくった辞書にたよって直訳をした場合に犯す誤訳の適例をお伝えしたい。例えば、現代のサンスクリットおよびヒンディー語では、飛行場のことをvimāna-patanaという。これは「飛行機のあつまるところ」である。これを日本人の直訳で「飛行機の落ちるところ」と訳したら大変なことになる。ところがこれと同じ誤謬を漢訳者が犯していた。鹿野苑をIsipatanaというが、これは「仙人のあつまるところ」でなければならない。ところが漢訳者は「仙人堕処」などと訳した。これはサンスクリット語のニュアンスを知らなかったための誤訳である。

また例えば、サンスクリット語のāyuṣmat、パーリ語のāyasmāは「齢をもつ人」の意であり、玄奘三蔵などは「具寿」と訳すが、普通は「長老」と訳されている。しかし「長老」という訳は不適切である場合が多い。

まず現代のサンスクリット一般の会話では、年長の人が年下の人をāyuṣmatと呼ぶ。年下の若い人が年長の人に向かってāyuṣmatと呼ぶことはない。若い人は「命に富んでいる」からである。これに反して年長の人に向かってはbhavānとかtatra bhavān

という。だから現代インドのサンスクリットでは「さま」「氏」くらいの意味に使われる。現代でも若い人に向かって「あなたはおいで下さい」というときに、āyuṣmān āgacchatu という。さらに現代のサンスクリット語およびヒンディー語では、結婚式のときに花婿を āyuṣmat といい、花嫁を āyuṣmatī という。決して「長老」という意味ではない。ここで「長老」などと呼びかけたら、全くつやけしである。

その起源をさぐってみると、もとは「長寿なるもの」「生命に富む者」という意味であった。例えば『マヌ法典』（二・一二五）では「バラモンはその挨拶において、『あなたは長寿であれかし。善良なるきみよと言わるべきである』（āyuṣmān bhava saumyeti vācyo vipro 'bhivādane）」と規定している。邦語の「御機嫌うるわしく」に近い表現である。また「御機嫌よう」という意味で āyuṣmān edhi（あなたは活気にみちてあれ）という。パーニニ文典によると、これはシュードラに対してさえも、挨拶を返す場合に用いられる表現である。

若い人に向かって āyuṣman と呼びかける例は非常に古い時代に認められる。『シャタパタ・ブラーフマナ』（一二・二・一・九）においては、バラモンである父が自分の子に向かって āyuṣman と呼びかけている。叙事詩『マハーバーラタ』では āyuṣmat という語が、親しい者どうしの間の呼びかけとして、せいぜい「きみ！」くらいの意味で使われている。サンスクリットの戯曲においては、御者などである年長者が貴公子に呼びかけるときにāyuṣman という。例えば戯曲『シャクンタラー』では御者が国王（rājan）に向かってāyuṣman と呼びかけている。こういう背景を念頭においてみると、現代の用法もよくわかるのである。

仏教のほうでも、ちょうどこれに対応する事態が認められる。まず現代の南方アジア諸国の仏教教団においては、若い僧侶をāyasmā と呼ぶことがある。この慣習は相当古い時代にまで遡るものであるらしい。若い修行僧に向かっては、āyuṣman と呼びかけよ、と戒律の中で規定している。これは現代におけるサンスクリットの用法とぴったり一致している。これはまた現代におけるサンスクリットの用法が非常に古いものを伝えているということを示している。

そうしてこのような考慮をしてこそ仏典の文章をすなおに理解することができる。釈尊の最後の旅を叙述しているところで、アーナンダをāyasmā Ānando と呼んでいるのが、ごく自然にひびいてくるのである。（わたくしも以前には、アーナンダが後には長老となったのだから、その箇所でも「長老」と呼ばれているのであろうと解してみたが、むしろサンスクリットやパーリの生きた伝統にしたがって解釈するほうがすなおであろう。）

ともかく時代により、また社会環境によってāyuṣmat という語の用法が多少異なっているのではないかと考えられるが、ただ原文にāyuṣmat とあるから、そのまま「具寿」とか「長老」とか訳してしまうのは、漢訳語をあてはめたというだけで、翻訳にはなっていないのである。

また現代のサンスクリットの会話においては、「どうぞ……して下さい」というときには、kṛpayā という。英語でいえば、please、ドイツ語でいえば bitte に相当する。この場合に、その原義にしたがって「汝が喜ばせてくれるならば」(if you please) とか、「われは汝に懇願す」(ich bitte) とか訳すならば、あまりにも直訳にすぎるであろう。それと同じことで漢訳仏典のなかで「哀感を以て」「慈感を以て」などと訳すのは、あまりにも直訳にすぎる。教典としての荘重さは加わったかもしれないが、まことにぎこちないものになってしまった。これもサンスクリットにおける日常の用法を顧慮するならば、もっと楽に訳せるはずのものである。

こういうわけで、インド哲学や仏教学の専門研究者の方々に特に伝えたいのは、生きているサンスクリットの語のニュアンスを知ることが、インド哲学や仏教の理解のために必要であろうということである。

そのほかわたくしはインドへ行くたびに「生きているサンスクリット」の特徴を書きとめておいたので、それをデリー大学のサンスクリット学科のサティヤカーム・ヴァルマ (Satyakam Varma) 教授が批評増補して刊行されるはずなので、細かい点については、その上で識者の叱正を仰ぎたいと思う。ただそこに書きしるしておいたのは、「生きているサンスクリット」を知るための最小限度であり、もっともっと多くのことを知らねばならない。そうして「生きているサンスクリット」を体得熟達しているのでなければ、とても古典サンスクリットの味は理解できないであろうと思われる。もちろん現代用いられている意義を直ちに古典の中にもちこむことは非常に危険な場合があり、われわれはこれを用心しなければならない。しかし西洋人のつくったサンスクリット辞典に出ている意味は所詮推定の結果であり、想像にほかならない。これに反して現代に用いられている意義は、われわれが直接知ることのできるものであり、疑うことのできない確実なものである。だから最初の手がかりであるという意義は疑うことができない。

生活、風習、慣例を知ること

さらに、言語のみならず、インド人の生活、風習、慣例を知ることは、古典の読解のために非常に必要である。その一例として、釈尊の最後の旅を述べている教典『マハーパリニッバーナ・スッタンタ』の中から、明らかに後代の付加または潤色と思われるものを除去すると、残りの部分、恐らくこの経典の中核となった部分は、現代インドの農村に見られる生活、風習、慣例とそっくりである。後代の付加物をとり去ってゆくと、実はそこに〈現代のインド〉だけが残る。また後の仏伝である『ブッダチャリタ』(仏所行讃)の中には、若い母親たちが子どもを腰にかかえて、という表現があるが、これは現代のインドにおいてもそっくり見られる光景である。

極楽浄土なるものも古代インド人の考えた理想境である。だからインドの生活の実情と対比するとすなおに理解することができて、現在の現実のインドと経典の記述との間に距離が少ないことがわかる。これに反して昔の日本人が想像し描写していた極楽浄土は、経典の記述とはかなり相違して、変容されたものであることがわかる。例えば、サンスクリットの原典についてみると、極楽浄土の蓮池は真四角であるが、それは現在のヒンズーの霊場にある池が真四角であるのとそっくりである。四面が階段になっていて、そこを降りて水浴する。これはインドに現在見られる浴池である。それが非常に古いところまでたどられる。その池は蓮があってもなくても puṣkariṇī という。現実のインドを考慮することによって種々のことが解明されるということは、『法華経』についても言えることである。それについてはわたくしは別に論文を書いたから、ここでは省略しよう。

この点でアメリカの若干の学者たちは積極的である。例えば、アメリカ人類学協会(American Association of Anthropology)に属する研究者たちは、単に文献的な研究に満足せず、みずから旅行して、アジアの民衆の生活の中に入り、実地踏査を行なう。近年、The American Institute of Indian Studies が現地に設立された。またフランスはポンディチェリーに独自の研究所をつくっているが、これはポンディチェリーに関するインド政府との条約を十二分に活用しようとしているのである。

こういう見通しをもって検討するということになると、仏教の見方も変わってくる。最初期の仏教、特に『スッタ・ニパータ』や『サンユッタ・ニカーヤ』の Sagātha-vagga にあらわれている仏教は、用語や素材に関していえば、仏教独自のものを殆んどもっていない。術語や表現に関する限り、ヴェーダないしバラモン教を多く受けているし、ジャイナ教と共通のものが少なくない。ジャイナ教を研究すると、原始仏教についてもっと多くのことを知り得るであろう。そうして仏教はその成立当初には素材に関しては何ら新しいものをもっていなかったが、その素材を生かす仕方に独自のものがあったということがわかる。

やがて仏教が発展するとともに、仏教独自の術語や思想体系が成立した。これは、インド人一般の思想、生活、感情を背景において仏典を考察することによって、仏教の特徴がくっきりと浮かび出てくるのである。後代になると、ディグナーガ以後は、一般のインド哲学の術語をもって仏教を述べるようになった。真言密教になるとヒンズー的要素が非常に強くなった。例えば、『大悲空智金剛大教王儀軌経』を漢訳で見ると、ヒンズーの神々や儀式の影響が認められる程度であるが、その原典である Hevajra-tantra を見ると、タントラの宗教の用語が無数に多く使われているので、驚きを感ずる。

研究の方法と対象

ところで、このような準備のもとになされるインド哲学の研究は独自の学問として成立し得るか？——という問題が起こる。

今、日本ではインドや南アジアの思想の研究は、学界では幸か不幸か日本仏教の研究などと一緒に「印度哲学」という区分けの中に入れられている。ところがこの概念がはっきりしていないのである。方法論としての理論的一貫性がはっきりしないということが、専門家によっても指摘されている。それは決して学問的に意義が乏しいというのではなく、方法論に関して問題があるというのである。

日本の主な国立大学や私立大学には「印度哲学」という学科や講義がなされ、学界では一つの専門分野とされている。ところが外国の諸大学にはこういう学科や区分けはどこにも存在しないのである。

それはインド哲学や仏教の研究や講義がなされていないというわけではない。実際上行なわれている。しかしこういう区分けがどこにもない。どうしてであるか。

西洋諸国の古風な大学、特に古典研究を重んずる若干の大学には、サンスクリットの講座が置かれている。そうしてサンスクリットの講座担任教授が、たまたま思想や宗教に関心がある場合には附随的にインド思想の講義を行なっている。またインド学（ドイツではIndologie、アメリカではIndic Studiesと言い、Indologyという名を嫌う）の講座の設けられているところでは、哲学や宗教の講義も他の部門の講義と合わせて「インド学」という部門で行なっている。またある場合には比較宗教学（comparative religion, Vergleichende Religion）の講座担当者がインド哲学の講義を行なう。ドイツのチュービンゲン大学では「比較宗教学およびインド学」という講座を、かつてガルベ、近年ではグラーゼナップ教授が担任していた。

しかしそれよりももっと多いのは、哲学の教授がインド哲学の研究や講義をするのである。特にインド、ネパール、セイロンの諸大学では哲学の教授が、西洋哲学を講義するかたわら、インド哲学の講義を行なっている。自分たちの伝統思想を扱うのであるから、かれらにとっては容易になし得ることである。かれらは自分らの古典語、サンスクリットやパーリ語を読解することは割合に容易であるし、他方西洋の哲学書は英訳で読んでいて、英語は母語と同様であるから、同一人の学者が両方を講義することがさほど困難でもないし、奇異でもないのである。ヨーロッパでも例のないことではなかった。一生をインド哲学の研究に打ち込んだドイセン（Paul Deussen）もキール大学の哲学教授であった。アメリカでは最近、哲学の教授が東洋哲学を含めて講義することが急激に多くなってきた。多くは英訳にもとづいてなされる。特に学界指導者や財団の幹部がそれを奨励しているという関係もある。例えば、同一人である哲学教授が、前学期はプラトーンについて講義したが、今学期はオーロビンド・ゴーシュについて講義するといったありさまである。

ところで日本では哲学の研究については、西洋哲学または純粋哲学といわれるものと、インド哲学と、中国哲学と、ほぼ三つのグループに分けて研究がなされている。こういう日本独特の現象が現われたわけは、歴史的事情にもとづく。つまり日本には古来仏教の伝統があるので、それを受けた研究が「印度哲学」の名で行なわれ、また儒学の根強い伝統があるので、それが「中国哲学」の名で発展させられ、他方西洋から移入された哲学研究が「哲学」の名で行なわれるに至った。その区分を支配しているものは、系譜偏重主義であり、外からのものに対する権威至上主義である。それはまた研究に関する尚古主義ともなる（つまり古いものを研究するほど学問的であると考える）。そうして三つの権威至上主義の妥協の形態として、どこの国にも見られないこういう学問区分が成立しているのである。

これは研究が専門化することであって、かえって学問の進歩ではないか、とも考えられるが、わたくしはそうは思わない。その証拠には日本の哲学的研究（特に東洋に関して）は、概して、文献学的で、思想を扱ってもせいぜい解説か少々の批判の程度にとどまるものが多く、問題を哲学的に取り上げようとしない。普遍的な哲学的問題そのものに迫る気迫が弱いように思われる。だから、インド哲学や仏教の専門研究者の業績が一般の思想家に影響を与えたという事例は極めて稀である。

ではどのようにしたら現状を克服できるのであろうか。古典を文献学的、あるいは年代学的に論ずる場合には、日本で今までなされていた研究は立派なものであり、別に難はないであろう。ただ、インド哲学ないし仏教学における純粋の思想を扱った研究になると事情は面倒である。かりに一つのテーマ（例えば空観）について非常によく勉強して、まとめた論文があったとしよう。その論文をインド哲学や仏教学の関係の諸大家がひとしく賞賛したとしよう。しかし世の哲学者や思想家がそれを読んで感心し賞賛してくれるかどうか。あるいは狐につままれたような感じをもたないかどうか。もちろんそれが力作であることに敬意を表し、あるいは自分らが当該テーマに関して無知であることをよく自覚しているので、決してくさすようなことはしないであろう。しかし、読んでも何だか腑に落ちない、という気持で、敬遠する場合が多いのではなかろうか。そうして世の哲学者や思想家が読んで感銘を受けないような研究が、果して「思想的研究」と呼ばれ得るかどうか。わたくしはこの点にかねがね疑念をもっている。この点でわたくし自身のしたことを省みても忸怩《じくじ》たるものがある。

明治後期以来日本でインド学が独立に発展し、その成果のうちのあるものは、世界的水準に達し、外国の斯学に対しても多大の貢献を行なってきた。しかしそれを日本における文化的現象として見る限り、既成仏教教団の学問の付属物たる性格が強かった。具体的には既成仏教教団の後援のもとに発展したという歴史的社会的事情によるが、しかし学問的成果それ自体はそれの生み出された基盤から切り離して、それ自体として評価さるべきである。成果それ自体がなお既成仏教教団の付属物としての性格が強かったというのは、次の二つの理由による。

一、仏教と直接関係ある周辺のみが研究されて、それと無関係な部分は殆んど開拓されていない。例えば、ウパニシャッドや六派哲学などは比較的によく研究されているが、トゥルシーダースのラーム・チャリト・マーナスやカビールの詩、シク教のグランタなど、翻訳はおろか、紹介さえもされていない。こんなことで、日本にインド研究があったと言えるだろうか。こういう方面を開拓するには、今後一段の努力を必要とする。古い意味の〈インド学〉はあったかもしれないが、Indienkunde というものは確立していなかった。最近わたくしは東独の東ベルリンにあるフンボルト大学教授ルーベン博士の記念論文集を入手したが、そこで論ぜられている大部分の問題は、日本の学界とは無縁である。

二、インドの文化や思想を叙述するのに、漢訳仏典のうちの、しかも、クマーラジーヴァ（鳩摩羅什）とか玄奘というような特定の翻訳者の訳語を用いている。他の訳者の訳語は、権威なしとして無視してしまう。そうして、サンスクリットをこれらの人々の訳語に言いかえれば、それが「研究」であるとし、以て能事畢《おわ》れりとした。しかし今の日本人にとって、漢訳仏典のことばは、火星人の言語のようなものである。それにもかかわらずあえてこれらの訳語を踏襲して改めない。そうしてこれらの訳語を用いて、一般人にはわけのわからぬように書くのが「学問的」であるという、妙な錯覚が多くの学者の間を支配している、と言われても仕方がないのではなかろうか。この点でわたくしは四十年間努力してみたつもりである。しかし途中での挫折もあり、仕事が完結しなかったことを残念に思っている。

論理学の場合

ただ高度に専門的なことがらは現代のことばでは表現できないのではないか、という疑問がもたれる。その一事例として論理学を取り上げてみよう。

インド論理学の研究も日本では諸先輩の努力によってすばらしい研究の進展を示している。ただ問題はこのように研究が進展したにもかかわらず、その研究が、人類の文明の進展に、と言えば大げさになるが、思想の進展にどれだけ寄与したであろうか。日本の論理学者や哲学者や科学者が日本におけるインド論理学の研究成果によってどれだけ激発され、どれだけ寄与を受けているであろうか？　実際問題としては殆んど無視されているのではなかろうか？
ところで、論理学者や哲学者から無視されるような「論理学研究」なるものが、果して意義のあるものであろうか？

なぜ無視されるか？　それは研究者が論理学の諸問題に関する問題意識なしに漠然と研究しているからではなかろうか？　因明の典籍を諸言語にわたっていくら比較対照しても、それは文献学的研究にはなるが、論理学的研究にはならない。

ここでも言語あるいは記号表現の問題にぶつかる。日本の初期の仏教論理学研究者は、因明を解明するために西洋の形式論理学を学習し、両者の間の通路を開き、ここにともかく因明の論理学的研究の端緒が開かれた。ところが因明の研究は日本ではその後セクト化してしまった。いまの日本の因明研究者は、急激に発展しつつある論理学そのものを研究することはおろか、参照しようとさえしなかった（もちろん若干の例外はあるが）。そうして日本の初期の因明研究者が苦心してつくり出した術語や解釈を盲目的に継承し、それを適用することが学問であると考えているのではなかろうか。一般学界における論理学の進展は急速で、恐るべきものがある。それに眼を閉じて、因明を「研究」している態度は、中世の僧院におけるそれと、本質的に異なっていない。新しい研究方法をとり入れることはタブーとされ、若い研究者は新しい方法をとり入れることを躊躇《ちゅうちょ》している。これは決して健全な現象ではないだろう。もちろん、最近は事情も変わってきたが、それは主として新しい若い学者の努力によるものであるが、全体の傾向としてはやはり旧式であると言えよう。

だから、今のインド学や仏教学の研究なるものは、大学や研究所や大寺院において、生活を保証された幾人かの専門学者がいて、それらの人々の間でだけ了解される記号や古風な言語表現、いわば一種の隠語のようなものを用いて「研究」が行なわれている。その成果はそのグループの間では了解されるが、そのグループ以外の人々には通用しない。

これに対しては次のように言われるかもしれない。物理学や化学の研究でも専門家だけにしかわからない記号や表現を用いて研究が発表されているではないか。仏教研究の場合もそれと同じであると。しかし事情は根本的に異なる。物理学や化学、数式を用いる経済学などではことがらがむずかしく、ことがらに即して表現や記号をつくるから専門家以外の人々にはわからない。ところが仏教研究の場合には必ずしも常にことがらがむずかしいわけではなくて、記号表現において現代日本人のそれとは全く異なった旧態を墨守していることからむずかしさが起こってくる場合が非常に多いのである。

だから物理学や化学の研究は必ずやいつかは、それが人間の実生活を益し得るものとすることができる、——もしもその適用を誤らないならば。ところが例えば因明の研究は、日本人の思惟や精神活動一般に、明治以後どれだけ益を与えたであろうか(過去の例を挙げるならば、明治中期の雲英《きら》晃曜《こうよう》は明らかにそれをめざしていた)。また、これこれの経過をたどって人々を益することができると自信をもって断言し得る学者がどれだけあるだろうか。どうも研究なるものが空転しているとしか思われないのである。

仏教論理学の研究も、西洋の論理学あるいは近代論理学と対決することによって仏教的思惟の特徴がはっきりと浮かび出てくる。

論理というものは普遍的なものであり、正と判定さるべきものはいかなる論理学体系においても正であり、誤謬と判定さるべきものは、いかなる論理学体系においても誤謬であるべきである。ディグナーガ(陳那)が設定したと言われる九句因についても、正因は西洋の形式論理学や記号論理学によっても、正すなわち真であり、相違因はつねに偽であり、不定因は真偽不定である。ただ一つ問題となるのは、

第五句の同品非有・異品非有

の場合である。これを因明では不定因であるとなす。ところが記号論理学を適用すると(因をφ、同品をψで表示して)、

$$\sim(\phi\psi)\cdot\sim\phi\ (\sim\psi)$$

$$=\sim(\phi\psi)\cdot(\phi\psi)=0$$

となる。どうしても誤謬なのであり真偽不定ではない。西洋の伝統的な形式論理学でいうならば「不適中の誤謬」（Fallacy of irrelevant conclusion）に対応する。ところが仏教の論理学者ディグナーガは「ことばは常住である。聞かれるものであるから」という実例をあげて、不定因とした。古代から最近代に至るまで、西洋の論理学において誤謬とされるものを、ディグナーガが真偽不定としたのは何故であろうか。それは仏教では従前からの見解により四句分別によって「非有非無」というものを、有とも無とも異なる独自の論理的な在りかたとして容認していたからである。矛盾律を固守するかぎり、このようなものの存在は容認されない。前掲の論理計算の示すように、非有非無は無と同じことになる。四句分別というものも、矛盾律の立場からは容認され得ないと考えられる。しかるにディグナーガが第五句を誤謬としないで、真偽不定とみなしたのは、非有非無というものを独自の在りかたとして認める空観ないし四句分別の立場に影響されているからである。

すなわち甲と非甲との矛盾対立の関係は一定の範囲について言えるのであり、その範囲を超えた領域については、甲であるとも非甲であるとも言えない。例えば《青い》と《青くない》（赤など）は色について言えるのであって、徳などについては言えない（「徳は青い」などとは言えない。西洋でボルツァーノ〈Bolzano〉の問題にしたことではあるが、ここではとり上げられない）。この意義に仏教論理学者は気づいていたのであろう。かれらは諸概念の対立を平面的に考えないで、立体的に考えていた。この点でこの仏教的思惟は西洋の弁証法と共通の問題意識をもっていた。それは仏教的思惟がすべて弁証法的であるというのではない。非有非無という点だけについては、共通のものがあったというのである。

今は論理学の場合だけを問題にしたが、一般的に言うならば、インド学とか仏教学とかいうような特殊な文化圏に関する研究は、対象が地域的に限定されない一般的な諸々の学問（例えば、哲学・宗教学・社会学・言語学・心理学その他）を常に顧慮しつつ、その学的成果を参照することを怠ってはならない。これらの普遍的な学問の研究方法は、インド文化ないし仏教文化に対して適用さるべきである。それと同時にインド研究ないし仏教研究はそれらの学問に材料を提供し、示唆を与え、反省を促すことによって、積極的にそれらの学問の発展に貢献するものでなければならない。かかる相互過程をくり返すことによって特殊な文化圏に関する研究成果もその客観性、普遍性を獲得し得るであろう。

諸哲学体系に新たな光を

以上述べたようにインドの古来の文化的伝統を尊重するとともに、近代科学の照明を当てることによってインドの諸哲学体系は新たに見直されねばならぬ。ヨーガ（Yoga）の原典をただ註釈文献をたよりに読むというだけでは人間の文化の発展に資するところは甚だ乏しいと言わねばならぬ。近代科学、特に心理学、生理学の方法を適用することによってヨーガ研究は生きたものとなるであろう。ローナヴラーでは近代科学の計器を使用する研究所がつくられている。

ミーマーンサー（Mīmāṃsā）哲学の研究についても古来の伝承を重んずることが是非必要であるとともに、人類に普遍的な宗教現象である祭祀という視点から見直さねばならぬ。またクマーリラ（Kumārila）以後は人類に普遍的な哲学的問題が数多く論ぜられていることを忘れてはならない。殊に意味論、論理学という点で重要な問題を提起する。

ミーマーンサーの研究には高度の専門的知識が必要であるが、インド本土でも専門の学者が段々少なくなるから、われわれはそれに関する知識を書き記しておく必要がある。またヴェーダ（Veda）の祭も祭の実際を知っているパンディット（Pandit）について儀式を書き記しておく必要がある。かつて木村日紀《にちき》教授が亡くなる前にわたくしに嘆いて言われた。——自分はインドのパンディットからいろいろ教えてもらったが、ついに散失してしまった、と。ヨーロッパにはインドへ一度も行ったことがなく、またインドの祭を一度も見たことのない大ヴェーダ学者などという人がいるが、そんなヴェーダ学をわたくしは信用しない。ヴェーダの祭は決してわれわれに無縁のものではない。真言密教において護摩をたく祭は、ヴェーダの祭とそっくりだとインド人が驚いていたのを思い出す。

古いヴァイシェーシカ（Vaiśeṣika）学派とかニヤーヤ（Nyāya）学派については、むしろphilologicalな方法によって原意を追究することが必要になろう。註釈に書かれていることが必ずしもそのまま採用され難い。後代のニヤーヤ・ヴァイシェーシカについては学問の伝統が生きているのだから、それを十分に尊重するとともに、近代的な研究方法を用いねばならぬ。サーンキヤ（Sāṃkhya）哲学の研究については、同様な学問的用意をもって、むしろ思想の発達変化の底に存する論理を解明すべきであろう。

ヴェーダーンタ（Vedānta）哲学については後代の学派的伝統、特に解釈の相違を踏まえた上で、ふり返って考える必要があろう。特に初期ヴェーダーンタ哲学史の思想的理解のためには、どうしても後代における学派対立についての知識が必要になってくる。例えばシャンカラ（Śaṅkara）以前の古いヴェーダーンタ哲学の発展をたどるためには、シャンカラ以後の不二一元論（Advaita）学派内部の問題点を一応理解しておいたほうが、古い時代のことをもはっきりと理解することができたのではないか、と考えている。と同時にヴェーダーンタに関してはもっと長期的な視野からみて検討する必要がある。わたくしは古い時代のヴェーダーンタ哲学史を手がけ、シャンカラに至ってとまってしまった。あとはとびとびに扱ったが、シャンカラが批判を受けるべき面のあることを忘れてはならない。シャンカラないしその学系は現象世界を否定し、民衆に対しては冷酷であるという面のあったことは否定できない。そこでこれに対する反動としてラーマーヌジャ（Rāmānuja）やマドヴァ（Madhva）の信愛（bhakti）の宗教が起こった。しかしかれらも民衆に対する愛を説くが、何かしら高いところから見下しているという傾きがある。民衆と同じレヴェルに立ったのはラーマーナンダ（Rāmānanda）である。かれの影響を受けたカビール（Kabīr）、ナーナク（Nanak）、トゥカーラーム（Tukārām）、トゥルシーダース（Tulsīdās）というような人々が今日のインド人の心を育んでいるのであり、シャンカラは忘れ去られた人である。インドのパンディットの五分の四以上がシャンカラの学系に属するということは決してかれの思想がすぐれていることを意味するのではない。パンディットたちが“almost starving”なのであるから。わたくしは今後もシャンカラについて論文を書いたり、著書を著わすということもあろうが、それはやりかけた仕事だからまとめるまでで、決してシャンカラの思想を高く評価しているからではない。シャンカラに対する批判は後代の思想家の中に現われているから、その声に耳を傾けなければならない。それと同時にインド哲学はいわゆる六派哲学であるという見解にも賛成できない。いわゆる六派哲学は中世的思惟の枠の中にとじこめられた思惟であり、今日の一般インド人からは忘れられたものである。今の一般インド人の心をつくっている思想、あるいは世界に呼びかけているインド思想は、ラーマーナンダ以後の思想家たちのものである。こういう思想家たちを重視すべきであると考えるので、わたくしは「インド思想史」という名称を多く使う。インド近代思想についての講義も一度やり始めたが、紛争で中止となってしまった。

特に最近代インドの思想は非常に重要である。ラーマクリシュナ（Ramakrishna）、ヴィヴェーカーナンダ（Vivekananda）、タゴール（Tagore）、ガーンディー（Gandhi）、オーロビンド・ゴーシュ（Aurobindo Ghosh）、ラマナ（Ramana）というような人々である。インド政府や指導的な団体はこういう思想家についての記念祭を始終行なう。しかしナーガールジュナ（竜樹 Nāgārjuna）やシャンカラの記念祭は誰もやってくれない。古代の六派哲学や仏教のアビダルマの研究は知的興味の玩弄物で、学者がいじくり回しているという傾きが強いが、これら最近代の思想家は世界の人々の心を動かしている。これらの人々に感銘を受けて生命をさえ投げ出した人々が世界諸国にいる。この生きたインド思想を忘れてはならない。

また古代の思想も決して死んだのではない。特に最初期の仏教は諸国の人々の心に今なお強く訴えるものがある。また後代の思想でも例えば真言密教は、その現実肯定的性格と実在論的性格とのゆえに、近年非常に注視されるようになった。特に真言密教が日本とネパールとにのみ栄えているということはいろいろと考えさせるものがある。

世界思想史をめざして

このように個別的な諸宗教・諸哲学の諸相を研究することによって、やがてインド思想史の全体が構成されるのであるが、インド思想史というものは他の文化圏における思想史と大して変わったものではない。

インド思想史を普遍的な人類の思想史の中に定着させる必要がある。インド思想史というものは本質的には西洋思想史やシナ思想史と異なったものではない。やはり同じような問題が論ぜられている。ウパニシャッドの哲人たちはソクラテス以前の哲人たち（Vorsokratiker）と同じようなことを論じている。つづいて現われた沙門たちはソフィストたちや諸子百家と多分に相似た思想をいだいていた。普遍的宗教としての仏教、さらにジャイナ教はヘレニズムの哲人たちやキリスト教、マニ教などと相似た教えを説いている。東西における中世的思惟の一致は驚くべきものがある。近代的思惟は西洋特有のものだと考えられているが、東洋にも決してなかったわけではない。

このようにたどって考えると、人類の思想史には一貫した流れがある。われわれは人類思想史の流れのうちにおいてインド思想史を位置づけなければならない。その手続きを踏むことによってインド思想史の特徴もくっきりと浮かび上がってくるであろう。

こういう視点からなされた研究は、やがて将来、必ずや新しいものを生み出すであろう。

言語、文学、社会などの方面ではすでに比較研究が着々と進んでいるが、思想の面では非常に遅れている。しかし思想面における比較研究を通じて将来新しいものが芽生えるであろう。西洋の比較思想論研究は、宗教の区別、文化圏の区別、伝統の区別に即して行なわれてきた。しかし将来新しい哲学を樹立するためには、これらの区別を無視して、同一の思想的問題に即して、諸宗教、諸文化圏、諸々の伝統にわたって論ずるのでなければならない。伝統は、伝統を破ることによって生きてゆく。そこで普遍的思想史を構成するのみならず、さらに諸々の思想形態を一貫する研究が必要となってきたのである。ニヤーヤ学派を研究することはやがて推論の本質を探究することになる。ヴァイシェーシカ学派の句義を研究することはやがてアリストテレースの十のカテゴリーの論と批判的に対決することになる。ヴァイシェーシカ学派がサマヴァーヤを想定したのは、実はプラトーン哲学の弱点をついていることになる。ここまで来るとインド思想とか西洋思想とか日本思想というような区別は乗りこえられてしまう。インド哲学の研究はまた今後の哲学の探求となるべき性格を持つことになる。

インド思想はあまねく人類に訴える性格をもっているために、世界諸国にその影響を及ぼしている。特に仏教は世界の諸国に影響を及ぼしている。もはや昔のように「三国仏法伝通縁起」として仏教を天竺とシナと日本だけのものとして片づけられる時代ではない。これにチベットを加えてもなお不十分である。現にソヴィエット・ロシアに仏教徒が現在なお存在していて、その人々がロシアの仏教徒の代表としてインドへ来たのに会ったのは、私の非常な驚きであった。反宗教の国ロシアに仏教徒がいる。アフリカではかつて今から千七、八百年前にアレクサンドリアの教父たちに仏教思想ないしインド思想の影響のあることは近年ベンツ（Ernst Benz）教授その他の学者の解明したところであるが、さらに仏教徒の群が少数ながらアフリカに残存していることを昨年知らされたのは、全く思いがけぬ驚きであった。アフリカの島国マダガスカル（Madagascar 別名 Malagasy 共和国）の大学教授の伝えるところによると、マダガスカルの島国に仏教徒が残っているという。国民の半数はキリスト教で、半数は原始宗教を奉じている。西北部には約七万人のイスラーム教徒がいるが、極く少数の仏教徒がいる。かれらはインドネシアからの移民の子孫である。インドネシアにはもはや仏教がなくなったのに、マダガスカルには僅かながら残っているという。こういう事実を考えてみると、インドないし仏教の思想は思いがけぬところに残っている。それは世界の宗教として現代の世界に対決を迫るものである。

インド思想は世界の他の思想潮流と多分に共通のものがあるとともに独自のものを持っている。それは内心のやすらぎをもたらし、人類に平和を実現するものである。

インド思想の研究は単に局地的な文化の研究ではない。それは将来の人類の進路に明るい光をともすものである。このことを象徴的に表現しているのが、インドの国宝第一号とみなされているグプタ王朝時代の仏像であろう。それは釈尊最初の説法の地サールナートで発見されたものであるが、慈悲溢るる柔和な温容をもってわれわれに向かっている。呼びかけるともなく呼びかけている。無言のうちにわれわれの心に温く迫ってくるものがある。ことに未来に向かってのインド文明の意義が集約的に表現されているといえよう。

インド思想の研究者の数は決して多くはないであろう。しかしインド思想の研究者は、無数に多くの、かげにひそんだ、多くの人々の期待の声に支えられているのである。諸君がそれぞれの方面において、わたくしの為し得なかったような仕事を遂行して、その目的を実現して下さることをお願いして、わたくしの講義を終わらせて頂きます。多年にわたって聴講して下さいました方々に深く感謝し、今後の諸君の御健康と御発展を祈ります。

一九七三年（昭和四八）一月二九日　東京大学法文経二番教室

人間理解の方法——「わかる」と「わからない」

土居健郎

[概説]「わかる」とは、どういうことか。医者であれば、患者の訴えをわかる、すなわち病歴をとるということが第一番にくる。しかし一方で、特に精神科にいえることだが、そもそも病気かそうでないかというところから決めかねることがある。そこで、まず「わかる」ということ自体からわかる必要が出てくる。精神医学者である土居は、幼児の最初の認知はファミリアとストレインジの区別であるというボウルビーの研究を参照し、「わかる」とは「馴染みがある」ということだと語る。この区別ではアイデンティティ（同一性）の認識が前提とされている。一方で大人の場合の「わかる」は、必ず問題設定を媒介する。つまりまずわからないことが見えてきて、その問題を解決することで「わかる」を増やしていく。講義は以上を踏まえながら、具体的な話を続けてゆく。診断名こそつくものの、そこからがわからないような具体的ケース。患者側が、医者から自分たちへの「わかる」をどのように想定しているかという点から診断と分類をみていく話。精神療法とは、患者の「わかろう」という気持ちを呼び醒ます指導なのだということ。馴染んだものに執着し、馴染まないものを否定する人間の傾向から集団思考の危険を指摘し、集団がクロスするような機構ができないと社会全体のバランスがとれないとの主張。精神科のさまざまな局面を貫くものとして、「わかる」という視座が重要になってくるのである。

本日、私の最終講義ということで、このように大勢の方にお集まりいただきまして大変名誉なことに思います。また、私の恩師でおられる笠松先生もおいでになっておられるとお聞きしまして大変光栄に存ずるところです。

例年、今頃私は医学科の学生に「面接」という題で話をしております。患者を診察するに当たっての、平たく言えば心得のようなことをお話しています。そしてやはり例年、今頃ですと保健学科の学生に、精神医療の中で精神療法というものがどういう位置を占めているかということについて話をする慣わしにしております。本日は医学科と保健学科の学生諸君を一緒にして以上の問題についてお話しようと思ったわけです。ただどうも「面接」とか「精神療法」ということではちょっと最終講義の題として味気ないような気がしましたから、妙な題をつけた次第です。しかし、これからお話することは特別新奇なことではありません。いつも私が考え、また書いたりしていることをお話するわけです。また何も私でなくても、誰でも言っているような、非常にありふれたことをきょうここでお話したいと思います。ですから私が話すことが果たして学問的なことなのかどうかもよくわからない、そういう話をいたします。しかし、私は主として学生諸君に向かって話をするのでありますから、ここにおられる学生でない方々には聞き苦しい点があるかと思いますが、その点はご勘弁をいただきたいと思います。

今日は「わかる」ということをめぐって幾つかのことをお話しようと思うのですが、「わかる」ということはそれこそだれでもやることでありまして、日常茶飯事であり、日常のコミュニケーションにおいて絶えず、わかったり、わからなかったり、わかられたりしているわけです。医者の場合はもちろんこのことが非常に重要でありまして、医者は患者に会って、患者がどういう訴えを持っているかを聞く、患者の訴えがわかるということがまず第一番ですね。そのことをわれわれの学生時代には「アナムネーゼをとる」と言いました。日本語では「病歴をとる」というんでしょうか、近ごろは英語を使って「ヒストリーをとる」というかもしれません。そういうふうに患者の訴えを聞いて、いろいろ話を聞いて、どういうことが問題かということについておおよその見当をつけて、それからいろいろ調べる。そして患者の病気がどういう病気であるかをわかろうと努める。これが医者の務めです。これはすべての科に通じて言えることだと思います。

ところで精神科はどうかということですが、精神科においても御多分にもれず、実は同じことが行われるわけです。すなわち患者の話を聞いて、どういうことが問題なのかわかろうとする。そしてどういう病気なのかをわかろうとする。ですから精神科もこの点は他科と変わりはないんだということができます。実は変わりがないと断言していいかどうか問題なのですが、しかし、要するに病気を探して、名前をつければいい、名前をつける、というとちょっと語弊がありますが、診断をすればいいので、それに尽きる、精神医学も医学である限りはそれに尽きるんだ、こういうふうな考え方も一方で有力にあるわけです。

しかしこれに対して、どうもそうではないんじゃないかという考えもあります。実をいいますと、精神科に限らずほかの科でも、内科であれ、外科であれ、耳鼻科であれ、ほかの科でも果たして病気が何であるかということを探し出して、病気に名前をつければそれで自動的に治療が決まるというものではないんだと思うんですね。よく皆さん聞かれるように、病気を治すんではなくて病人を治すんだということを言うでしょう。ほかの科でもそうなんですが、ほかの科ですと比較的単純に、少なくとも傍目には病気が病気として病人とは別のものとして見えて来るところがあるんですが、精神科はなかなかそう単純にいかないところがあります。大体、何が病気かということを決めることがしばしば非常に困難です。これは皆さんお聞きになったことがあると思うけれども、よく言われるのは、「病気か性格か」という問題です。素人も言うことですが、専門家の医者ですら言う。そういうふうに病気か病気でないかという判断に医者はしばしば迷う。皆さん実習に行かれたらそのことを経験するでしょう。あるいはご自分が経験するんじゃなくて、自分の先輩の医者を見ていて、医者が迷っているのを経験するでしょう。そういうふうに精神科では病気か病気でないかということをなかなか決めかねることが多いのです。

それから病名の診断でもしばしば困難を感じているんですね。もちろんほかの科では診断に骨折らないとは申しませんが、精神科におけるほどには骨折らないのではないか。精神科では、これも皆さん実習に行かれれば経験されると思うけれども、ときどき医者によって診断が違う、こういうことが起きます。また、鑑別診断、これも教科書に書いてあるとおりですと非常に簡単に聞こえるんですけれども、実際には鑑別がなかなかむずかしい、鑑別が不可能である、こういう場合も出てきます。

それから場合によっては、厳密にいって病気とは言えないかもしれないが、しかし医者がそれを扱うということがあります。いまは専ら医者の話をしていますが、保健学科を出て精神衛生の専門家となる場合でも同じことです。とすると厳密にいって、病気とは何かということが問題になりますが、このことは今日は論じないことにして、ともかく病気とは常識的には言えそうもないけれども、しかし医者が世話をしなければならない、こういうことが出てきます。こういうことから精神科ではどうもすべて判然とは割り切れないことがおわかりでしょう。ただ病気があるかないかを判断して病気の名前をつけるということだけでは済まないわけです。御承知のように精神科では、結局、精神症状、精神現象を問題にするのであって、いいかえれば心の問題なんですね。精神科は心の病気を問題にするのでむつかしいのです。ですからただ病気があるといっただけでは済まないので、病んでいる心をわかろうとすることが非常に重要になってきます。そこで「わかる」ということについて幾つかのことを話してみようと思ったわけです。

まず「わかる」とはどういうことかということをわかる必要があるでしょう。「わかる」というのは一体全体どういう心の働きなのか。皆さん、わかると気持ちがいいですね。わからないと気持ちが悪い。それから「土居の話は聞かなくてもわかる」と言えば、「もうわかっている」、こういうことですね。しょっちゅう聞いているからわかっている。あるいは、「土居の話はさっぱりわからない」ということもできる。結局、「わかる」ということは「馴染みがある」または「馴染める」ということなんだろうと私は思います。したがって、「わからない」というのは「馴染みがない」、「馴染みがある」と「わかる」とは大体イコールではないか、このように私は考えます。言葉の使い方を検討してみるとどうもそう思われます。

いま言葉の点から入っているわけですが、ちなみに「わかる」という日本語の言葉ですが、これはご存じのように「わける」「わかれる」「わかつ」などとともに、すべて同根の言葉ですね。「わけがわからない」という場合の「わけ」もこの「分《ワ》く」の連用形が名詞化したものです。そこで「わかる」というのは、「分ける」「区別する」

「別れる」もそうですが、区別のニュアンスを持っていることになります。「わからない」という場合は、曖昧模糊として区別がつかないわけです。そういう曖昧模糊としてわからないところから「わかる」ものが出てくるわけですね。「ああこれだ」「これなら知っている」、「わかる」というのはそういう意味内容を持つ言葉のように思われます。

これは日本語の「わかる」という言葉について考えたんですけれども、外国語でも大体似た意味があるんじゃないかと思います。「わかる」という言葉は大和言葉ですが、精神科の医者ですと普通「了解」という言葉を使います。「了解」というのはドイツ語のフェルシュテーエン（verstehen）の訳語であって、いま私がのべている問題は、ドイツではフェルシュテーエンデ・プシコロギー（verstehende Psychologie 了解心理学）と言われて来た問題に相当します。この「了解する」――フェルシュテーエンというのは、ある字引きで調べたんですけれども、ディヒト・フォル・エトヴァス・シュテーエン（dicht vor etwas stehen）ということなんです。ということは、ある事柄に、ディヒト（dicht）に、接近して、立っているということなんです。ですから先ほど言ったようにこれは「馴染んでいる」ということですね。私が調べた字引きはドイツ語の普通の字引きではなく、ヨハネス・ホフマイスター（Johannes Hoffmeister）のつくった哲学的概念の字引きで調べて知ったことです。したがってフェルシュテーエンという場合には、フェルシュテーエンされる対象と常にインネレ・フェルバントシャフト(die innere Verwandtschaft) すなわち類縁性・親和性（英語ではアフィニティ affinity)を前提とすると書いてあります。だから遠いものは理解できないのであって、近いものがフェルシュテーエンされる。結局「馴染む」ということですね。このようにドイツ語で考えても、「わかる」ということは「馴染む」ということと同じ語感を持っているといってよいのだろうと思います。

同じことが英語でも言えます。「わかる」に相当する英語はアンダスタンド(understand) ですね。これは読んで字のごとく「下に立つ」ということです。やはり近いところにいるということです。馴染んでいるということです。ですから「フェルシュテーエン」といい「アンダスタンド」といい「わかる」といい、言葉のニュアンス、言葉が伝える意味は非常に近い。「馴染んでいる」、こういう意味であると結論して間違いではないだろうと思います。

英語にはもう一つおもしろい用法があります。目の前にアメリカ人が一人いるので、間違っているとちょっとまずいんだけれども、ブリング・ホーム (bring home) というい方があります。日本語に直訳すると「家に持ってくる」という意味です。しかしこれを「わからせる」意味で使います。たとえば Today, I am trying to bring home to you the basic methodology of clinical psychiatry. と言ったとすれば、それは「きょう私は皆さんに臨床精神医学の基本的方法論をわからせようと試みています」ということです。だから「わからせる」ということはブリング・ホーム、「家に持ってくる」、「近づける」、「馴染ませる」という意味ですね。

そこでまだ、もう少し「わかる」話をしなければなりませんが、最後まで「わかる」話をするんですけれども、「わかる」ということが「馴染みがある」ことであるとしますと、ここに一つおもしろい研究があるんです。この研究も、結果だけを聞くと何ということはないんですけれども、これは発達心理学の領域の研究です。

その研究の代表者はジョン・ボウルビー（J. Bowlby）というイギリスの精神科の医者で精神分析家です。もうかなりの年配ですけれどもご存命です。私は会ったことはない。この人は私の大変好きな学者なんです。私は普通精神分析医と言われているし、別にそうじゃないと言ったことはありませんけれども、精神分析医にもピンからキリまであるんですね。精神科の医者にもピンからキリまである。だから好きな人と余り好きでない、きらいな人がいる。ボウルビーの仕事なんかは私は大変好きです。このボウルビーとボウルビーの仲間たちがやった乳幼児についての研究があります。そしてその研究によりますと、幼児の最初の認知というものは、ファミリア（familiar）とストレインジ（strange）を区別することだというんです。この区別の認知を乳児は大体生後四カ月にはもうできるようになっているというんです。これが最初の認知らしい。この認知はその後非常にシャープになっていく。そして生後九ヵ月ぐらいになると、ストレインジな者に対して明らかな恐怖をもって反応するようになる。こういうことがいろいろな実験的な観察によって確かめられています。

これは先ほど言ったように、何ということはないのであって、普通の母親でも知っていることですね。大体ある時期がくると「この子は母親がわかる」と言い出します。これはファミリアとストレインジの区別です。そしてやがて見知らぬものに恐怖をもって反応する。すなわち人見知りですね。まあ、昔の人が経験を通して知っていたことを学者というのはずいぶんお金と時間をかけて研究するものじゃないかという一つのよい例ですけれども、しかしその事実がこういう研究によって確実に明らかにされています。この点は、たまたま私にも孫がいますが、去年の夏前に内孫が生まれたので、つぶさに観察してみましたが、明らかにそうですね。生後一ヵ月過ぎた頃からすでに認知が始まっているように思いました。もちろんまだ母親ということはわからない。けれども住んでいるところが変わると子供はそれに敏感に反応して何かと落ち着かなくなるということがはっきり観察されました。もっともこれは孫が住居の変化に直接反応しているのか、住居の変化に反応している母親に対し反応しているのかはわかりませんが。

ところで以上紹介して来たボウルビー等の研究は、動物行動学（エソロジー

ethology）の方で言われているインプリンティング（imprinting）という現象と同じものなんです。インプリンティングというのは、これは有名なコンラッド・ローレンツ（K. Lorenz）が最初に言い出したことですね。皆さんご存じだと思う。ボウルビーが観察し研究した現象、そしてすべての、普通の母親ならば知っている事実は、実は人間におけるインプリンティングであると考えてよいのであります。

ところで一番興味があることは、動物のインプリンティングに相当する現象が、人間においては知的発達の始まりだということです。この点が非常に私はおもしろいと思うんです。ではなぜそうかといいますと、ファミリアとストレインジの区別がわかるということは、あるものがファミリアであるという認識があるわけですね。あるものがファミリアであるという認識は、同じものが昨日も今日も――子供にはまだそういう概念はないけれども「前にあったものがいまもそこにある」という認識がなければ成立しません。これは少しむずかしい言葉で言えばアイデンティティ（identity）の認識です。

アイデンティティというのは、最近は専ら「青年のアイデンティティ」というエリクソンが使い出した意味で人口に膾炙しましたが、もともとは古い哲学的な用語でもあるわけです。すなわち物の同一性という意味です。したがってファミリアという認識が生まれるためには、同一性の認識が前提されているといえます。そうでなければファミリアという認識は生まれない。もう少しそこをひねれば、物というものが本当は、本当はという言い方は変なんだけれども、昔のギリシャの哲人がいったように、「万物は流転する」のであって、すべての物は本当は少しずつ変わっているらしいんだけれども、しかし人間の認識のためには同一ということが絶対必要であって、同一性というものを前提としなければ物の認識は生まれないんですね。このように哲学的な議論もできるわけです。

一昨日、草間教授の話で、「哲学は便所の中でするものだ」という小川名誉教授のご託宣を聞きましたが、きょうはこの講堂でちょっと哲学めいた話をして、講堂と便所を一緒くたにして申しわけないんですが、ともかく「馴染む」ということは簡単なようで簡単ではない。「馴染む」というと非常に簡単に聞こえるけれども、「馴染む」ためにはそこに知的な作用が起きている。少なくとも人間の場合はそういうことが言えます。なおそれとともに、私がこれまで自分の研究の中心的概念として使っていた「甘え」もまたこの時に始まるということができます。「甘え」というのは一次的には、馴染んでいる状態の時に起きる感情であり、二次的にはこのような感情を経験したいという欲望ですが、今日はあまり「甘え」について論ずることはしないで、先をいそぐことにしましょう。

次に「わかる」ということをさらに掘り下げてみたいと思います。以上のべて来たことは、「馴染む」ということは「わかる」ということであり、わかるのは対象のアイデンティティが前提されているからであるということでした。そこでもう少しその「わかる」ということを吟味しますと、なぜ同じものだとわかるのかという問題が出て来ます。

たとえば、いろんな人を引き合いに出すと悪いので佐藤助教授を引き合いに出すと、遠くに佐藤助教授が歩いていても、ぱっと見て、ああ佐藤さんだとわかる。じゃあどういうところを見たから佐藤さんだとわかるのか。まず顔でわかる。しかし顔のどこを知覚したから佐藤さんだとわかったのか。これは口では説明できない。これはフィジオグノミー（physiognomy）の問題です。このように「馴染む」という心理作用は考えれば考えるほどおもしろいんで、「わかる」ということ自体がちっともわからないところがある。何かを知覚してあることを認識する場合、その何かを言葉で表現することができない。その何かを目安としてあるものを認識しているのだが、何かを言語化することに抵抗がある。馴染むことによってわかっている場合はいつもこのような構造をとるということができます。

これはもう一つ別のよく科学者が使う言葉で言えば同定ということです。これは英語でいえば、アイデンティフィケーション（identification）。アイデンティフィケーションにはもう一つ別の意味がありますが、これはすぐ後で説明します。ともかくアイデンティフィケーションのもともとの意味は同定、あるものをあるものとして認めることです。これを近ごろの少しハイカラな言葉で言えばパタン認識と言ってもいいですね。遠くから見ても、佐藤助教授の顔にあるパタンがあって、それは言葉では言えないけれども、私の網膜に映ると瞬間に、ああ佐藤君だと、こうわかるわけです。このような認識の構造を最近非常にきれいに分析した学者がいます。ぼくの好きな学者だから名前を言いますと、マイケル・ポラニー（Michael Polanyi）です。多分名前からしてハンガリー系の人でしょう。はじめに医学とか物理化学をやって、それから後に科学哲学とか心理学なども研究している大変な学者です。たしかいまアメリカにいると思います。私が参考にしたポラニーの本は、*Personal Knowledge* と *The Tacit Dimension* ですが、ここでは殊に後者です。彼は「知る」ということの中に言語化されない暗黙のものが含まれている、ということを非常にきれいに分析してみせた人です。

ところで、「わかる」ということはだんだんふえていきますね。子供の発達にそのことが見られます。初めは母親しかわからない。しかしそのうちそれ以外のものもわかっていく。だんだん発達していくわけです。このように「わかる」ことがだんだんふえていくということをどう理解したらいいかという問題があります。要するに「馴染み」がふえていくといってもよい。この点についていろんな人がいろんなことを言っている。ぼくはそれほど専門家ではないのでよくわからないんですけれども、最初に馴染んだものと同類のものに馴染んでいくということも言えるでしょう。同類のものに馴染んでいくということは、そこに「類」という概念がはっきりつくられていくということですね、思考作用として。これは渡辺慧《さとし》さんが『認識とパタン』という本に書いていることですが、クラスタリング（clustering）、といってもよい。要するに類を創造することによってわかることがふえていくわけです。

このプロセスは対象が人間の時には、甘えられる馴染みの範囲がふえていくということであって、これを同一化と言います。これは場合によっては同一視とも言われます。これが先ほど言ったアイデンティフィケーションのもう一つの意味です。同定と同一化。この二つは実は本質的には根は同じなんです。対象が人間の場合には同一化、人間以外の場合は類の創造による同定、こういう形で「わかる」ことがふえていく、このように考えることができます。

次にこのプロセスをもう少し考えてみますと、幼児の場合は初め母親しかわからない。しかしだんだん類がつくられ、あるいは同一化が起きて、わかる範囲がひろがると考えられますが、子供の場合じゃなくて大人の場合はどうでしょうか。本質的には同じことだと思います。たとえば、医学校へ入ったときは、ほとんど何もわかっていないが、卒業するときは少なくとも知識だけはふえている。しかしまだ本当にはわかっていないが、専門家になって、実践を通しもっとよくわかるようになる。ここまでは同定と同一化ということで説明がつくのですが、しかしいうなれば研究的なわかり方、つまりこれまで未知でわからなかったことがわかるというのはどういうことかということになるとちょっとむつかしい。結局、わからないことの中に、ある問題を見つけ、その問題を解決することによって「わかる」ことがふえていくわけです。ですからまず、何がわからないかが見えて来ないとだめなわけです。そして初めは何もわからず曖昧模糊としているのですが、そこに何らかの問題が見えてくると、その問題を解決するという形でわかるようになる。こういう形で人間の認識というものがふえていくんだ、こういうことが言えると思います。「わからない」というものがすぐ「わかる」ことにはならない。必ずそこに問題設定がないと「わかる」ことにならない。

ではどうやって問題が出て来るのか、この点はそれこそ説明困難です。どうやって問題を発見するのかという問題です。しかしこれ以上言うと余りに哲学めいた話になるからやめましょう。ともかく「わからない」ということがすぐ「わかる」ようになるんじゃなくて、必ず問題設定を媒介としないと「わかる」ところまではいかない。

それからもう一つ大事なことは、人間の認識というものは、どんなにわかっても必ずわからないところが残るということです。これはどうも人間の認識の根本にあることのようで、わからないことがいっぱいあって、だんだんわかって人間の知識がふえていけばわからないところが減るかというと、そうではないらしい。むしろわからないことがふえていくとも言えるわけです。非常に単純に言って、初めわかるところが小さな円であるとすると、あとはみんなわからないんだけれども、わからないという意識は円の周辺だけです。しかしわかる円が大きくなると、円周も大きくなりますからわからない部分も大きくなってしまう。ともかくわかればわかるほどわからないところもふえていくということができます。おそらくすぐれた研究者はすべて同じような思いを持つのではないでしょうか。

基本的な話はこれくらいでやめて、もう少し精神衛生らしい話をしたいんですが、もう一つだけ最後に言いますと、ここに有名なディルタイ（W. Dilthey）の言葉があるんです。"Die Natur erklären wir, das Seelenleben verstehen wir."「自然をわれわれは説明するけれども、精神生活というのはわれわれは理解するんだ。」フェルシュテーエンというのは、精神現象にだけあてはまり、自然現象の場合は説明するんだということです。すなわちこの二つは方法論的に別なんだということを言い出したのがディルタイで、それを受け継いで発展させたのがかの有名なヤスパースです。

ヤスパースというのは精神科関係でない方はご存じないかもしれないが、もともとは精神科の医者で、後に哲学者になった人です。そして日本の多くの精神科の医者はヤスパースの呪縛にかかっているんです。しかし、私はヤスパースの言うことは間違っていると思います。もちろん自然科学と精神科学、ないし社会科学はテクニカルには違いがありますけれども、わかるということは本質的には同じなんじゃないか、こうぼくは思うし、ぼくが思うだけじゃなくて、ヤスパースがこういうことを言い出したときからヤスパースに対する反論はドイツでもあった。ドイツでもあったけれども、その反論は日本に入ってこなかった。ヤスパースだけ入ってきた。こういってよいと思います。

以上のべたことを明らかにするために一つ具体的な例をあげてみましょう。また草間教授を引き合いに出して申しわけないけれども、草間教授は私と中学一年から同級でよく知っていますが、講義を聞いたのはおととい生まれて初めてです。ところが驚いたことに話し方が実に整然としている。草間教授はぼくのようにメモを見ながら話すんじゃなくて、背中を後ろに向けて、スライドを写したのを棒でさしながらとうとうと弁じました。もう何の言いよどみもありません。文章も非常にきちんとしていまして、ちゃんと主語もある。非常にりっぱな話し方でこんなにりっぱな話をするとはぼくは思っていなかった。ところが聞いていてさっぱりぼくにはわからない。それはなぜかということです。後で学生時代の古い写真を見せましたが、そこはわかった。古い写真を見せながら思い出話をするところはそれほど話し方がうまくないのですが、よくわかる。しかし自分の専門の話をするときは話し方が非常にりっぱで、そのまま速記しても論文になるぐらいだと思うのですが、よくわからない。だから説明の仕方がまずいからわからないんじゃないんですね。じゃなぜぼくはわからないか。馴染みがないからわからないのです。いま仮にぼくが草間教授のところへ弟子入りしたら、何年かかるかわからないけれども、わかるようになるかもしれない。このように精神現象と自然現象の場合のわかり方は決して違わないと思うんです。草間教授の学問は形態学だけれども、形態学でない、もっと数学を使う自然科学の場合でも、同じことだろうと思います。

たとえば、ニュートンは万有引力でもって天体の運動を説明したのであって、わかったんじゃないのかというと、やはりわかったといってよいと思う。だからこそリンゴが落ちて引力がわかったという逸話が生まれたんです。同じことがアインシュタインについても言えるでしょう。彼らにとっては自然現象は馴染みやすいもの、馴染めるものだったのでしょう。ぼくには彼らが馴染んだものに馴染めないからさっぱりわからない。こういってよいと思うわけです。

少しおしゃべりが過ぎましたが、「わかる」ということについての基本的な考察はこれくらいにして、次に臨床的なことについて話をしてみます。

先ほど言ったように、われわれは患者を見てわかろうとするわけですね。その場合に、もちろんどういう病気かということをわかろうとするという点もあるし、さらに進んでもっとわかろうとします。そこのところを例をあげて説明してみましょう。詳しいことはもちろん省いて肝心なところだけ説明していきます。

大体五十代の、ある有名企業の高給社員がやってきました。どういうことかというと、一口で言えば強迫症状です。彼は、毎日、新聞をいくつも全部買わずには済まない。朝刊、夕刊。しかも買った新聞は捨てられないんだそうです。ぼくは彼のうちへ行ったことがないけれども、部屋じゅう新聞だらけだそうです。そういう症状がある。それから朝、出勤前に駅のところまで自動車を飛ばして、駅のそばにある自動車の番号を全部控えるわけです。それをしないとともかく出勤ができない。それから会社の帰りにインベーダーをやる。そのインベーダーをやって、それがなかなかやめられないわけです。いつまでもやっている。もう疲労困憊するんだけれども、しかしやめられない。これはりっぱな強迫症状なんです。不安に駆られての症状です。こういう症状がいつから起きたかというと、比較的最近というか、二、三ヵ月の間のことだそうです。

彼は以前あるところで支店長をしていました。つまり将来を嘱望される人だったんだそうですが、前から腎臓が悪い。それが悪化して腎透析をしなければならなくなってから、急に強迫症状がぐっと出てきたわけです。この人を専門家の医者が診察すれば、強迫症状だということは、すぐわかるんですね、不安が強いこともちろんわかる。それから症状は腎透析を始めるようになったことに引き続いて起きているんですから、これは腎透析を始めたことに対するレアクションであろうということもいってよいと思う。しかし、わからないのは、なぜ腎透析をすることになったら強迫症状が起きたのか、腎透析をすることになって、もう自分はいよいよだめだと思って、悲観してうつ状態になったというのならもう少しわかりがいい。けれどもこの人は、全然うつ的なところがないわけじゃありませんが、うつ状態にはならないで、なぜ重篤な強迫症状を起こしたのか、そこのところがわからない。

実はこの人には、以前にも同じようなことが起きています。さかのぼると二十年前、彼が最初に腎臓に問題があると医者に言われたときから神経症が発している。初めは乗り物恐怖という形で起きている。それがだんだんひどくなって、先ほどいったような強迫症状も当時出ています。彼はそれで二年間ぐらい治療を受けて一時症状はよくなりました。そしてその後十五年間は普通に何とか仕事をして高給社員として暮らしていたわけです。それが透析が始まってから急に症状が悪化してきた。その点は最初の場合と似ているわけですね。

そこで問題は、なぜこの人は腎臓が悪い、体に病気があると言われて強迫症状を起こしたかということになります。ここがわからない。そこのところを精神科の医者はわかりたい、わかろうとするわけです。その結果どういうことがわかったかというと、この人はいい年をして……といっては失礼なんだけれども、白昼夢にふける癖がある。どういう白昼夢かというと、自分はひょっとしたらオリンピックに出られるぐらいのスポーツ選手になれる、あるいは、自分はひょっとしたら世界的なヴァイオリニストになれる、など、大体芸能関係とスポーツが主ですが、そういうファンタジーを持っている。この癖は若いときからであって、大人になってからもそのファンタジーが続いているんですね。子供のとき持つというのは珍しくないけれども、五十にもなって持っているというのは、これはちょっと珍しいでしょう。彼はもちろんそれがファンタジーだということは知っています。知っているけれども、所在ない場合にそういうファンタジーにふけることによって気晴らしをしているわけですね。そういうことは発病前からのことですが、そこでこのことと発病とどういう関係にあるかというと、彼は以前からフラストレーションがあると白昼夢で紛らしていたのですが、腎臓が悪くなってからは白昼夢だけでは紛らし切れなくなって、強迫症状で足らないところをカバーしているということが明らかなのです。彼自身の言葉で言えば「自分は心の空隙を埋めるためにこういうことをするんだと思う」といっています。

しかし、また次のような問題も出て来ます。一体なぜ彼は白昼夢にそんなにふけったのか。それがなぜこの年まで続いたのか。この問題に答えることがまたむずかしい。この人は母親が早く死んでいます。母親が死んだ後は姉さんたちに育てられている。

またそのころに大衆文学に読みふけったといいます。そしてヒーローと同一化している。末子ですが、頭がよくて兄弟じゅう、一番できるんで、父親の自慢の子であったともいいます。こういう事実と白昼夢の性癖はおそらく関係があるだろうということはわかりますが、それ以上はなかなか分析が進まない。以上は、わからないところを見つけて、そこにある問題をわかろうとする一つの例としてあげました。

次の例は、外来の症例検討会に出た患者で四十歳の独身の女性です。どういうことが問題かというと、だいたい十年ぐらい前から年に三、四回、何をするのもいやになってふさぎ込んでしまう。彼女の言葉で言うと「冬眠したくなる」。そしてだれにも会わないで、仕事もしないで、何をするかというと、ウィスキーを飲む。まあ一日に一本くらいですか、それを二、三週間続ける。そうするとまた働くようになる。こういうことが十年この方続いている。こういう患者です。この場合も診断はわりあいに早くついたようです。ときどき大酒を飲むのをディプソマニア（Dipsomania）というんです。精神科では何でもちょっと言葉にするとわかったような気がするんですが、本当はただ名前をつけただけのことですけれどもね。それから、ふさぎ込んで、ゆううつになるのですから、ディプレッション（depression）といえる。これもすぐわかることですね。しかし、なぜそうなったのかはよくわからない。

この人は、医者が詳しく話を聞いた結果では、母親と折合いがよい。父親とは非常に仲が悪い。両親と一緒に暮らしているわけです。仕事はデザイン関係とでも言いましょうか、十年この方そっちの方で独立した仕事をしている。父親との間に一つのエピソードがありまして、それは彼女が十九歳のときに父親が浮気をした。そのことがバレて、もちろん患者の母親はショックを受けたでしょうけれども、患者自身がひどくショックを受けたという事実がある。このことがある程度彼女の運命を変えたといってよい。しかし彼女は、現在は父親を問題にしていない。彼女の言葉でいえば「自分は父親を卒業しちゃっている。いまの病気と全然関係ありません」と、こう言っているわけです。

そうすると、彼女の症状はわかるし、名前をつけることもできるし、家庭に問題があるということもわかる。症状と家族関係とは関係がありそうなんだけれども、患者はそれを否定する。そこでよくわからないということになるんです。

では、そこをどうするかということですが、私はその症例検討会に出ていて、こうだろうと思ったんです。この人は父親と仲が悪いというけれども、もともと悪くなかったんじゃないか。これはぼくの想像、スペキュレーションです。父親が彼女が一九歳のときに浮気をして、それから悪くなったというが、父親の浮気にそれほどショックを受けたのは、前は関係が悪くなかったからにちがいない。こう想像するわけです。

それから彼女が独立して仕事を始めてからどうも二人の関係は一層悪くなったらしい。というのは、彼女は「父親を卒業した」というけれども、これは「父親を見捨てた」ことを意味しているのだろう。そしてそれに父親が反応しているのだろう。こういうふうに私は想像したわけです。要するに問題をつくって実際に彼女に当たってみました。するとどうも私が想像する通りであるらしい。彼女はしばらく考えてから、そう言われればそうだ、確かに自分は父親を見捨てていたんだ。実は自分は父親と関係を持ちたくないと思っているけれども、父親はどうも自分を好きらしくて、他人には自分のことを自慢している、大体もともと自分と気性が合っていた、そして母親を父親が裏切って浮気をしたときに、実は自分自身も裏切られた気持ちになったんだと、こういうことを認めたわけです。このようにこの場合にもまずわからないところをまず探し出して、わからないところに問題を設定して、それをわかろうとする。こういうことを面接ではするわけです。

もう一つケースを話してみます。これは二十一歳の男子です。つい最近赤レンガの病室へ入った患者です。この人は三年ぐらい前から、妄想と言っていいですね、自分の考えが他人に伝わってしまう、テレパシーで伝わる、こういう気持ちをひそかに持っていたわけです。しかしそれはだれにも言わないから家族の人はわからなかった。

ところがたまたま就職のことが問題になって家族がそのことを話題にしたときに、本人は「いや、実は自分のことはすぐ人にわかっちゃうから、就職試験を受けても落ちるよ」といったので、家族が急に、これは大変だ、病気に違いないといって連れてきたわけです。

話を聞いてみると、こういうことです。大体三年前、大学に入った当時、アルバイトに行った。コンピューター関係のアルバイトです。そしてそのときに失敗して注意された。その後、悪口をいわれだしたので、何とかそれを止める方法がないか、テレパシーか何かで止められないかと思っている中に、本当にテレパシーが起きて、しかも自分がこういうことを言ってやりたいと思っていることが本当に相手に伝わるようになった、というのです。このようにして病気が始まったらしい。そこでもう少し聞いてみると、この人は高等学校時代に、一種の失恋ですが、女の子を好きになって追っかけたけれども振られ、振られた後にみんなから少し冷やかされたことがある。どうもこれは事実のようです。またそのうちに「あいつはうちが金持ちだから女を騙す気だろう」というふうにうわさされるようになった。実際にそう言われたんだというんです。その時はしかしテレパシーは起きていないし、一時限りでこのことは止まっている。ところでこの人はもちろん病識はありません。しかし身だしなみはよく何も精神科のことをご存じない方は、果たしてこれが病気かと思うようにきちんとしている人ですが、まあ分裂病と診断せざるを得ない、そういう患者です。

ところでこの場合も、いま言ったようなことはすぐわかる。分裂病と診断するところまではわかる。しかし、なぜこの人はテレパシー、自分の考えが外へ伝わるというふうに思うようになったのか、これはちょっとわからない。病気だとしか言いようがないのであって、この点に関して問題設定をすることは容易ではないでしょう。けれども、なぜこの人間はそんなに他人のうわさに敏感なのかと問うことはできる。人に何と言われても平気な人もいるんですね。皆さんの中にもたくさんいるでしょう。とするとこの人はなぜそんなに敏感なのか。こういうのをわれわれの方でセルフ・エスチーム（self-esteem）が低いと言います。セルフ・エスチームというのは字引きを見ると「自尊心」とか「自重心」とか訳されていますけれども、ちょっとそれでは不足ですね。むしろ「自負心」に近い。あるいは「矜持」といいますか、もっとやさしい言葉で言えば「うぬぼれ」に近いんです。「うぬぼれ」というと悪い意味ですけれども、ここにいる人は、まあ東大関係者はたいていうぬぼれが強いんですね。ところがどうも分裂病になるような人はもともとセルフ・エスチームが低い。じゃあなぜだろう。なぜこの人は低かったのか。そのような観点から見ると多少わかってくることがある。彼は三人兄弟の真ん中で、小さいときからあまり親との交流がなかったそうです。ほかの家族から浮き上がっていた。こういうことがわかる。そうすると、そういう家庭環境で育ったことがこの人のセルフ・エスチームが低いことと関係があるだろうということはいえそうな気がする。じゃあなぜ今度はそういう家族関係になったかということになると、今度はまたわからない。一体もともとの素質、何か遺伝学的かなんかでこの人の性格がほかの親と、また兄弟と違っていてうまくフィットしなかったのか。フィットというとハイカラだけれども、相性が悪かったということですね。そのためなのか、それとももっとほかに具体的な理由があるのか、そこまではまだわからない。こういうふうにして精神科というものは患者を見ながらわからないところを探してわかろうとしていく。こういうことを申し上げたくて以上三つの例をあげたのです。

あと、時間があまりありませんが、最後に三つほどお話をします。

第一は、診断と分類に関することです。診断と分類は私の専門でないから詳しいことを言えないけれども、私の臨床の経験の上で、自分でこう考えると非常に便利だという考え方があります。それは先ほど言ったように、自然科学は同定の意味でのアイデンティフィケーションが基礎ですが、精神医学は同一化のアイデンティフィケーションが要るわけですね。あるいは同一化を使って同定するといってもよい。なぜそうかというと、われわれが世話をする相手もわれわれと同じ人間だからですね。われわれと同じように、わかったり、わかられたり、そういう人間だからですね。

そこでこういうふうに考えると非常に都合がいいんじゃないかと思うことがあります。すなわち神経症群の人は「わかってほしい」という気持ちを持って医者のところへ接してくる人たちである。こういうふうに理解すると非常にわかりやすい。もっとも患者が何をわかってほしいかということは、本人自身もよくわからないんだけれども、まあ苦痛をわかってほしい、と考えてもいいでしょう。それからパーソナリティ・ディスオーダー（人格障害）の人は、わかられたくないという気持ちをひそかに持っている。自分の弱点、自分のくせといってもいいけれども、そういうものは秘しておきたい、それが出ることを恐れている、こういうことのように思います。それから躁うつ病の人は、わかられることを期待しないことが特徴的です。躁病でもうつ病でも典型的な場合には自分を説明しようとしないですね。しかし躁病の場合は目立つから問題はありませんが、うつ病の患者をときどき見落とすことがあるのは、彼らは自分の気持ちを進んで説明しようとしないからです。相手が自分の苦痛をわかるとは思わないわけです。もっともディプレッシヴになってもニューロティック・ディプレッション（neurotic depression）という場合には自分の気持ちを訴えます。けれども、本当の、という言い方は変なんだけれども、大体本当に苦しい人間は余りものを言わないものですね。これは皆さんもそういう苦痛を経験するとわかるんじゃないですか。

ともかくうつ病の患者は医者が注意していないと、専門家でもよほど注意しないと、しばしば見落とします。

ところで分裂病の人は、これからいうことは私の標準なんで、これが万国共通という意味ではありませんよ。どうも分裂病の人は自分の心が自分の意志に反してわかられているという風に信じるらしい。先ほど挙げた例がそうでした。それを従来は思考伝播とか考想察知とかいう言い方で表現しますけれども、私はこのところが一番主要な分裂病のメルクマールではないかと思っています。しばしば面接している患者が「先生、ご存じなんでしょう」というふうに反応することを多くの精神科医は経験していると思います。

次に、図1の真ん中に書いた輪は、ただ「わかっている」と記されていますが、これが曲者なんです。なぜかというと、さっき言ったように、本当にわかるためには「わからない」というところを一辺くぐらないと「わかった」ことにはならない。「わからない」ところから区別されて「わかる」というのが出るんです。ところが非常にしばしば、漠然と、「ともかくわかっている」、「絶対そうなんだ、何といったってそうなんだ」というわかり方をする場合があります。──いうなれば妄想的です。そしてそういうわかり方をする人たちを従来の言葉でパラノイア（paranoia）と呼んでもいいでしょう。なお図の中でそれぞれの輪が重なっていますが、これは精神科の主な診断は、どうも疾患単位の診断じゃなくて、類型診断だから重なるんです。そこから当然、最近しばしば論じられる境界例というものが出てくることがおわかりでしょう。なお以上のべたような診断の仕方は、ドイツの有名な精神病理学者クルト・シュナイ

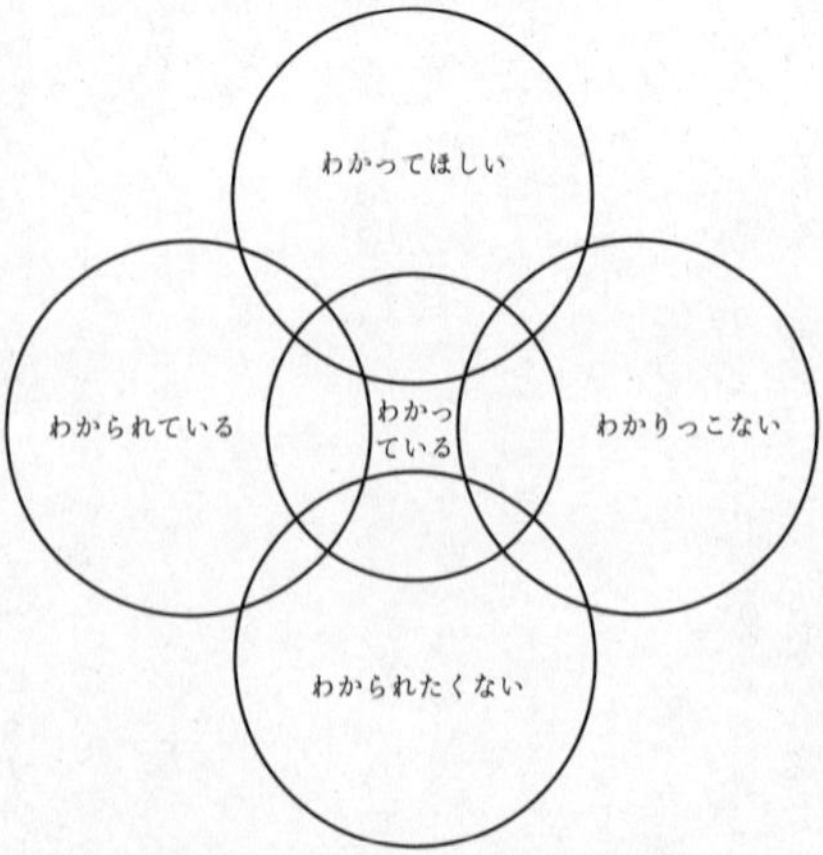

図1　筆者の用いている分類方法

わかっている＝パラノイア圏
わかられている＝分裂病圏
わかりっこない＝躁鬱病圏
わかってほしい＝神経症圏
わかられたくない＝精神病質圏

(「方法としての面接」〔医学書院〕より)

ダー（Kurt Schneider）のいう「関係による診断」に相当するということができます。もっとも内容的には以上のべたことをシュナイダーがいっているわけではありません。

精神療法について説明する時間がなくなりましたので、一言だけ申しますと、精神科的な問題を持っている人はすべてパッシヴ（受身的）であるということができます。自分から「わからない」と考えたり、そのために「わかろう」とするというところがないんです。そこでわれわれ医者ないし精神衛生の専門家として患者に働きかける際に一番大事なことは、彼らの心に自分から「わかろう」とする気持ちが呼び醒まされるように指導することとです。しかしそのためには「わからない」というところがまずわからないと困る。精神療法の勘所というのは結局そこなんだろう、こういうふうに私は考えています。

次に、いまただ「わかる」ということだけでは非常に危険であると言いましたが、このことについてオイゲン・ブロイラー（E. Bleuler）という有名な精神科の医者の言葉を紹介したいと思います。彼は分裂病という名前をつくった人で、またいまはもう人口に膾炙している自閉症という言葉がそこから出て来た自閉思考（das autistische Denken）の概念を最初につくった人です。この人が晩年に“Das autistisch-undisziplinierte Denken”と題した本を書いています。英語でいえば“The autistic undisciplined thinking、日本語でいえば「自閉的生半可な考え」、半可通の考えですね。彼はこの本で何を言おうとしたかというと、分裂病を論じているんじゃないんです。普通の人間がいかに生半可なわかり方をして平然としているか、医者も御多分にもれないということを論じたわけです。これは非常に重要なことです。人間は馴染んだものに執着して、馴染まないものを否定する傾向があるんですね。これは初めから「馴染む」と「馴染まない」で始まるからそうなんですけれども、その場合「馴染まない」ものに対して「わかろう」とする姿勢をなくしてしまう。妄想に発展する場合がそうでしょうし、人間の集団思考というものが大体そうなんですね。

日本人はよく集団思考的だといわれますが、もちろん集団が悪いわけではない。大体集団がないと人間は生きていけないし、われわれが診る患者さんは大体集団生活に失敗している人たちです。それならば集団さえうまくいけばいいかというと、そうではない。集団生活の危険は集団思考に陥ることです。集団の中だけが正しくて、外はみんな悪くなってしまう。これはわれわれが常に心しなければならないことです。

この点について、もう時間がないから言いませんけれども、日本の集団は同心円的な集団になるか、寄り合い世帯になるか、どっちかですね。いろいろ集団があっても、同心円的に重なるか、あるいは寄り合っているだけで、集団同士がクロスしない。東京大学のようなところはうっかりすると寄り合い世帯になる。集団がひしめき合うだけのことです。集団がクロスするような機構ができないと社会全体のバランスがとれないのです。たしかに精神衛生のために集団は絶対必要だけれども、しかし、集団の最大の罪悪は戦争ですからね。戦争までいかない集団憎悪は私たちの周囲にもいくらでもあります。ですからどこかで集団を超越できるのでなければならない。少なくとも患者を診るためにもそのことが必要でしょう。孤独を経験し、それに堪えることをしない人間は精神科の医者として、あるいは精神衛生をやる者としては不適格ではないか、私はこう思うくらいです。

最後にもう一つ言います。これは、われわれの仕事というのは必ずプロフェッショナルだということです。医者は人を裸にできる。医者は人に針をさしたり、人の肌にメスを振るうこともできる。医者は人に対して、普通は聞いちゃいけないことも聞くことができる。医者でない精神衛生の専門家になった場合も同じです。なぜか――、それはプロフェッションだからです。プロフェッションとして相手の利益のためにやることが社会によって承認されているからです。だから皆さん、そのうちに医者になるでしょうけれども、必ず自分のやることがプロフェッションであるということを肝に銘じてほしい。

私自身、大学時代、一つ残念なことがありました。それはだれ一人として〝よい医者になれ〟といってくれた教授がいなかったことです。だから私はきょうあえて言いたいんです。皆さん、いい医者になりなさい。それは最も大事なことだと思います。

最後に、私の好きなシェイクスピアの台詞を紹介して終りにします。『お気に召すまま』に出てくるものです。All the world's a stage. And all the men and women merely players; They have their exits and their entrances. その意味は、「全世界は舞台だ。すべての男と女は俳優に過ぎない。彼らは出てくる時と、下がるときがある」ということです。私は今日の最終講義で東京大学という舞台から下がります。長いことありがとうございました。

一九八〇年（昭和五五）　東京大学

内発的発展の三つの事例

鶴見和子

［概説］比較社会学者である鶴見が最終講義で提示するのは、アジアにおける近代化モデル「内発的発展」についての骨太な論である。一九五〇―六〇年代半ばにかけて、環境破壊や格差の増大、軍備拡張の激化といった問題が表面化した。これを受けて、特に発展途上国や非同盟諸国において、近代化の見直しをする機運が生じていた。西欧をモデルとした近代化を「通常科学」あるいは「支配的パラダイム」と呼ぶとき、これへの対抗モデルの一つとして考えられるのが、本講義の主題となる「内発的発展」論である。この具体例として、タイの農村、水俣、中国の小城鎮《しょうじょうちん》の三つの地域の事例を取り上げて比較・検討していく。三者に共通しているのは、発想的・理論的・実践的という三つのタイプの「キー・パースン」の存在と、そうした人々の根底にある「伝統の再創造」の存在であった。「伝統の再創造」とは、これまでの社会構造や精神構造、コスモロジー、信仰、技術、そして感覚や感情を支えてきた古い知恵を、現代の状況に合うように作り変えることで、より大きな問題を処理する知恵を発見することである。これまで支配的であった近代化は、国家や全体社会を単位とし、経済成長を最も大事な指標にしたものであった。これに対して内発的発展とは、その究極の目標を人間の成長に置きながら、私たちが暮らしている具体的な地域という小さな単位から、地球的規模の大問題をとく手がかりを捜す試みなのである。

いつもは、授業の前にお辞儀なんかしないのですけれど、今日は川口泉先生が、改まってすてきなご紹介をして下さいましたので、なんだかこのようにちょこっとお辞儀をしなくてはならないような気持ちになりました。川口先生、ありがとうございました。

それから、学生の皆様、院生の皆様、それから卒業生の皆様、それから先生方、職員の方も、こんなに多数お集まりくださいまして、ありがとうございました。と、こういうふうにやらなくちゃならないわね。最終講義くらいまともにご挨拶しなくっちゃね（笑）。

さて、実は今日はやりにくい話なんです。どうしてかと言いますと、この中には、学部の講義をお聴きになった方もいらっしゃいますし、全然今まで聴いていない方、ずっと前聴いた方もいらっしゃいます。ですから、どこから始めるかということが、とても難しいんです。

内発的発展論とはなにか

今日は、「内発的発展」という話を致します。内発的発展の理論はずっと今まで学部の講義でやってまいりましたので、今日は理論編をすっとばして、一時間程度で終わる形で、アジアにおける内発的発展のさまざまな形についてお話ししたいと思います。

先ほど川口先生からご紹介いただきましたように、私は国際関係研究所が創立された年に上智に参りました。ですから今年で丁度二〇年になります。この二〇年の間、皆様方と大変楽しく勉強させていただきました。何をしていたかと考えてみますと、一番最初に始めたのが、近代化論再検討研究会でございます。その成果は『思想の冒険』(1)という本にまとめました。これには「社会と変化の新しいパラダイム」という大上段の副題がついています。それから、水俣調査をやったり、最近では日中小城鎮《しょうじょうちん》工業化の調査をしたりしてまいりました。そして、このたび上智大学国際関係研究所の川田侃《ただし》先生がご協力下さいまして、川田先生との共同編集で『内発的発展論』(2)、これも実におこがましい題でございますが、これも学内外の先生方のご協力によりまして、東大出版会から三月末に出ることになっております。その時は皆様どうぞよろしくお願い致します（笑）。

内発的発展とは何かというのは、学部の講義を聴いていただいた方、大学院のゼミのメンバーの方は、耳にタコができるくらい聴いていらっしゃるわけですが、まだ聴いていらっしゃらない方もあると思いますので、簡単に述べさせていただきます。

一九五〇年代から六〇年代半ばぐらいにかけての「近代化この良きもの」という世

界の風潮が、六〇年代の半ばになりましてから問い直されるようになりました。その背景には、環境破壊、飢餓、国内・国際的な格差の増大、特に南北格差の増大、局地戦争、全面核戦争の危機を含む軍備拡張の激化、というような地球的規模の大問題がありました。そこで、「西欧をモデルとしたこれまでの近代化では、こうした問題は解決できないのではないか」という疑問が、特に発展途上国、非同盟諸国から生まれてきたわけです。六〇年代の日本では経済成長の裏に公害先進国といわれるほどの環境破壊が起こり、やはり疑問が出てきました。

西欧をモデルとした近代化のパラダイムは、「通常科学」、あるいは「支配的パラダイム」と呼ぶことができます。そして、内発的発展論は支配的パラダイムに対する「対抗モデル」の一つということができます。どういう点で違っているかと申しますと、たとえば近代化論は単系発展モデルですが、内発的発展は複数モデルです。近代化論は国家、全体社会を単位として考えていますが、それに対して内発的発展は私たちが暮らしている具体的な地域という小さい単位の場から、地球的規模の大問題をとく手がかりを捜していこうという試みです。

私は内発的発展を、「それぞれの地域の生態系に適合し、地域の住民の生活の基本的必要と地域の文化の伝統に根ざして、地域の住民の協力によって、発展の方向と筋道をつくりだしていくという創造的な事業」と特徴づけたいと思います。

近代化と違うもう一つの大事な点は、近代化の最も大事な指標が経済成長であるのに対し、内発的発展論が人間の成長（human development）を究極の目標としている点です。それぞれの人が持って生まれた可能性を十分に発揮できるような条件を創っていくという、人間の成長に重きを置いているのです。

伝統の意味するもの

内発的発展では「伝統の再創造」ということが非常に大切です。そこで伝統とは何かということを考えてみようと思います。伝統とは世代から世代へ受け継がれて来たところの「型」です。私は伝統を大ざっぱに四つの側面に分けることができると思います。第一は、社会構造の側面。たとえば、家族の構造、村落の構造、村と町との関係の構造、都市の構造などです。第二は精神構造の側面。これは、宗教、価値観、コスモロジー（宇宙観）などです。第三は、技術の側面。それから第四は感情、感覚、情動の側面です。これは、音楽、舞踊、その他日常生活の様々な行為を通して見ることができます。

この四つのレベルを今日皆様に全部お話しすることはとてもできませんので、今日は精神構造の側面についてだけお話ししたいと思います。なぜ、精神構造の側面に関してかというと、次のような理由からです。近代化論はイギリス、フランス、アメリカ、ドイツなどの近代化の経験に基づいてます。これら西欧諸国は、それぞれ自己の文化の基底にキリスト教文明を共有しています。ところが内発的発展の試みを現在しているところは非西欧社会が多い。非西欧社会には、キリスト教ももちろんはいっておりますが、その他に仏教、イスラーム、ヒンドゥー教、儒教、道教、アニミズムなども入っている。私は宗教の中にアニミズムなどの民俗宗教もいれたいと思います。そういう多様な宗教がここに包み込まれています。そこで、こうした伝統的コスモロジー、宗教、あるいは信仰の中に、現代の大問題を処理する知恵を発見する。こうした古い知恵を現代の状況に合うように作り変えるのが、私のいう「創造」です。伝統を作り変えて使おうというのが、内発的発展論の対抗モデルとしての重要な意味です。そして、これが精神構造における伝統の再創造の重要な一つの意味内容になっていると考えております。

三つの観点から

今日は三つの事例を出してみたいと思います。第一はタイの農村の自助運動です。タイの自助運動の基本には仏教があります。これは仏法社会主義と呼ばれております。

これは仏教そのものではないのです。伝統的なアニミズムと習合した仏教なのです。タイの農村の自助運動を手伝っている人たちは、カトリックの神父さん、シスター、それからたくさんの信者です。そして、カトリック信者と仏教徒の間には対話がありますす。カトリックもアニミズムと習合しています。アニミズムが基本となってカトリックと仏教とをつないでいるということ、ここにエキュメニカルな構造があるのです。

二番目は日本です。今回は水俣を取りあげようと思います。水俣病は、チッソ水俣工場でアセトアルデヒドを生産するために触媒として使用した水銀を水俣湾に放出することによって生じた公害病です。水俣の自然と人間の破壊から患者さん達の自助努力による地域再生への運動を考えてみたいと思います。これにはどういう宗教が基礎になっているかと申しますと、それは浄土真宗です。これがアニミズムと習合しているのです。タイと非常によく似ています。ただ、タイと違うところは、タイでは仏教が前に出ており、アニミズムが底にあります。だから、タイの場合は「アニミズムと習合した仏教」だといえます。ところが水俣の場合には仏教が後方に退いて、アニミズムが前にきています。これは、「仏教と習合したアニミズム」といえます。それからこれは私の全くの思いつきなのですけれども、水俣の運動にはキリスト教、特にカトリックが入っていると考えております。天草は、隠れキリシタンの伝統を持っています。水俣には天草出身で、水俣に住み着いた漁民が多いのです。こうした事実から、私は隠れキリシタンの伝統を考える必要があるのではないかと思っています。

三番目は中国です。中国の江蘇省の南部の小城鎮の工業化についてお話ししたいと思います。小城鎮はひとくちでいいますと、農村周辺の町、小都市です。小城鎮の工業化の精神構造は何を基礎にしているかというと儒教です。儒教が倫理的な柱になっております。それから儒教よりも古い大同思想です。これは古代ユートピア思想とも言われます。

私は、事例に入る前に、伝統という言葉についてもう少し明確にしておきたいと思います。伝統の中には、人を抑圧する方向に働く伝統もあり、また解放に向かわせる伝統もあります。市井三郎さんは、「自分が責任を負う必要のないことから生じる苦痛を少なくするのが歴史における進歩である」といっています(3)。いいかえれば、差別の少ない状態を作り出すような伝統は「すぐれた伝統」であり、差別を増大する方向に働く伝統とは区別するということです。しかし、たとえ「すぐれた伝統」であっても、長い時間がたてば、最初の生き生きとした核心を失って、形骸化される傾向があります。その時に新しい状況に応じて、形骸化した伝統の核心を甦らせることを「伝統の革新」または「再創造」といいます。

そのような伝統の革新の担い手になる主体を、市井さんは「キー・パースン」と呼んでいます(4)。市井さんはキー・パースンを「発想的キー・パースン」と「実践的キー・パースン」に分けています。市井さんは、伝統の革新とキー・パースンに関する一連の仮説をもって、明治維新、中国革命、イギリス労働党の運動など、大きな革命運動を分類しました(5)。私はこの仮説を借りて、タイと日本と中国の地域を単位とした小規模な社会変化の事例を分析してみたいと思います。

タイ――仏法社会主義の実践

まずタイの場合を取りあげます。ここでお断りしておきますが、タイと日本と中国を並べましたけれども、このなかで日本と中国は私が実際に行ってみて自分で調査したことに基づいてお話し申し上げますが、タイは全く行ったことがないのです。ないのですけれど、文献によって、仏教とカトリシズムが対話し、交流している点が感動的だと思いますので、タイの事例を借り物の資料で述べさせていただきます。

タイの農村の自助運動には、三つのタイプの「キー・パースン」がいます。第一は発想的キー・パースンです。それはいわばカリスマ的指導者です。第二は理論的キー・パースンです。この人は、発想的キー・パースンの思いつきを体系だった理論にしていく人です。第三は実践的キー・パースンです。これは理論を実際に行っていく人です。伝統の再創造を発想的担い手と、理論的担い手と、実践的担い手と三つのタイプのキー・パースンに分けることができます。それらは別々の人であることもあるし、一人の人がそれらを兼ねることもあります。

タイの場合、仏教が現在の状況を改革していくのに役にたつと発想した人は比丘ブッダダーサです。これは八十歳を越えた偉いお坊さんです。人々がタイの各地から集まってきてその坊さんのお話を伺う。アメリカ人の宗教学者がその話を伺って英訳した本を私は読んだのです。その核心だけ申し上げますと、「仏教は本来、社会主義である。全ての宗教は社会主義である」ということです。社会主義とは何かというと、「それは簡単なことである。必要な分だけ自分でとって、後は他人に残しておくということだ」。つまり、自分が何か生産して、余りがあったらみんな他の人たちに与えるということなのです。自分の必要なものだけとって、後は他の人たちに与えるということなのです。これは人間にだけ適用する原理ではない。人間と人間との関係にも、自然と人間との関係にも、自然と自然との関係にも、全部当てはまる原則です。これが社会主義の原則だと説いているのです。

「ブッダは自然の友達であった。自然の中で説法し、自然と友達になる。そして木の下で死んで、自然に帰った」

これは輪廻の思想です。人間は自然環境の一部である。だから、人間が一番偉いというわけではない。これはアニミズムと習合した仏教というふうに言えると思います。

仏教の輪廻の構造をアニミスティックな自然の循環構造として再解釈したと言うことができます。タイは小乗仏教の国です。しかし、ブッダダーサの場合は、大乗仏教を取り入れて社会性を獲得した。それから、非常に大事なことなのですけれども、ガンジー主義、ヒンドゥー教、キリスト教と出会うことによって、これらの宗教と仏教との共通性を見出して、仏教を革新的に再解釈した。私はこれが創造ということの核心となると思うのです。異質なものとの出会いとぶつかり合いと格闘がなければ、決して思想の創造性は生まれない。仏教を社会主義と説いたのは、これはまさに他の宗教との格闘と出会いがあったからだと言うことができます。

ブッダダーサは、発想的キー・パースンです。ブッダダーサのお話を伺って、大学の教授、学生、知識人がこれを理論化していく。その中で代表的な人がスラク・シワラクです。これら知識人がブッダダーサの言葉を理論化し、そして村に入って行って村人を覚醒するのです。村人が覚醒することによって、村人自身が実践的キー・パースンになる。このように、幾層にも、キー・パースンが重なり合い、協力し合って、自助運動が行われています。

タイに行った本多史朗さんから新しいタイのカトリック協議会のニューズレターを借りて、読ませていただきました。これは、エキュメニカルな運動の典型だと思います。カトリックの自助運動のニューズレターの中に仏教のお坊さんがやっている自助運動の事例がたくさん出てくるのです。つまり、仏教であろうと、カトリックであろうと、垣根をつくらない。草の根レベルで、農民たちは、これは仏教、これはカトリックというふうに区別していないということなのです。タイの場合、近代化モデルに対する対抗モデルとしての内発的発展が非常にはっきりでている例があります。タイの政府は機械化を奨励しています。日本の多国籍企業も、トラクターだとか、脱穀機だとか、さまざまな機械を売りたいわけです。多国籍企業と政府は、私がいうところの西欧をモデルとした近代化を奨励している。そうすると、農民はお金がありませんから、借金をしなければ機械を買うことができない。そこで、政府は低利子でお金を貸す金融サービス機関をつくります。そこから融資を受けて農民は買いますけれど、収穫の中から支払わなければ、お金を返すことができない。借金がかさんでしまう。また機械を使って合理化を進めますと農薬を買わなくてはいけない、ということで借金がますますかさむ。そのうえ困ることには化学肥料や農薬を使うと土地が荒廃する。さらに、機械で一気にやってしまうと刈入れでも耕作でも短期間でできるのですが、困ったことに、みんなが一斉にやるから相互扶助ができないということになります。今までは、こっちの田圃が終わったら、あっちの田圃へと悠長にお互いに助け合ってやっていたわけです。ところが機械化し、それができなくなってしまったのです。ということで、農民がお互いに孤立するようになる。農民相互の人間関係が崩れていったわけです。

ここで非常におもしろいのは、自然と人間との関係を絶つと、人間と人間との関係も絶たれるということが非常にはっきりしてきたことです。ある農民は田圃の一部は、伝統的な水牛耕作で、一部は機械を使ってやるという実験をして比べてみたのです。水牛一人の農民が両方やってみたということが、私には非常に面白いと思われます。水牛でやる場合には、水牛はフンを落としてくれます。機械より深く耕してくれる。除草剤がいらない。草を食べちゃうからです。食べちゃってフンを出してくれる。そういう意味で、土壌が豊かになるのです。化学肥料を使わなくてすむか、非常に少量ですむのです。農薬はほとんど使わないですむ。そういうことになると、借金がかさんでくることから免れることができるのです。もう一つは、人と人との関係が孤立しない。お互いに相互扶助の形でやっていく。これに対して、機械化の場合には、人を雇わなくてはならない。そうすると、それにもお金をかけなくてはならない。機械をいれたら、賃金を払って人を雇わなくちゃならない。ところが、水牛でやっていく場合には、賃金を払わないでできる。自分が他人の水田に行ったら、労働でもって返してもらうわけです。それでは、どちらがよいかというと、「それでは水牛の方がいい」という風に簡単に結論が出ないのが難しいところです。水の問題さえ解決できれば水牛の方がいい。しかし、水がなければ機械化するより仕方がない。つまり灌漑をよくするということが大事だという結論を農民自身が引き出したのです。そこでこの農民は灌漑のリーダーとなって活動しています。

これと仏法社会主義とどうつながるかというと、ブッダダーサのいうこととドンピシャにつながる言葉が農民の口から出てくるのです。つまり、自然の循環構造に見合った農法でやっていけば、自然と人間との関係もうまくいくし、人間と人間との関係もうまくいくし、そしてお金をたくさんかけないでも作物が成長していく。水牛を使う農法では、自然の循環構造が一番大事なことだとその農民は言っています。誰かが特に金持ちになるということを望まない。サブシステンス・エコノミーに近い形です。水牛耕作をやっていたら、お金はガボッと入ってこない。ということになりますと、自分の必要なものだけは取って、あと余剰があったら他にまわす。あるいは、余りたくさん儲けすぎないようにする。ブッダダーサの言っていることと、農民のしていることと符合するのです。水牛農法は仏法社会主義の原則に沿っているということができるのではないでしょうか。

水俣――もうひとつのこの世を

第二は水俣の例です。中国の事例に時間を取りたいと思いますので、水俣の事例ははしょってお話し致します。

水俣の地域再生の運動の底には、仏教と習合したアニミズムがあると私は考えています。水俣病の公害反対の裁判をした時に、患者さんたちは何を目指していたのか？水俣病によって身体に重度の障害を受け、海は汚染されて漁業ができず、生命と生活がおびやかされました。それで、補償金を請求するために裁判を起こしたのです。しかし、本当をいうとお金がほしいわけではなく、自分たちの身体を健康であったときの元の姿に戻してほしい。海を、豊饒であった頃の原型に戻してほしい。それが究極の願いだと患者さんたちはいっています。ところが実際は無理なのです。水俣病は現在の医学では治癒する方法は発見されていません。そうすると、人と自然とが混然一体となって暮らしていた状態を取り戻すことは、人も自然も破壊された今となってはユートピアです。このユートピアは漁民農民が実感として持っているわけです。なまこなんて、都会ではすごい珍味でしょう。ところが以前は自分の家の裏庭のような海辺に行けば、フィッて採ってフワフワって食べちゃえた。そういう状態の海があったわけです。それが全部死んでしまった。だから船で遠くへいかなければお魚が獲れなくなったのです。

水俣の地域再生の目標を患者さんたちは、「もうひとつのこの世を」というふうに言っています。この考え方はキリスト教に近いです。The Kingdom of Heaven on this earth（「この地上に天国を」）。そういう話なのです。「もうひとつのこの世」とは、自然と人間が一体となって、そのなかで人間が生きていた、生かされていた、そういう状態です。そういうところに、非常に強いアニミズムの信仰が生きていることに気がつきました。

漁民の杉本榮子さんから聞いたことなのですが、「私たちが獲る時は、みんなは獲らない」。今のトロール漁船などは根こそぎ獲ってしまうのです。しかし、杉本さんたち水俣の漁民は自分たちの必要なものだけもらってくるという考えです。そして、自分が食べたり売ったりして生活する。必要以上のものは海に残しておくわけです。子孫のために残しておく。今までそうやって暮らしてきた。これが、まさにブッダーサの「自分の必要以上のものは獲らない」という仏教社会主義の考え方に似ております。

しかし、水俣では仏法社会主義として意識されているわけではないのです。これはアニミズムです。山にも、海にも、魚にも、猫にも、人間と同じように霊魂がある。杉本榮子さんは、「船霊《ふなだま》さんの声を聞いて漁に行くと大漁になる」といいます。私はもう文明によって汚された人間ですから、船霊さんの声なんて聞こえませんけれども、「チーチーチー」と鳴くのだそうです。杉本さんはそういう霊感を持っている人です。そして、お魚と話したり、鳥と話したりするというんです。

こういう話をするとアッシジの聖フランシスコみたいです。キリスト教の中にも、こういうアニミスティックな信仰がなかったわけではないですね。アメリカの自然史家のリン・ホワイト・ジュニアがそのことを指摘しています(6)。中世キリスト教の中にも、日本の漁民の中にもアニミズムが生きているとすれば、日本の場合は仏教と習合したアニミズムの世界です。

身体が悪くなって漁に行けない人たちは、甘夏の栽培をやっています。この杉本さんは激症型水俣病になり、いまでも身体は不自由ですが、家族と一緒に漁に出ています。そして、甘夏の山を持っています。アセトアルデヒドをつくる段階で触媒として使った水銀によって自分たちの身体が破壊された。自分たちが人体に有害な化学物質によって汚染された魚を食べて、これだけ苦しい思いをしたのだから、他の人たちに化学肥料で汚染された甘夏を売って生きて行くことはできない。だから、有機農法でやりたいと杉本さんは考えました。患者さんとこれに賛同する支援者とが協力して、低農薬・有機農法で甘夏を作る団体がたくさんできています。そして、生産者と消費者の間で直接の販売をする運動があります。水俣の低農薬有機農法の根底にはアニミズムの信仰があると私は考えております。

もう一つ大事なことは、地域の開放性ということです。異質なものとぶつかり合いがなければ創造性は生まれないと私はいいました。そのためには、地域が外に向かって開かれていなくてはいけない。地域の中だけに閉じこもっていたなら、創造性は生まれず、内発的発展も起こりえない。だから、地域の開放性が必要です。

水俣は長い漂泊の伝統を持っています。天草にはからゆきさんのように海を通して外へ外へと流れて行く「ながれ」の歴史がありました。水俣というところは、天草からたくさんの人たちが移住してきました。外から入ってきた人たちと、以前から定住していた人たちとが水俣病の多発した海沿いの部落を形成してきました。そこには、漂泊者と定住者とが交流する長い歴史がありました。こうした歴史が、水俣の海辺部落の開放性の伝統を作ってきたと思われます(7)。

浜元二徳《つぎのり》さんは、激症型の水俣病で身体がほとんどきかない状態になってしまった人です。この人が自己訓練をして、今車椅子ではありますけれども、外国へ行くことができるようになりました。そして、一九七二年にストックホルムの国連人間環境会議、一九七五年にはカナダ・インディアンの居留地訪問、七七年には自費でポーランド、ナイロビ、インドネシアなどを訪問しました。車椅子で世界中回ってきて、水俣病の状況、自分たちはどのように裁判し、闘ってきたか報告し、二度とこのようなことが起こらないようにしようと、国を越えた連帯の輪を広げてきました。一九八六年には、「アジアと水俣を結ぶ会」を作りました。そして、水俣でアジア民衆環境会議を開いたのです。日本の多国籍企業はインドネシアでも、フィリピンでも公害をまき散らしています。日本企業が公害をまき散らしている国々の人たちと、お互いに交流して、情報を交換し運動を起こしました。運動の要《かなめ》となっているのが、この浜元二徳さんという水俣病患者です。お父さんは天草ながれの漁民です。そして、浜元さんは次のようにいっています。

今や地球的規模で汚染があります。もう少し日本なり地球規模なりで考えまして、人間らしく生きていくためには、日本の国民も含めて話し合っていかんば、つまらんと思う。国際交流も幅広く、国連とかじゃなくて、人間対人間のつきあいなのです。話し合って貧しい人には分かち合うというふうに生きていかんばつまらんと思うわけですよ。

われわれは、物を取りすぎていないか？　物を持ちすぎていないか？　もっと少ないエネルギーを消費し、もっと少ない物で、もっと豊かな生活ができるのではないか？　そして、あり余っている人は、もっとどうしようもない、食べ物の少ない人に届けなくてはいけないのではないか？

これはブッダダーサとおなじですね。仏法社会主義に非常に近いことをこの人は言っています。つまり地域に固執しているのです。水俣という破壊された地域をこれからどうやって再生していくか、ということにこの人は賭けているのです。しかし、水俣ということを考えたら、地球的規模で考えなくてはいけないということに気がついたのです。そこで、この普遍思考がどうして水俣の漁民の間に育ったのかを考えてみました。　私たちが天草のある家にいったとき、仏壇に何か不思議なものがあるのです。

「あれなんですか」と聞いたら、「あれは家を改造したら柱の中から出てきたんですよ」。これは隠れキリシタンです。　表が観音様、裏が聖母マリアです。そのとき私は本当にどきっとしたのです。　そうすると、隠れキリシタンの伝統が、水俣病患者の中に流れているのではないか、と。そうすると、隠れキリシタンの伝統がここで蘇って、二徳さんのような人を、地球的規模で考えるように導いたのではないかと思いました。この人がいつ「地球的規模」という言葉をはじめて口にしたかということを、私に教えてくれた人がいるのです。その人は、映画監督の土本典昭さんです。

「浜元二徳さんが初めて『地球的規模』ということを口にして、私が聞いたのは、カナダのトロントの、仏教会での会合の時です」と土本さんは言いました。そのとき私は、トロントの道で偶然会っているのです。カナダ・インディアンの間に水俣病に似た病気が発生しました。イギリスの多国籍企業が放出した水銀が居留地の近くの湖を汚染したのです。　水俣病に似た症状が出ているということを熊本大学の原田正純先生から聞いて、　浜元さんは宮本憲一・原田両先生と一緒にカナダに行ったのです。カナダは、浜元さんにとっては二度目の外国行きでした。国の外に出てはじめて、水俣という地域が地球につながっているということを実感した、そしてそのとき初めて、地球的規模という言葉を彼は口にしたのだそうです。

浜元さんをつき動かしているのは何かというと、隠れキリシタンの遠い影があるのではないかと思われます。潜在的な水俣病患者は十万人ともいわれています。そして、多くの人が水俣病に認定申請をするのを躊躇しています。その人たちのことを「隠れ水俣病」と呼んでいます。これは、隠れキリシタンの伝統と直結した表現だと思います。隠れキリシタンとは何かというと、自分の信仰を曲げないために、それが禁止されている状態の中で、「私は観音様を信仰しています」と言って、マリア様を信仰する。それしか手がないのです。もう一つはじっと隠れて自分を守る。そして何かの時に、それが出てくる。私はその持続する志に隠れキリシタンの伝統があるように思います。正面きって抵抗すれば滅ぼされてしまうので、隠れることによって持続する抵抗、そういう姿勢を人々は養ってきたのです。

小城鎮──農村工業化による発展

最後に江蘇省小城鎮工業化の事例をお話ししたいと思います。中国の現代化には、大きく分けて二つのモデルがあります。一つは西欧をモデルとした近代化で、それが現在では一四の沿岸都市の経済技術開発区方式です。外国から資本と先端技術を導入し、外国の企業と合弁で工業を興していく。もう一つは、深圳型の経済特区です。沿岸都市の経済技術開発区と経済特区とは、近代化モデルです。中国はいまだに全人口の八〇パーセントが農村に住んでいます。農村に住んでいる人たちにとって、経済技術開発区や、経済特区方式では救いにならないということなのです。人民公社が解体されてから、農村の過剰人口が顕在化して農村人口がどんどん大都市へ流出していきます。すでに北京、上海などの大都市では待業（中国では失業と言わずに待業といいます）青年が充満していると聞きます。これ以上大都市の人口を増やさないようにするために、農村の過剰人口を農村及び農村周辺の小都市に工業を興すことによって吸収しようというのが、小城鎮工業化方式です。これを私は中国の伝統に根ざした内発的発展のモデルと考えています。

小城鎮工業化は江蘇省の南部です。小城鎮工業化の主唱者は北京大学教授で人類学者・社会学者の費孝通です。イギリスで、ハックスレー賞をとり、アメリカでマリノフスキー賞と、最近はエンサイクロペディア・ブリタニカ賞をとった有名な学者です。[8]費孝通は『中国の農民生活（*Peasant Life in China*）』を一九三九年にイギリスで出版し、ロンドン・スクール・オブ・エコノミクスで博士号をとりました。この本は彼の博士論文です。

江蘇省では農地が少なく、人口が多い。そこで、副業が必要であったわけです。江蘇省は絹織物の産地です。まず養蚕・製糸、その他養豚養鶏等、さまざまな副業をやって暮らしてきたわけです。中国のなかでは、比較的裕福な農民なんです。副業には市場が必要条件です。貨幣経済の浸透以前は物々交換ですけれども、この地方は近代以前から市場が発達していたのです。相手は農村周辺の地方小都市です。これが小城鎮なのです。小城鎮というのは、農村周辺の人口四万人以下の地方小都市です。この地方は古代から水路が発達し、揚子江とその枝の川と、それから大運河です。さまざまな水路が張りめぐらされてあったのです。アメリカの地理学者G・R・クレシーは、これほど水路の発達している地域は世界に比類がないといっています。水路を船に乗って、取り引きしていたのです。村と町とのこのような密接な関係を復活するということによって、現代の人口過剰の問題を解決しようと費孝通は提案したのです。

小城鎮に工場を建てる。それも大工場でなくてもいいんです。中小の「草の根工場」を農村にも小城鎮にも作る。そしてそこに、農村の過剰人口を吸収していく。「離土不離郷」といって、土を離れるのだけれども、村を離れない。村に住んでいて、労働者となる。これを農民工と呼んでいます。小城鎮に工業を興して、過剰人口を養っていく。そして、村の生活水準を引き上げていって、都市との格差を少なくしていこう、そういう政策です。その政策が第六次五か年計画から取り入れられ、今第七次五か年計画の中で重要な施策になっています。江蘇省南部がその先進地域です。つまり社会構造の面で言うと、これまで伝統的に育った水路交通を有する村と町との関係を現代に復活していくということです。

村や地方都市に工場を造るにはちょうど良い条件がありました。文化大革命の時期に労働者が、都市から下放されて郷里に帰ってきました。その人たちが農民に技術を教え、人民公社の中に社隊企業ができたんです。人民公社が運営する工場が、町の中や村の中にできたのです。人民公社が解体された後、その社隊企業が郷鎮企業に転化したのです。

その郷鎮企業の成り立ちを考えると、農民が一生懸命働いてお金を蓄積して工場を建てた。つまり元々は農民の働きによってできたのが、この社隊企業です。それが変化したのが郷鎮企業でした。費孝通はこういうふうにいっているんです。

「我々（農民）の工業は、我々の息子である。お母さん（農業をさす）が年をとれば、助けなければならない」

これは親孝行の考えです。中国の新婚姻法の中には、親を敬い、親を養い、親の面倒をみなさいと法律に書いてあるのです。親を助けるとは何かというと、工業で利潤が上がったら農業を助けるということです。これを「反哺」というのです。哺乳の哺です。反哺というのは、母が子供を哺育したように、成人した子供が今度は母親を養ってゆく。育ててゆく。そういう考えを農民が持っているということです。具体的には村営町営の企業の利潤の約二〇パーセントを農業補助金として、農業基盤整備や農民が機械を買うための資金に当てています。

私の調べた例を申し上げますと、常熟市支塘鎮の食品工場の沈圭生さんという人がいます。沈さんは三階建ての家に住んでいます。この人は農民出身であって、中国人民解放軍の空軍に参加して、吉林省や黒龍江にまで行きました。退役後、故郷の支塘鎮陽橋郷に帰ってきて、工場を建てたのです。十五人の農民の友人とお金を千元ずつ出しあって、小さなカボチャの種の工場を作ったのです。それで成功すると、村営企業にしてくださいといって、村に経営を移管して自分は工場長になったのです。そこが私にはわからないのです。成功したら個人経営の方が儲るから良いでしょう。村に渡してしまえば、村のものとなって利益は自分の懐に入らないのです。工場長は給料をもらうだけ。しかし沈さんは村営にしてしまった。そしてすごく成功しちゃって、今度は集積回路を造る工場も作るとかなんとかすごいことをやっています。

そこで私は聞きました。「あなた儲ってるのに、どうして村営にしたんですか」そしたら沈さんは答えたのです。「有飯大家食吃有工作大家干」。わかりますか。「飯があればみんなで食べる。仕事があればみんなでする」という意味なんです。

これはブッダダーサの仏法社会主義に非常に似ています。食べるものでも仕事でも、みんなで分ける。そういう思想です。

「あなたはそういう思想をどこで身につけたの」と私が聞いたら、「自分が人民解放軍の兵士として、中国全土をめぐっているうちに得た思想だ」と答えました。人民解放軍の思想、つまり共産主義、毛沢東主義ということができるけれども、私はこれとよく似た言葉を発見したんです。太平天国の乱の指導者洪秀全が唱えているのです。これは外国のキリスト教と中国古代の大同思想とを一緒に結合したというような徹底した平等思想なんです。洪秀全は「四同」＝「四つの等しいもの」について次のように主張しました。

「土地があったらみんなで同じように耕す。飯があったらみんなで同じように食う。着物があったらみんなで同じように着る。金があったらみんなで同じように使う。どこに行っても、どんな場合でも、誰も飢え死にするようなことはない」。これが「農民訓」です。これが農民運動の思想です。この思想が中国のマルクス主義の中心、毛沢東主義のなかにも入っているのです。それはマルクス主義から来たというより、むしろ中国の大同思想というものが根底にあると私は感じたのです。

中国の革命思想の中には、古来の大同思想がある。みんなが平等という自治の精神をもって、等しく自立している自治共同体の思想です。それは中国革命の究極の理想としてある、ということを最初に教えてくださったのは山田慶兒《けいじ》さんです(9)。もう一人それを私に教えてくださった方は、近藤邦康さんです。山田慶兒さんは京都大学人文科学研究所教授、近藤邦康先生は東京大学社会科学研究所教授です。近藤さんは「中国のユートピア——『大同』」の中で、大同思想というものは中国古代に起こったものだけれども、これは太平天国の乱の時の中心思想にもなったし、辛亥革命の時の孫文によっても引き継がれた。そして、中国革命の中で毛沢東によって引き継がれ、現代もまた革命の中に大同思想は生きていると論じています(10)。私は費孝通先生が「反哺」という話をされたときに、それでは中国は儒教社会主義でしょうか、と質問しました。そしたら費孝通先生は、それは儒教よりももっともっと古い思想ですといわれました。そのときは、時間に追われその話はそこで切れましたけれど、この話をもう一度費孝通先生と詰めてみたいと思っているのです。

おわりに

タイと日本の水俣と中国の江南の内発的発展の精神構造における伝統についてまとめてみますと、まず、タイではアニミズムと習合した仏法が基底にあります。そして、その伝統を現代の農村の自助運動に役立つように革新しているのは、発想的キー・パースンのブッダダーサと、理論的実践的キー・パースンのシワラクと実践的キー・パースンの知識青年と農民です。水俣では、アニミズムと習した仏法と、アニミズムと習合したキリスト教である隠れキリシタンが地域再生運動の基本的な動機付けになっていると思います。そしてその伝統を、実践する担い手となっているのは浜元二徳さんらの水俣病の患者さんと支援者たちです。その人たちは発想的キー・パースンであると同時に実践的キー・パースンでもあります。江蘇省南部の小城鎮工業化では、社会主義に触発された儒教及び、大同思想がその根底にあると考えられます。それらの伝統の再創造の担い手は、発想的理論的キー・パースンとしての費孝通等知識人、理論的実践的キー・パースンとしての朱通華ら地方行政担当者、および実践的キー・パースンとしての沈圭生ら地域の農業および企業の指導者ということができます。

だいたい時間になりました。終了時間を越えて長ったらしく話しますと、「ああ、鶴見はいつになっても長ったらしいな」と思われるんで、ここで切ることに致します（笑）。

最後に感謝の言葉を述べたいと思います。私は二〇年間上智大学にいて、いまお話ししたのは、ほんの我が想いの一端を述べたに過ぎませんが、こういう突飛なことを考えてきたわけです。この突飛なことを考えさせて下さった方々に感謝したいと思います。

第一に、国際関係研究所の同僚の先生方に感謝します。私がかつて教えたことのある大学では、同僚とは仕事の話をしてはいけなかったのです。ところが上智にきてガラリと変わりまして、毎日毎日朝から晩まで寝ても覚めても仕事の話です。学問の話です。驚いちゃうでしょう。それで十分に楽しんでいたのですよ。

研究所外の上智大学の中では、気持ちよく学問上のつきあいをさせていただいたことを感謝しています。大きな教室の講義でも学生が手を挙げて、質問や反論をしてくれます。学部のゼミでも、大学院のゼミでも、私は胸を貸すと言ったんですけれど、むしろ学生が私に胸を貸してくれたのです。非常に多くのことを学びました。

こんなにいい大学は日本にはないのではないですか。外国にはありますよ（爆笑）。外国崇拝ではないけれど、やはり比較は比較としていわなくちゃ（笑）。それから第三に上智大学に対して感謝します。カトリックがエキュメニカルということをいい始めました。でも、全てのカトリックの学校がエキュメニカルではないと思います。ところがこの上智大学は本当にエキュメニカルなんですね。私はカトリックでもないし、キリスト教徒でもありません。私は「未」信者です。まだ死ぬまでチャンスがありますからね（笑）。私の宗教はなんですかと聞かれたら、アニミズムですと胸を張って答えます（爆笑）。本当にうれしかったのは、最初に私がここにきたときに、サマーセッションで外国人の神父さんもいらっしゃったんですが、そんな中で、比較社会学を教えていて、キリスト教だけが宗教じゃないといったら、うなずいてくださった（笑）。市ヶ谷キャンパスで、ダーナー神父様は日本のカトリック信者の間には、キリスト教が祖先崇拝と習合していることをご自身で調査して修士論文に書かれました。それはそれはおもしろかったですね。そういう開かれた精神が、ただ理論としてあるだけではなく、日々の教室の中で、キャンパスの中で実践されているということを私は大変うれしく思います。皆さんも、こうした異質者とのぶつかりあいを恐れず、その中から新しい知的創造をしてゆこうとする自由な精神をこれからも持ち続けて頂きたいとお願いします。

今日はこれで終わりにします。どうも有難うございました。

一九八九年（平成元）一月一九日　上智大学三号館五二一教室

（1）鶴見和子・市井三郎編『思想の冒険——社会と変化の新しいパラダイム』筑摩書房、一九七四年。
（2）鶴見和子・川田侃編『内発的発展論』東京大学出版会、一九八九年。
（3）市井三郎『歴史の進歩とはなにか』岩波新書、一九七一年。

（4）市井三郎『哲学的分析』岩波書店、一九六三年。

（5）市井三郎『明治維新の哲学』講談社、一九六七年。『近代への哲学的考察』れんが書房、一九七二年。『歴史を創るもの』第三文明社、一九七八年。『近世革新思想の系譜』日本放送出版協会、一九七八年。

（6）Lynn White, Jr., "The Historical Roots of Our Ecological Crisis," *Science*, March 10, 1967, Vol. 155, No. 3767, pp. 1203–7.

（7）鶴見和子「多発部落の構造変化と人間群像」、色川大吉編『水俣の啓示（上）』筑摩書房、一九八三年、一五七―二四〇。

（8）Fei Hsiao-Tung, *Peasant Life in China*, Routledge and Kegan Paul, 1939, reprinted in 1980.

（9）山田慶児「中国の工業化とその構造――極構造理論序説」、『思想の冒険』前掲所収。山田慶児『混沌の海へ――中国的思考の構造』筑摩書房、一九七五年。

（10）近藤邦康「中国のユートピア――『大同』」、木村尚三郎編『東京大学教養講座　一三　夢とビジョン』東京大学出版会、一九八五年。

コンステレーション

河合隼雄

［概説］臨床心理学者の河合は、ユングが発案した「コンステレーション」が心理療法においてどのように用いられているのかを語る。コンステレーションとはユングが言語連想を通して発見したもので、心の中にできた感情を核とする一つのかたまりのようなものを指す。河合の心理療法はC・A・マイヤーに学んだものであり、曰く、クライエントに対して心理療法がしているのは、答を言うことでも解釈をしてあげることでもなく、その人の自己実現の過程をコンステレートし、ついていくことであるという。河合もまさにこうした考え方に従うことで研究成果をあげており、その一つに母性社会の問題の発見があった。コンステレーションの意義として彼が挙げるのが、因果的な考え方ではない方法で意味を見出すことである。例えば不登校の子の親が、自身のことを因果関係の要素として度外視して不登校の理由を考えようとするところに因果的な考え方の特徴がある。そうではなく、「私」も含めた全体として何がコンステレートしているのかを見ることこそが必要であり、そうすることで「私」もその中に生きるような、全人的なかかわりができるようになる。また曼荼羅がコンステレーションを共時的に示すものであるとすれば、コンステレーションを相手に伝えようとして展開したものが物語であると言える。河合にとって心理療法とは、来た人が自分の物語を発見することを助けることなのである。

言語連想テストからの出発

コンステレーションとは空にある星座を意味します。コンステレーションのコンというのは、もともとwith（ともに）という意味ですね。そして、ステレーションのほうのステラというのは星です。星が一緒になっているというので、コンステレーションという言葉は星座を意味しているわけです。

ただし、きょうは星座の話をするわけではないので、「コンステレーション」と書いておきました。星座なんて書くと、天文学の先生の退職記念講義と思い込まれるかもわかりませんので、片仮名で書いたわけです。訳すときには布置というふうにしていますけれども、これも適切な訳ではありません。「コンステレーション」はユング派の人がわりとよく使う言葉で、私がユング研究所で学んだことの非常に大事なことの一つだと思います。

ユングは、このコンステレーションという言葉をどんなふうに使ってきたか、ちょっとお話しします。講義ということであれば、もう少し詳しく説明しなければなりませんが、きょうは人数も多くてあんまり細かいことは言えませんので省略します。ユングは一九〇五—〇六年、今世紀の初めにコンステレーションという言葉をよく使っております。それはどこから来たかといいますと、言語連想のテストです。ユングは言語連想のテストによって精神医学の世界にデビューしたわけです。

言語連想というのは、皆さん、ご存じだと思いますが、ある言葉を言って、それについて連想語をできるだけ早く言ってもらう。山と言うと川と言う人もあるし、山と言えば登るという人もいますが、そういうふうにできるだけ早く単語を言ってもらう。

そのときに、初めはだれでも山と言うと川と言う人が多いとか、動詞で登ると答える人がいるとか、そういうふうなことに注目していたんですが、ユングのすばらしいところは、そういう非常に単純な言語連想でも、連想語を答える時間がおくれる人があるということに気がついたわけです。山と言うと、黙ってしまって答えられない人がいる。そして十秒か二十秒もたってから川と言ってみたり、時には山と言うと黙っていて、あげくに最後は殺すなんて言う人もあります。

そういうことから、時間がおくれるという非常におもしろい現象に気がついたわけです。そして、時間がおくれたのをずっと見ていきますと、それが何となく一つのかたまりとして見えてくるんですね。山と言うと険しい、父と言うと怖い、馬と言うと蹴るとか、怖くて険しいような感じで、かたまってくる。それがコンステレーションなんです。だから、心の中に何かがまさにできている。そのできているのが、外からの刺激に対してぱっと出てくる。出てきたものが一つのかたまりを成している。そのかたまりの中心にあるのが、いま言いましたように怖いとか、恐ろしいというふうな感情ですね。つまり、感情によって色づけられた一つのかたまりができているということです。こう言うと、皆さん、心理学をやっている人はすぐおわかりだと思いますが、これはユングの名前を非常に有名にしたコンプレックスということですね。コンプレックスを表現するために、このコンステレーションという言葉を使ったわけです。だから、ユングのそのころの文章を読みますと、コンプレックスという言葉は昔からあったんですが、ユングはそれを新しい意味をもつものとして使うようになったので、それを説明するために言語連想という実際的なことを使って、そして目に見えるようにしました。これはコンプレックスがコンステレートしているのである、そういう言い方をしています。つまり、「心の中にそういうかたまりができているんだ、それがこう出ているじゃないか」という言い方をしたわけです。

「元型がコンステレートしている」

ところが、それ以後ユングはアーキタイプ（元型と訳しています）ということを言い始めました。コンプレックスというのは皆さんもおわかりだと思いますが、例えば私がさっき言いましたように、父親にいつも怒られて、怖い怖いと思っていると、何事につけ怖い怖いと思うような心のしこりができる。日本語のしこりという言葉はまさにコンプレックスですね。ところが、そのしこりのもっと深くに一つのもととなるようなタイプを考えていいんじゃないか。

これはなかなかわかりにくい考え方ですが、人間の心の深いところには、そういう元型のようなものがあって、そのあらわれがいろんなところに出てきているという見方で、ユングは人間の心の現象を見ようとしました。そのために、初めのうちは「コンプレックスがコンステレートしている」という言い方であったのが、一九四〇年ごろから「元型がコンステレートしている」というふうな表現が多くなってきます。

例えば一九四〇年に、エラノス会議というところでユングは重要な論文を発表しました。キリスト教の三位一体のドグマ（教義）に対する心理学的なアプローチという論文で、このコンステレーションという言葉を使っています。例えばユング派の人がよく言うグレートマザーというようなアーキタイプ、それがコンステレートされてくると、自分の周囲にいろんな母親の元型的なイメージが見えてくる。それが心を揺り動かす、といった具合です。

そして、ここでユングが強調しておりますのは、そういうコンステレーションの中に入ったときには、すごい魅力を感じたり、心をものすごく揺すぶられたりする。その感じはデモニック、悪魔的な感じがしたり、あるいは非常に神聖な感じがしたりするというので、ここで宗教的な感情と結びつけて語っているわけです。まだ、このころはあまり言っていませんが、ユングは「ヌミノーゼ」という言葉をだんだん使うようになります。われわれが、ほんとうに抵抗しがたいような気持で何かに引きつけられる。すごく引きつけられていくということは、つまり元型的なものがそこにコンステレートしているんだという考え方です。

こういう考え方で一九五〇年代になりますと、論文の中にはコンステレーションという言葉が随分出てきます。その中で特に注目したいのは、共時性とわれわれは訳していますが、「シンクロニシティ」という言葉です。シンクロニシティということでユングが言っていますのは、何か同時的に不思議なことがぱっと起こるが、それは因果的に説明できない。例えば、私がAならAという人が亡くなった夢を見る。夢を見て、ほっと起きたときに実際に通知があって、Aさんがお亡くなりになりましたという通知が来る。夢の現象と外的現象が一致するわけですね。一致するけれども、夢を見たからあの人が死んだとか、あの人が死んだから夢を見たとは言えない。もしそういうことがあったら、夢でいろんなことがわかるはずですが、ほとんどわかりません。しかし、そういう因果的に説明不能であるが、共時的に起こる現象というのがどうしてもあると思わざるを得ない、とユングは言っているわけです。そしてそこに非常に大きい意味がある、とユングは言っているわけですね。

そういう共時性と関連する論文が出てくるわけですが、非常に注目すべきことは、空飛ぶ円盤、UFOに対する論文があります。ユングが言っているのは、問題は空飛ぶ円盤があるとかないとか言うんじゃなくて、非常にたくさんの人が空飛ぶ円盤を見たとか言っているということは、何か非常に大事な元型的なものがみんなの心の中にコンステレートしているからだ、という見方をしております。そして、これだけ世界中の人がそういうものを見ているということは、UFOがあるかないかと問う前に、人間の心の底に、いま動いている元型的なものを理解するということこそが、現代の文化を理解するのに役立つのではないか、と結論していくわけでして、こういう全体的なコンステレーションを読むということが一つの文化、あるいは時代の理解に役立つという態度が出てくるのです。そのような考えに共鳴して、私はコンステレーションということに関心を持ったわけです。

「自己実現の過程をコンステレートする」

ところで、一九六五年といいますと、私がユング研究所で資格を取りまして、日本へ帰ってきた年なんですが、ちょうどその年に、私が分析を受けておりましたC・A・マイヤー先生が六十歳になられたんです。そこで六十歳の誕生日に、弟子がみんな論文を書いてお祝いをしたんですね。そのお祝いの中に、私がアメリカで習いましたクロッパーという先生とシュピーゲルマンという方が論文を書きまして、その中にマイヤー先生について、非常におもしろいことが書いてあるんですね。

どういうことかというと、われわれが心理療法をするということは、いろんな仕事をしているんだ。確かに、いろんな仕事をしているわけですね。時には忠告を与えるときもあるし、時には来られた人の気持をちゃんと、こちらがそれを反射してあげる。あなたはこういうことを考えているんです、と明らかにしてあげることによって、相手は考えなおすこともある。あるいは、あなたのそういう行動は、こんな意味を持っているんですよ、と解釈することもある。そういうふうに、われわれ心理療法をやっている者はいろんな仕事をしている。けれども、マイヤーは特別なことをやっている。マイヤーは何をしているかというと、「コンステレートしている」という言葉がそこで出てくるんですね。

その文章はどんな文章かといいますと、クライエントが来られたら、その内容に対して何か答を言ってあげるとか、解釈してあげるんじゃなくて、その人のセルフリアライゼーション、自己実現の過程をコンステレートするんだ、と書いてあるんです。そして、その人が自己実現の過程をコンステレートして自己実現の道を歩む限りにおいて、その人にともについていくのだ、と書いてあるわけです。これは私にとって非常に衝撃だった。

どう衝撃だったかというと、コンステレーションというのは星座です。星座というのはできているんですね。だれがつくったというふうにわれわれは思っていないわけですね。私が北斗七星をつくったわけでもないし、偶然に夢と現実が合っても、これは友達がやったわけでもない、つまりそれはあくまで自動詞として考えていたわけですから、人間が何かをコンステレートするなんて他動詞として用いることなどは考えられないと思っていたんですね。

ところが、マイヤーはコンステレートする。何をコンステレートしているかというと、「自己実現の過程をコンステレートする」と書いてある。そう言われたら、なるほどと思うところがあるんです。どういうふうに思うかというと、マイヤー先生という人は何もしないんです。私も初め、分析を受けに行ってびっくりしたんですけれども、たとえば夢なんかを持っていくと、いろんなことを言ってくれるかと思うんですが、何も言わなくて、ただ聞いているだけなんですね。時々ぱーっとたばこを吸ったり、外の景色を見たり、ぼーっとしているんです。けれども、マイヤーさんに会っていると、自分の心の底から深いものが動き出すわけですね。非常に深いものが動いて、今まで考えもしなかったようなことが、あるいは夢にも見なかったようなことが浮かび上がってくる。それを話し出すと、マイヤーさんがうんうんとついてきてくれるわけですね。ついてきてくれるなら行きましょうということになるわけですが、マイヤーさんは私が行くのをずっと見てくれている。

そういうふうに、あれはマイヤーさんがコンステレートしていたのかと考えますと、僕も心理療法家としてそれをやらなくちゃならないと思うんだけれども、どうしていいかわからないわけですね。しかし、これはおもしろい英語の使い方があるものだなということが非常に印象に残っておりました。

一つの事例

そういうところから、私の一九六五年からの、日本における仕事が始まってくるわけです。これがいわば前置きでして、コンステレーションをどう考えるのかということについて、今はちょっとかたい話をしましたので、こんどは非常にわかりやすい例を挙げます。ただ、こういうときにあんまり深刻な例とか、非常に個人的な例というのは挙げることができません。今から話をする例は非常に簡単な例で、しかもクライエントの方というよりは学生さんがぽっと話し込みに来られた、という例を挙げたいと思います。

しかし、学生さんが来られたときは非常に深刻な、緊急でたまらないという格好で来られました。ぜひ私に会いたい、緊急ですと言われて、どんなことかと思って会いましたら、ぱっと入ってきて立ったまま、「先生は易を信じられますか」と言われたんですね。先生は数学を勉強して、それから心理学をやられて、西洋に行かれて、東洋のこともご存じでとか、そういうふうに言って、易を信じるか信じないか言ってくださいと。そこで私が信じますとか、信じませんと言うたら、はい、さようならと帰るぐらいの様子で来られました。

ただ、われわれはそういうところになれていますので、すぐに答えなくて、「まあ、おかけください」と言いますね。「易についてですか」と言って聞いていますと、何か話をされる。どんな話をされたかというと、実は私は在日韓国人の学生ですと言われました。そして、簡単に言いますと——これは随分昔です。二十年どころじゃない昔の話です——その方が在日韓国人の学生で、自分はいっぺん、祖国へ帰りたいと思っていた。おそらく試験か何かにパスされたんですね。非常に幸運にも帰れるようになった。自分の祖国に帰れるというのでものすごく喜んで、浮き浮きしていた。

ところが、今までそんなことは絶対にしたことがないのに、何の気なしに高島易断の本を開いたそうです。自分のところをぱっと見ると、「高みに上がって落ちる」と書いてあるんですね。それでぱっと考えたのは、これから飛行機に乗るんだ。自分の飛行機は、絶対に墜落するに違いないと思ったわけです。そうすると、すごく怖くなって、韓国ですから船でも行けるわけですけれども、飛行機に乗らないなんて言えないわけですね。そんなことは格好悪くて言えない。「高島易断で飛行機が……」とは言えない。けれども、どう考えても墜ちるとしか思えない。怖くて仕方がないんですね。

ところが、一方では我が祖国に帰りたいという気持がものすごくあるわけですね。そんなわけで、先生に易を信じるかどうか聞きに来たんですと言われました。

こういうときに、易に対してすぐ答えないというところがわれわれの特徴なんです。「易は益ないことです」とか、そういうことは言わないんですね（笑）。信じるとか信じないとか、そういうことじゃなくて、易ということを契機に、これほどの不安を起こすということは、何がコンステレートしているのかと考える。ただし、そのときに、その方に何がコンステレートしていますかとは決して言わないですね。何をするかというと、その人が言われることを一生懸命聞いていたらいいんです。一生懸命に聞いていると、その人は心の中で一番大事なことを話されるわけです。

そうすると、戦争中のことも話されて、自分が在日韓国人であるためにどれほど日本の人たちにいじめられたか、どんなにつらい思いをしたか、という話もされます。こういう話は、私はほかの人よりはわかると思います。私はだいぶ外国にいましたから、ある程度は人種差別とかも自分で体験しています。文化の違うところに住む怖さ、そのつらさがよくわかります。そういう話をされて、だから、自分はいっぺん祖国に帰りたかった。いろいろ調べてみると、祖国には非常にすばらしいことがいろいろある。それを思って、何とかして試験を受けて、通りたいと思っていた。

昔の親類もあるし、あそこも行きたいし、ここも行きたいしと思っていたという話をされているうちに、だんだん気がついてこられて、しかし、先生、遠い親類でも自分がぱっと行ったら、韓国の方はお客さんが来たらものすごい歓待する。歓待するけれども、当時のことですから、歓待をした分、ほんとうはものすごく困るかもしれない。ご飯をたくさん食べるだけでも大変という時代ですからね。そうすると、これはうっかり親類へひょいひょいと喜んで行けない。それから、韓国の歴史はすごいと思っているけれども、実際に行ってみたら、もちろん南北の戦争もありましたからいろんなことがあって、自分の思いとは違うかもしれないとか、そういう話をされるようになります。

そういうことで、またおいでくださいということになって、二日にいっぺんぐらい、しゃべりに来られるわけです。いろいろしゃべっているうちに、今度、韓国へ行ったら、親類へ行くときにはあんまり長居をしないようにするつもりですとか、こういうところを見に行くつもりだったけれども、これは割愛したほうがよろしいですとか、そういうことを具体的に話をされまして、四回目ごろは、「おかげで元気になりましたから行ってきます」と言われるんですね。

それでもよかったんですが、せっかく易の話がありましたから、私が「易はどうなっていますか」と言いましたら、「あっ、そうですね、そんなことで来たんでしたな」と言われるんですね。私がそのときに「考えてごらんなさい、すごくおもしろいと思いませんか、高みに上がるものは落ちるというイメージはすごいじゃないですか」と言ったら、はっと気がつかれました。つまり、我が祖国というのをものすごく高く見て、日本でつらかった分だけそこまで思って、おそらく行かれたらいろいろ大変なことが起こったんじゃないでしょうか。自分の思いと全然違う祖国が見えたり、あるいは親類へ行って自分は喜んでいるのに、親類の人は非常に困り者が来たと思われるかもしらんですね。

ところが、それを非常に現実に足のついた話にして行かれたわけですね。だから、そこにコンステレートしていたことは、まさに高みにのぼるものは落ちる、だから足を踏みしめて自分の国へ帰るということだったのではないか、というふうに思います。そういうふうに申し上げましたら、「ほんとうにそうですね。帰ってきたら報告にきます」と言って韓国へ行かれました。そして、後で報告に来られました。この方は、ひょっとしたらいま、日本と韓国のために随分活躍しておられる方かもしれませんが、その後は知りません。

こういうときに大事なことは、言ってこられたことに飛びつくのではなくて、すごく情動が動いている、その下のコンステレーションということについて、黙って聞いていると出てくるということです。その中でコンステレーションを読み取って、最後のところではその話に持っていくことが大切だと言えると思います。

母なるものの元型

次に、これは私自身の例を申し上げたいと思います。また、一九六五年に戻りますが、スイスから帰ってきたときのことです。当時は、家族で外国へ行くなんていうことは非常に珍しかったので、われわれ家族が帰ってきたというので、親類の人がみんな集まって、お祝いをしてくれたんですね。そして、お祝いにタイを食べておりましたら、私の母親ののどにタイの骨が刺さりまして、しかもすごく大きいのが刺さったんですね。魚の骨ぐらいと思ったところが、なかなかそうはいかなくてお医者さんへ行って、それも簡単にいかずに、随分苦労するんです。専門家の医者のところへも行きました。私はそのときにすごく考え込んでしまったんですね。祝いの骨が母親をいわば殺そうとしているといいますか、母親に敵対関係を持っている、それはどういうことかと思ったんです。

ところが、その後すぐに私は実家に帰りました。母親が私を送ってくれるときにぱっとタクシーの扉をしめようと思ったら、母親が手を出しているところだったので、すっと危うく母親の手をつぶしてしまうところでした。このときも、何か母親に対して、すごい攻撃性が加えられているということを感じました。そして、私と母親との関係ということをすぐ考えましたね。考えてみたんだけれども、そういうことはあり得ない。長い間、アメリカでもスイスでも分析を受けてきた体験を踏まえていますから、私は今さら母親に対して攻撃的な心を持つはずがない。それに、こういうことが起こっているということは、私の母ということではなくて、元型としての母。母なるものというものに対して、何か非常に攻撃的なことが行われようとしている、私はその中にいるんじゃないかというふうに思いました。

そうすると、しばらくたって、学校へ行かない子どもさんが私のところへ相談に来ました。このごろ増えましたが、当時は珍しかった不登校の子です。その子が、私の著書にも書いておりますけれども、肉のうずの中にぐうっと巻き込まれて、叫び声を上げて目が覚めたという夢を報告されました。私はそれを聞いて、肉のうずというのははほんとうに母なるものというか、肉の中に全部吸い込んでしまうという感じですから、これは私の問題とか、この子の問題とかではなくて、日本文化というもの、あるいは日本の社会というものが、母なるものの元型にすごく大きい影響を受けて動いている社会なんだなということを思いました。そういうところへ自分は帰ってきたんだ。そういうところへ帰ってきて、そういう中で自分はどう生きるのか。そういう中で、自分は心理療法家として何ができるのか、ということをすごく思ったわけです。

それが「母性社会」というふうな言葉になりまして、発表したりしたわけですが、これが時々誤解されまして、「母性社会なんて言ったって、日本にはこのごろ母性的な女性が少なくなった」なんて言う人がいますが、そんなことを言っているのではないんですね。私が母なるものと言っているのは、もっと元型的なもので、すべてをのみ込んでいくとか、あるいはなるべくみんな一緒にやりましょうとか、個性というものを磨滅するようなネガティブな面――もちろん、ポジティブな面もあります――をもつ、そういう意味で母性社会と言っているわけです。やはり母なるもののコンステレーションということは、日本人全体の問題ではないかと思ったわけです。そんなふうにして考えるのが、コンステレーションという考え方なんです。

意味を見出すということ

この例でわかっていただいたと思うんですが、そうすると次にコンステレーションという考え方は、どういう意義を持っているのかということになります。今の話でわかると思いますが、何かに意味を見出すということがすごく大きいんじゃないかと思います。先ほどの例で言いますと、例えば高島易断を見て、飛行機が墜ちると思ったときに、そんなばかなことを考えるなとか、あるいは易なんていうのは当たるんだとか、当たらないんだとか、そんな議論じゃなくて、それを見て不安に感じた自分にとっての意味、その意味は何かということですね。先ほども言いましたように、自分は祖国というものに対して、あまりにも高いイメージを持ち過ぎていなかったか。そして、そこへ今から自分が帰っていくということ、そこを訪ねていくということの意味をどう考えようかという問題になりますので、その人がどう生きていったらいいかということの意味がはっきりわかる。これが、私は大事なことだと思うんです。

例えば、私が学校へ行かない子どもに会っていても、学校へなかなか行かない。そして、何とかかんとかするうちに、とうとう行くようになった。ただ、行かなかった子が行ったというだけではなくて、その背後にある母なるものの意味を感じる場合、私かその人に会っているということに、私自身にとってもはっきり意味があるわけです。つまり、学校へ行っていないというつまらない人を、私のような健康な人が何とか引き上げて、学校へ連れていってあげるというような意味じゃなくて、中学生としてあなたも日本の母なるものと格闘しているんですか、私もしているんです。格闘のレベルなり、格闘の質なりは違うけれども。そう考えると、私はその人にお会いしていることの意味が非常にはっきりする。

　この意味がわかるということは、人間にとってすごく大事なことじゃないでしょうか。意味がわかるかわからないかで、ほんとうに違う。わけのわからない仕事を長続きさせることは非常に難しいです。意味がわかっているからやるわけですね。そのときに全体を見て、この意味だとわかる。そして、そのときに、こういう考え方は因果的な考え方を補うのです。因果的に物事を考えることは、人間にとって非常に大事なことでして、こういう原因があって、こういう結果があるということがわかりますと、その現象を私がコントロールできるようになります。つまり、これを押せばこう動くということがわかれば、動かしたい分だけ動かせます。あるいは、このマイクでも、どうしたら高くなるか低くなるかわかっているので、私にちょうどぐらいに高くすることができる。こうすればこうなるということが非常に大事ですので、人間は何とかして因果関係を見つけようとします。因果関係を見つけたら勝ちですからね。

　ところが、人間が自分のことを考えたり、他人のことを考えたりするときに、因果的に考え過ぎると、間違いを起こすのではないかと思うんです。これは例を挙げるとわかりやすいと思いますが、われわれのところへ来られる人が必ず、「なぜこうなりましたか」と理由を聞かれますね。子どもは学校へ行っていないんです。先生、どうしてですかとわけを聞かれる。そうすると、子どももかわいそうなんです。みんなも、わけがわかったら治ると思っていますから詰め寄るんです。そうすると子どもに、「おまえ、何で学校へ行っていない、理由を言いなさい」と言うと、ほんとうは理由なんてわからんです、本人は。ただ、行っていないんです、要するにね。

学校へ行っていないという子は、多くの場合は本人もほんとうは行きたいぐらいなんです。本人も行こうと思うし、前の晩に時間割をしたりするぐらいなんだけれども、行こうと思っても、何か動けないものがあるんですね。ところが、親が、「あんた、何で行ってないんですか、理由を言いなさい」と言うと、無理にでも言わないかんと思って、やっぱりサービス精神が出てきて、途中に犬がいるからとか何とかって言う。そう言うと、親のほうがほっとして、犬か、あの犬をのけようというようなことで、犬がのけられると困るんですね。次の理由を考えなければいかんわけですから。そうすると、先生がちょっと怖いとか言うと、先生が怖いから行っていない、これは学校が問題だということになりますね。

そのときに私がよく思うのは、何が理由かというときに、なるべく「私」という人間を理由にしない。おまえが理由だと言われると大変なことになりますから。子どもが学校へ行っていないと、お母さんはなるべくお父さんが悪いからではないかと思いたがっているし、お父さんはお母さんが悪いと思っているような気がする。つまり、こういうことなんですね。「私」という人間は外にいまして、ここで何か起こっている、ここで原因があって結果がある。だから、ここを押せばこう治ると、こうやりたいんですね。「私」は何を考えているかといったら、ボタン押しをやりたいわけです。どういうことかといったら、お父さん、反省しなさいとか、文部省はしっかりやれとか、そういうふうにぱっと言うと、「私」は安全なんですね。

全体がお互いに関係をもつ

ところが、実際はそうじゃないでしょう。人間が生きているということは、こんなことではないんです。現象の中に私が入っているんです。私が入っているということは、全体がお互いに不思議な関係を持っていることだ。そうすると、例えば自分の子どもが学校へ行かない。そのときに、だれが悪いというんじゃなくて、この子が学校へ行かないということに、どういうことがコンステレートしているのか、その家に、その社会に、あるいはその個人に。というふうな見方をすることによって、われわれの生き方が変わってくる。

それで、コンステレーションという考え方をしますと、全人間、全人的なかかわりをしたくなる。因果論の考え方のほうは、要するに頭だけで物事が処理できたり、指先一本でできるわけです。この指先一本で物事をするというのは、最近の機械がみんなそうですね。ぱっとワンタッチでダッダッダといろいろできるわけです。それが一般化しているので、自分の子どもをワンタッチで学校へ行かせたいわけですね。これはよく言いますけれども、ほんとうにそう言われたお父さんがおられますからね。「先生、これだけ科学が発達して、ボタン一つ押せばロケットが月に行っているでしょう。うちの息子を学校へ行かすボタンはどこにあるんですか」って言われた方があります。

父親は現象の外におって、ボタンを押して子どもを学校へ行かせたい。しかし、これはできないんです。なぜかというと、子どもは生きていますから。子どもが生きているということは、命を持っているということは、ワンタッチで動かすことができないし、命を持ったものと命を持ったものが会うということは、関係ができてくるということです。そのときには、全体的なコンステレーションを読むと、そうだ、そうすると、私はこう生きねばならないとか、うちの子どもが学校へ行かないことの意味は、私にとって何を意味するのかというふうになってきまして、自分が動いていこうということになります。だから、コンステレーションを読み取るということは非常に大事なことです。

つまり、先ほどの例で言いますと、私が日本における母なるものとどう関係してゆくのかというような感じで、あるいは在日韓国人の学生さんが単に易を信じる、信じないじゃなくて、自分はどのような考え方で、どのような態度で祖国へ帰っていくのかというふうに考える間に、自分がかかわってくるんですね。そして、現代という時代は、全人的なかかわりがちょっと少なくなり過ぎているというふうに思います。それは、いろんなことがあまりにも便利になりましたからね。実際、われわれは切符を買うときに、全人的かかわりを持って切符を買いに来られたらたまったものではないと思うんですね。「京都へ参ります」とか全力をあげて言われても大変ですが、小さい声で、「京都」、「はいっ」と機能的に動いているときには全人的にかかわらない。だから、声までみんな、機能的な声になるでしょう。

例えば、電車で「次は京都」というふうに言われますね。そのとき、「次は京都でっせ」とか車掌さんが言いに来たら、こっちも「えっ」となりますが（笑）、そうはやらない。近代というのは、そういうふうに全人的かかわりを避けて、機能的に能率よくというのをやってきたんです。これは、僕は悪いと言っていません、成功しているんです。場合によっては非常に成功しているんですけれども、それをどんなときでも、家庭でもやろうとするところにすごい誤りがあるんじゃないか。そのときに、私が言いましたような見方は非常に意味を持っている。

ただし、何でもいいことというのには悪いことがあるものでして、コンステレーションとか、こういう考え方が好きになり過ぎるのも問題です。こういう人は、何でもコンステレーションに見えてくるんですね。例えば、きょう、ここへ来られて、コンステレーションというお話があるなと思って、帰りにそこらを歩いておられますと、イタリア会館で占星術について話をしている。これは星がコンステレートしている。今晩から天文学をやろう（笑）とかすると、現実からがたがたとずれてしまうんです。

コンステレーションを私が読む

しかし、コンステレーションというのは、私がそう読んだのだというふうに言えるところがおもしろいと思います。つまり、これを押したら動くという場合、これは私じゃなくてもどなたがやられても動くわけです。ところが、先ほどの易の話にしても、「ああ、そうですか、その易の意味を私はこう考えます」というふうに言われたために、その学生さんは態度が変わってくるわけです。ほかの人が易の話を聞いても、何も思われないかもしれません。コンステレーションの読みという中に、その人の個性が入ってくるところが非常に意味を持っているんじゃないかと私は思います。だから、私はこう読んだと言うべきだと思うんです。これが正しいというんじゃなくて。そんなふうに考えまして、私は心理療法家としてコンステレーションということを大事に考えるようになりました。

そうしますと、私はさっきのマイヤー先生じゃないですけれども、来られた方の心の中の底のほうに、何かコンステレートするようなことができるだろうかと考えまして、私の得た結論は、文字どおり私が何かをコンステレートするなんていうことはできない。できないけれども、自己実現の過程が起こりやすい状況にするということはできるのではないかと思うのです。

それは具体例で言いますと、私の前にどなたかが来られて、「私は学校へ行っていない」ということを言われますね。そうすると、普通の人はすぐに質問して、「あなたはいつから行っていませんか」とか、「なぜ行っていないんですか」とか尋ねていくわけですね。そうすると、話がすっと限定されていくわけです。ところが、われわれは、その方が「私は学校へ行っていないんです」と言われても、「行っていないんですか」と言うだけで、開いた姿勢で待っているわけです。開いた姿勢で待っているということは、その人が学校へ行っていないという次に、私の父親はこんなことをやっていますと言ってもいいし、何にも言わなくてもいいし、極端な場合は寝てもいいわけです。時々、実際に眠る人もあるぐらいですね。その人にとっては、そこで休むということがものすごく大事なことだったろうと思いますね。

そういうふうな、何事が起ころうと大丈夫というふうに開かれた態度に持っていく。そして、できるだけ開かれた態度でコンステレーションを読めたら読みましょうと思っている。それから、読みについていろんなことを知っていること。いろんなことを知っていると言いましたが、例えばさっきから出ている易経なんていうものは、そういうコンステレーションを読んだことの一つの非常にすばらしい例ではないかと思います。易経をお読みになったらわかりますが、いろんなイメージが出ていますね。山はどうなっているかとか、川はどうなっているかとか、星はどうなっているか。ぼーっと見た全体のイメージというものは、ある種のまさにコンステレーションを成しているわけです。そういう読みのイメージを私自身がたくさん持っていることが大事ではないでしょうか。

そして、そういうものをたくさん持ちながら、その人がどう動いていこうと大丈夫ですというふうにしていると、その人の心の中から深いことが出てくるわけですから、その場合、表現としてはマイヤーさんがコンステレートしたというふうな言い方をしてもいいけれども、実際はそうでないと私は思います。厳密に言うならば、そういうコンステレーションが非常に起こりやすい状況に持っていくということじゃないか。

余計なことをしない、が心はかかわる

そして、言ってみると、最もコンステレートしやすい状況というのは、われわれが

余計なことをしないということだと思います。これは簡単なようで、ものすごく難しいことです。自分が考えましても、反省しても、どうしても何かしてしまうんですね。それは困った人を助けようという気持がすぐに出てきて、ほんとうは助けられることはないんですけれども、どうしても助けたくなってくるんですね。そうじゃなくて、私が助けるのではない。この人の心の中に何かでき上がってくるんだということがもっとわかれば、相当なときでも待てると思うんですが、なかなかそうはいきません。だんだん訓練して、そんなふうになってきたと私は思いますけれども、なかなかそうはなりません。

何もしないというと、ほんとうに何もしないんだと思う人がおりましてちょっと困るんです。「それやったら、私はいつもやっている」なんて言う人もおられます（笑）が、そんな単純なことではなくて、何もしないというのは、余計な手を出さない。余計な手は出していないですけれども、心はほんとうにかかわっていくわけです。だから、どなたかが「私は死にたい」と言われるときには、その死にたいというところによって、私の心は全面的にかかわっていかなくちゃならない。その死にたいという表現によって、この人はどのようなコンステレーションを表現しようとしているのか。そのようなコンステレーションの中に私はどう生きるのかというふうにはなっているけれども、「死にたい、それじゃ助けましょう」とか、「やめておきなさい」というふうにはすぐにはいかない。私の力の及ぶ限りは、その人の死にたいというほうへついていこうとするわけです。

そのときに、私が心から切れてしまって、この人の中に何がコンステレートしているだろうという見方をしても、絶対にこれは通じません。私も含めた全体として何がコンステレートしているか。そして、もしそういうコンステレーションがあるならば、私もその中に生きるということなんです。そういうことをするのが心理療法家の役目であり、それを実際にそうだというのではないけれども、わかりやすい表現をすれば、マイヤーさんのように自己実現の過程をコンステレートするという言い方をしてもいいんじゃないか。そういうことを私もやってみようと考えてきました。

気配を読み取る

ところで、このコンステレーションということを非常にうまく示してくれている例があります。これは私の好きな長新太さんの絵本なんですが、傑作なのがありますから、ちょっと見てもらおうと思います。長新太さんは、ほんとうに天才的と言っていいぐらいの人ですけれども、この方の絵本に『ブタヤマさんたら　ブタヤマさん』という絵本があります。このブタヤマさんの絵本があんまりすばらしいので、ちょっと

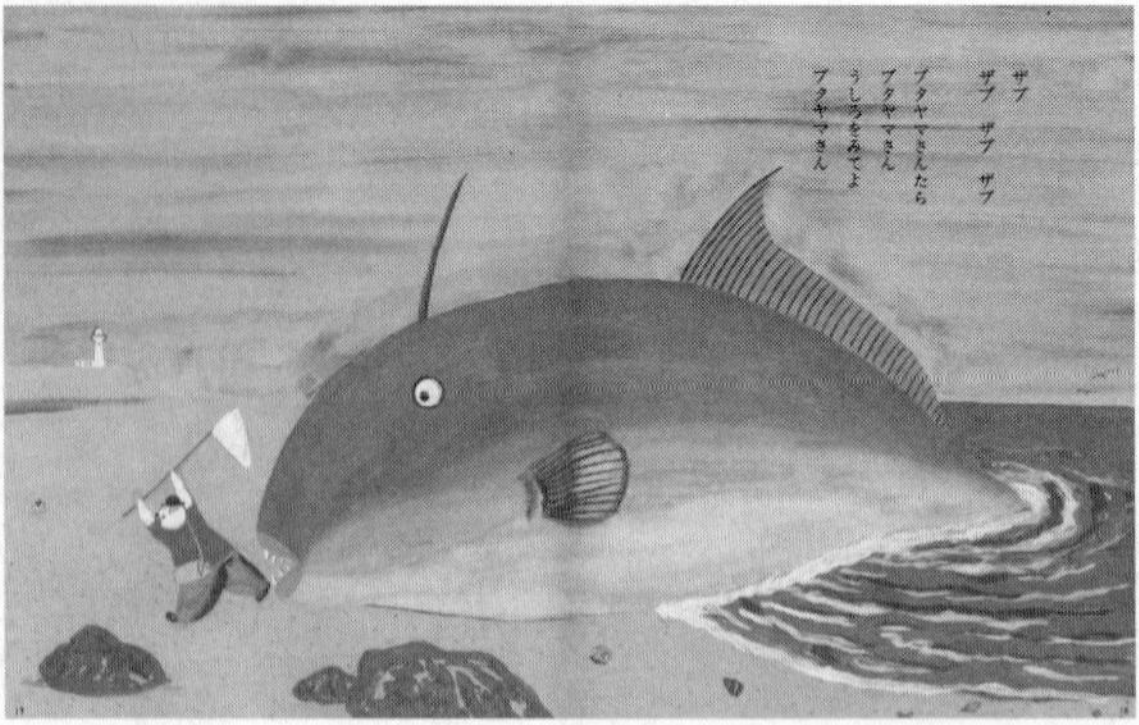

長新太『ブタヤマさんたら　ブタヤマさん』（文研出版、1986年）より

皆さんに見ていただきたいと思います。

これがブタヤマさんの表紙です。これがブタヤマさんです。ブタヤマさんはチョウをとるのに夢中です。後ろから何が来てもわかりません。夢中で前を見ていますから、後ろから何が来てもわからないんです。そうすると、ひゅーどろどろどろ、ブタヤマさんたらブタヤマさん、後ろを見てよ、ブタヤマさん、こんなのが出てくるわけですが、ブタヤマさんは前だけを見ているのでわかりません。次は、こんなやつが出てきます。後ろを見てよ。ブタヤマさんは、まだチョウばっかり見ています。こんなのも出てきます。セミがおしっこをしていますが、後ろを見てよ。こんなのも出てきます。まだ、ブタヤマさんは前のチョウばかり見ています。こんなのも出てきます。後ろを見てよ、ブタヤマさん。

そこで、とうとう「何、どうしたの、何か御用」とブタヤマさんが後ろを見て言いました。後ろには何もいませんでした。ここが大事なんですね。これ、すごくうまいと思うんですが、ここだけ絵がないでしょう。白紙になっているんですね。

また、ブタヤマさんは前を見て、チョウをねらっていると、また、ブタヤマさんと、こういうのが出てきます。こういうすごいやつも出てきます。ブタヤマさん、相変わらずチョウに熱心です。また、こんなのが出てきます。みんな、後ろを見てよと言っていますね。ヘビも出てきました。そして最後、「何、どうしたの、何か御用」とブタヤマさんが言いました。後ろには何もいません。ブタヤマさんは、またチョウをとりに出かけます。風がそよそよと吹いているのでした。

えらいのどかな風が吹いているんですが、要するにコンステレーションを見るということは、いいときに後ろを見ないとだめなんですね。ぱっと見たら、ぱっと見えるんです。ところが、それを見ないとわからない。これは、私、すごく衝撃を感じましたのは、ブタヤマさんがチョウをとりに行っているでしょう。チョウというのは、ギリシャ語でプシケでして、これはチョウでもあるし、心でもあるんです。そういうふうに見ますと、このブタヤマさんというのは心理学者のような気がするんですね。心理学者は心を追いかけて、ぱーっとやっているんですけれども、後ろからいろんなのが来ているのに全然見ない。時々、非常に上手に、何にもないときに後ろを見るんですね。そして、言うんです。「後ろを見ました、完全に見ました。何もありませんでした。そよそよ風が吹いてきました」とか何とか言って、「私は実証的にやっております」と言うんだけれども、一番大事なときに後ろを向いていない。

私は、チョウを相手にしているところが特に印象的だったので好きだったんですが、これは皆さんがよくご存じの鶴見俊輔さんと対談したときに、長さんというのはすごいですなと言うので、この話をしたら、鶴見さんがええことを言われましたね。「ああ、気配がわからなだめですな」と言うんですね。後ろからこう来ているのは、気配というものなんです。だから、われわれ心理学とか臨床心理学をやるものは、気配を読み取らなくちゃだめなんです。前ばっかり見て、何もないときに後ろを見て、前も後ろも何もありませんというんじゃなくて、気配をさとるというのも、これは僕はコンステレーションを読むということと大いに関係しているんじゃないかなと思います。

そういうことを読み取れる人間として、われわれが成長していく、努力するということが大事ではないかということを、この絵本が非常にうまくあらわしてくれていると思います。

コンステレーションと物語

スライドを出しましたので続けて見せますが、先ほどから言っているコンステレーションというものをぴたっと見せる一番わかりやすいものとしては、図形によって見せるということがありますね。それがここに見せますような、例えば曼荼羅のような表現は、まさに世界全体を一つのコンステレーションとして読み切って表現している。これはユングの『人間と象徴』という本の表紙に使っているチベットの曼荼羅ですが、一つの世界あるいは世界観ですね。私は世界をこう見たのだということを表現するときに曼荼羅ということがあります。

曼荼羅のことはあんまり詳しく言いませんが、ユングは自分の精神的な危機を乗り越えるときに、自分もそういう絵をかいて克服してきたわけですね。当時、ユングは曼荼羅のことを全然知らなかった。上の図は、ユングが一番初めにかいた曼荼羅です。ユングは何も曼荼羅のことなんかを知らずに、ものすごい精神的な危機を乗り越えて、それこそ心全体が何かでき上がってくる、まさに気配、治っていくという、その感じを絵でかこうと思って、かくことによって心がますます平静になってくるというのでかいていたわけです。この下のあたりに、たしかアブラクサス（グノーシス主義における両義的な性質を持つ神。ユング『自伝』付録「死者への七つの語らい」と『赤の書』に登場）というのがいると思います。ヘルマン・ヘッセはこれに感激して『デミアン』をかくんですけれども、上は明るい世界ですね。下にアブラクサスがいるわけで

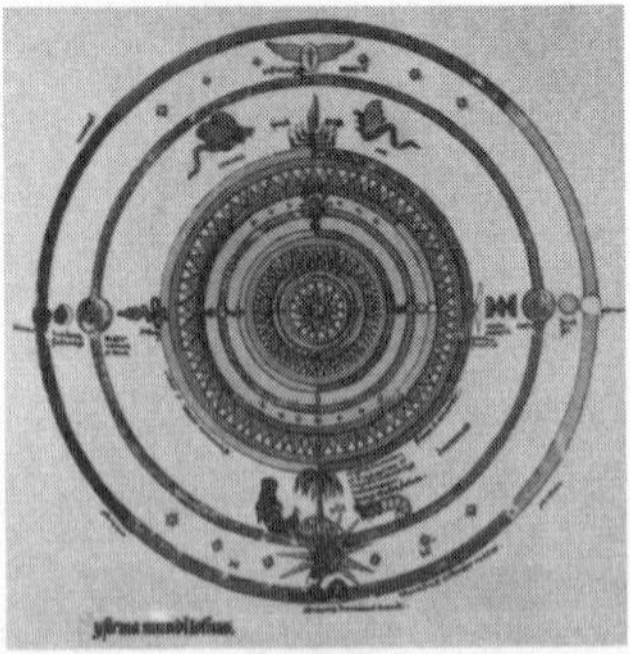

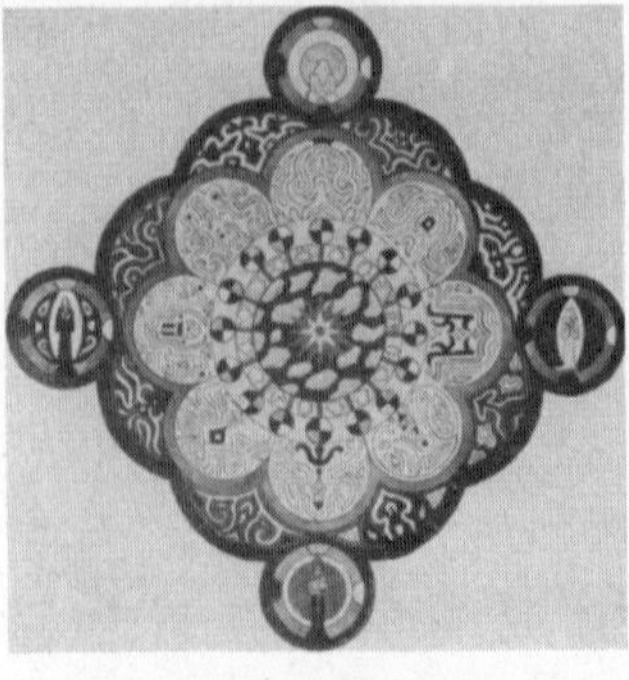

（上）ユングの曼荼羅（The Collected Works of C. G. Jung, vol. 9. Part 1, Pantheon Books, 1959）より
（下）ユングの曼荼羅（The Secret of The Gold-en Flower, Routledge & Kegan Paul, 1931）より

すが、こういう曼荼羅をユングはかいています。たくさんかいていますが、もう一つお見せします。

　下の図なんかは、わりと東洋的な感じを皆さんは持たれると思いますが、ここにいるような賢者はそういう感じを持っていますね。ユングはそういうことを知らずに自分がかいて、病いを克服していったわけですね。一九二八年ぐらいにチベットの曼荼羅のことを知って、自分は勝手なことをしていると思ったけれども、東洋にもそういうものがあったのだ。だから、これは非常に普遍的な意味を持っているというので、思い切って発表していくわけです。

私は箱庭療法をやっておりますが、箱庭療法でも、こういう曼荼羅の表現が出てきます。詳しいことは申し上げませんが、これはやはり全体的な中に一人の女の子と言っていいでしょうか、女性の誕生といいますか、女性というものが生まれてきたということを表現する曼荼羅（図1参照）。その中にこういう花とか、貝とか、そういうものが入ってくるところがまたおもしろいところですが、こういう表現が出てきます。個人的なことは言えませんので、見せるだけで辛抱してください。こんなふうな曼荼羅もあります。非常に抽象的な曼荼羅で、これは見ていてもあんまりいい感じがしませんね。だから、曼荼羅が出てきたら、ああよかったというふうな単純なものではありません。こんなふうに世界を見ている人もあるということです（図2）。次にこれも一種の曼荼羅のような感じで、ここに一人の人が橋を越えて、向こうの男性に会おうとしているところが描かれています。花が咲いて、二つの角には、動物がいますね。こういう全体的な表現（図3）。

いま、こういうのをちょっとお見せしたのは、曼荼羅のことを言いたかったんじゃなくて、あれを見ておられても、皆さん心の中で何か話が出てくると思うんですね。最後のあれからどうなるんだろうとか、それから女の子が誕生して、どういう人生を生きるんだろうか。そして、考えてみますと、ブタヤマさんだって、ずっと話になっ

図1

図2

図3

ていますけれども、おそらく長さんが見たのは、だれかが昆虫採集をしているところぐらいを見たんじゃないでしょうか。あるいは、表紙にあったようなところですね。

つまり、ぱっと見て、あっという、ぱっと見たことというのは、まさに共時的、一つの時間に共時的に把握されたことをみんなに伝えようと思うと、時間がかかって、これは物語になってくるということを言いたいんです。だから、コンステレーションというのは、一瞬のコンステレーションとしてぱっと見せられるんだけれども、これを展開していくと物語になる。そして、物語るということによってこそ、コンステレーションは非常にうまくみんなに伝えられるのではないか。

そして、皆さん、すぐおわかりだと思いますが、物語と星座とは関係があるでしょう。あんな星を七つか八つ、ぱっと見ただけで、あれが物語を生み出してくるわけです。人間の心というものは、このコンステレーションを表現するときに物語ろうとする傾向を持っているということだと私は思います。いま図だけを見せましたが、例えばモーツァルトが同じようなことを言っていますね。だから、モーツァルトが、自分は自分の交響楽を一瞬のうちに聞くんだと言っていますね。だから、モーツァルトがぱっと把握した、これというコンステレーション。それをみんなにわかるように時間をかけて流すと、二十分かかる交響楽というふうになってしまった。それと同じようなことで、星の姿というものを話そうとすると、ギリシャ神話のような話になってくるというふうに言うことができます。

だから、われわれの人生も、言ってみれば一瞬にしてすべてを持っている。例えば、私がいま話しているこの一瞬に、私の人生の過去も現在も全部入っているかもしれない。それは、時間をかけて物語ることができると考えられまして、私が心理療法の仕事をしているのは、来られた方が自分の物語を発見して、自分の物語を見出していかれるのを助けているのではないかな、と思っています。私がつくるのではなくて、来られた方がそれを見出される。

日本の神話をいかに語るか

私自身はいま、その物語ということに関連して日本の神話にすごい関心を持っています。日本の神話については、実は一九六五年にユング研究所で資格を取りましたときに、論文を書いたんです。そのときに試験官であったマイヤー先生が、おまえがここに書いたことはぜひ日本に持って帰って知らせるべきだと言われたんですが、私はそれを日本の人に知らせるのはなかなか難しいだろうと思うと言ったのを覚えています。というのは、私自身がそうですけれども、戦争を体験していますので、日本の神話に対しては非常に恨みがあるんですね。あのばかな神話のために、どれだけたくさんの人が死に、どれだけばかなことが起こったかということを知っているわけです。

しかし、それは、それを使った者がばかなことをしただけであって、日本の神話そのものは何も悪くもないし、よくもない。一つのすごい物語として存在していると考えてきますと、今度は不思議なことに、日本の神話が私にとってものすごい意味を持ち始めてきました。

きょうはコンステレーションの話をして最終の講義を終わるんですが、今後は国際日本文化研究センターへ行きますので、これから何年かかかって、日本の物語としての神話をいかに語るかということをやっていきたいと思っております。この次にやりたいと思っていることを最後に申し上げて、これで私の京都大学での最終の講義を終わります。

一九九二年（平成四）三月一四日　京都大学法経四番教室

スーパーシステムとしての免疫

多田富雄

［概説］高校時代の多田が強い興奮を覚えたものに、シュペーマンのオルガナイザー実験があった。このオルガナイザーの実体が、実はホルモン様分子としてすでに知られていたアクチビンであり、さらにこのアクチビンの分子の濃度勾配によって様々な器官の発生が説明できることも分かってきた。またこのアクチビンがサイトカインの一つであるTGFβ分子ファミリーに属すると判明したことで、発生における誘導現象の少なくとも一部が、広い意味でのサイトカイン様物質によって規定されていたといえる。サイトカインは、一種類の分子が多機能性を持ち、一方で複数種類の分子が同じ機能を持つ冗長性があり、結果的に不確実性と曖昧性を併せ持つ分子群である。神のプログラムのように正確で整然と進行する個体発生さえもが、こうした曖昧性を持った分子によって媒介されていたことの衝撃から、生命の再考へと議論が進む。個体発生のプロセスに入り込んでいる確率論的なプロセスは、免疫系の成立過程でもみごとに繰り返されている。こうした分化と発生の運命を決定しているのが位置の情報と誘導の情報であり、この現象もまた両者に共通する。このような、自己生成的な情報特徴を持ち、自ら自己の境界を決定している生体システムを多田は「スーパーシステム」と名づける。この概念は「自己」をめぐる議論を介して、精神的な自己や一人の人間の存在のみならず、あらゆる人間の営みへと拡大できるのではないか。

――ホラ貝の音とともに突然山伏が現れ、ホラ貝を吹きながら教壇を一巡して退場――

ルーツとなった個体発生

さきほど山形県羽黒山の山伏星野坊が、お清めのホラ貝を吹いて下さったものですから、私も今からホラの吹き納めをいたします。

私が中学校に入りました頃、ちょうど終戦直後のことでありましたが、私はすばらしい生物の先生に出会いました。最近亡くなられましたが木村信之先生という方で、授業時間に私たちをよく野や山に連れていって下さって、草や虫の名前などを教えてくれました。気がついた時にはいっぱしの昆虫少年、植物少年になっていました。それが私が生き物、生物に興味をもつようになったきっかけではないかと思っています。

その頃の生物学というのは、今の分子生物学とは違って、本当の生き物についての科学でした。今の分子生物学は生き物を扱っている学とは思いません。この時生き物に興味を持ったということが、あとで医学部に入り、最終的には基礎医学の研究に入ったきっかけになったと思っています。

高等学校に入りましても、おかげで生物が好きで、ここにもとてもいい生物の先生がおられたのですが、そのころの授業でシュペーマンのオルガナイザーの実験の話を聞いて私は大変興奮しました。みなさんも覚えておられると思いますが、イモリの胚《はい》の発生初期のいわゆる胞胚の時期に原口《げんこう》の陥入が起こったとき、その上唇部の細胞を別のイモリの胚の腹側に移植すると、そこから二次胚が形成されて、もともとのイモリの幼生のほかに、顔をつき合わせたようにしてもう一つの頭ができ、しっぽが出来てきます。すごく可愛い目をした二つの頭がついているイモリが出来ている絵を見て、胸がドキドキするほど感動したのを覚えています。

生物の発生というのは、まるで神様がプログラムしたように見事に順序正しく整然と起こってくるプロセスなのですが、それを誘導するオルガナイザーというものが存在する。(1) その神秘に生物学は立ち入ろうとしているらしい。

最近、私をあんなにドキドキさせたシュペーマンのオルガナイザーの実体が、少しずつ明らかにされつつあります。

東大教養学部の浅島誠教授が研究しておられるアクチビンという分子があります。(2、3) このアクチビンを、アフリカツメガエルの胚の腹側に二・五ピコグラムという超微量を注射しますと、ちょうどシュペーマンが原口上唇部の細胞を移植することで第二の

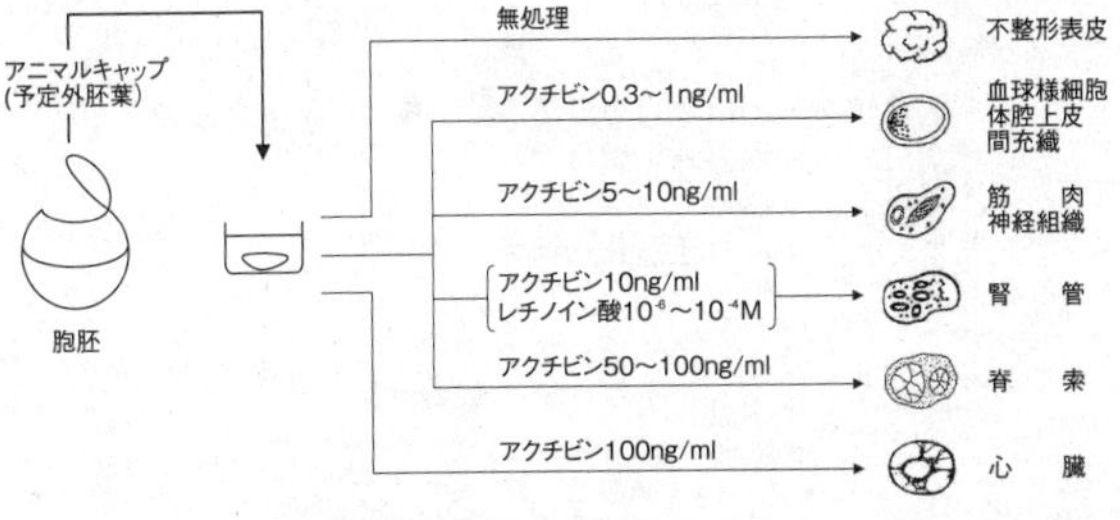

図1　誘導因子としてのアクチビン

幼生を同じ胚の中に誘導したのと同じように、二次胚の誘導現象がみられることが報告されています。もともとの幼生の腹側にもう一匹の幼生のしっぽが出現します。すなわちアクチビンは、オルガナイザーとして二次胚の発生を誘導する作用を持っているということが分かったわけです。

もう少し浅島教授の研究を引用させて頂きます。浅島先生は、試験管内の培養系でいろいろな濃度のアクチビンを使って、中胚葉性組織の発生の実験をやっています。アフリカツメガエルの胞胚の上方に位置する動物極の部分、これをアニマルキャップといいますが、この部分の細胞が移動して外胚葉ができるので予定外胚葉とも呼ばれます。さらにそこから細胞が移動して、中胚葉性の組織が形成されてくるわけです。

浅島教授は、このアニマルキャップを食塩水の中で培養する実験を行いました。そのまま何も入れないで培養しますと、不整形の表皮様の細胞が増えてそのまま死ん

分子量25,000、インヒビンβ鎖のダイマー
ゴナドトロピンおよびFSHの分泌調節、ステロイド合成調節
赤芽球系白血病細胞の分化誘導
リンパ球増殖の調節
アフリカツメガエル中胚葉分化誘導
糖代謝調節
TGFβファミリーの一つ
レセプターもTGFβレセプターファミリーの一つ

表1　アクチビン

でしまいます。しかし、そこにアクチビンをごく少量加えておくと、体腔上皮ができて内腔を形成し、その中に血球様の細胞や間葉系の細胞が現れることを発見しました。

さらにアクチビンの濃度を一〇倍ほど高めますと、筋肉細胞が現れ、筋肉細胞から二次的に誘導された神経組織が出てくることも分かりました。さらにアクチビンの他にレチノイン酸をごく微量加えますと、腎管が形成されて腎臓に相当する組織形成が起こるのです。さらに高濃度のアクチビンを加えますと、脊索ができたり、心臓様の組織ができて鼓動を始めたりするというのです。

私が少年の頃に胸をときめかせながら読んだ発生の秘密が、アクチビンというごく単純な分子の濃度勾配で説明できることが分かって私は強い衝撃を受けました。しかもこのアクチビンは、もともと脳下垂体の濾胞《ろほう》刺激ホルモン(follicle-stimulating hormone／FSH)の分泌を調節するペプチド性のホルモン様分子としてすでに知られていたものです。分子量二万五〇〇〇のペプチドのダイマーで、これ

が別のペプチド（α鎖）と結合すると、ＦＳＨ分泌の抑制に働くインヒビンになります。そのほか、フレンドウイルスで発生した赤芽球系の白血病細胞に加えると赤血球への分化が誘導されることなども知られているし、[4]他にも様々な機能があることが分かっていたのです。そんなホルモンの調節因子、血球系細胞の分化誘導因子という働きを持っていたホルモン様の分子が、なんと発生という「神のプログラム」を動かしていたのですから、ショックを受けたわけです。

驚きはそればかりではありません。アクチビンの遺伝子が単離されて、一次構造が決定されてみますと、それが免疫系で働いているサイトカインのひとつＴＧＦβ（transforming growth factor β／トランスフォーミング成長因子β）と高度のホモロジーを持っており、基本的にはＴＧＦβ分子ファミリーに属することが分かったのです。アクチビンのレセプターも、ＴＧＦβレセプターファミリーに属することが明らかにされています。ＴＧＦβは、いうまでもなく代表的なサイトカインで、しかもきわめて多様な機能を持っているサイトカインです。ＴＧＦβ自身も、アクチビンと同様な中胚葉性組織誘導能力を持っていることも分かっています。つまり発生における誘導現象の少なくとも一部は、広い意味でのサイトカイン様物質によって規定されていたのです。

サイトカインの一般的性質

サイトカインといえば、これはもう免疫系の重要なメディエーターです。ここでサイトカインの性質についてお話しておきます。

サイトカインは、ここでは細胞性活性因子群ととりあえず訳しておきますが、それにはいくつかの特徴があります。表2にサイトカインに関するいくつかのキーワードをあげておきます。まず、いろいろな異なった細胞が同じ種類のサイトカインを作り出します。アクチビンも、卵母細胞や白血病細胞など様々な細胞が作っていることが知られていますが、サイトカインの方も同じサイトカインをいろいろな細胞が作り出します。

それから、同じサイトカインに対していろいろな細胞が異なった反応をします。例えば、IL－6について見てみますと、作る方も、マクロファージ、T細胞、B細胞、線維芽細胞、骨髄のストローマなど様々ですが、反応する方も、B細胞のプラズマ細胞への分化、T細胞ではキラーT細胞の誘導、造血幹細胞のコロニー誘導、破骨細胞の活性化、皮膚ケラチノサイトの増殖、脳下垂体のホルモン分泌の促進、肝細胞の急性期反応物質の産生、その他様々な反応となって現れます。

多様な細胞が産生
多様な細胞が反応
増殖、分化、炎症、運動、成長などを調節
IL、CSF、IFN、GF、TGFなどを含む
多機能性、多目的性、冗長性、曖昧性
オートクライン、パラクライン、エンドクライン
サイトカインネットワーク

表2　サイトカイン：細胞性活性因子群

また同じような作用を持っているサイトカインが複数あることも特徴です。現在30種あまりのサイトカインが知られていますが、いずれもこうした多様な働きを持っていて、初め期待されていたような単一の特異的な働きのようなものはありません。サイトカインは、これまで、インターロイキン、インターフェロン、増殖因子、分化因子、コロニー刺激因子として知られていたものを含みますが、アクチビンを含めてペプチド性のホルモン様の働きを持っている分子も広い意味でのサイトカインといってもさしつかえないと思います。

いま述べたような特徴をもとにしてサイトカインの基本的な性質を要約しますと、次のようなことになります。まず第一に、一つのサイトカインが多様な機能を持つことに対して「多機能性」「多目的性」というようなキーワードが与えられるでしょう。次に同じような働きをするサイトカインが複数あり、それも様々な細胞が作り出す、つまり「冗長性」です。さらに働く相手の細胞によってアウトプットが異なるので、生体反応としては「不確実性」ということも現れるでしょう。

さらにサイトカインの働きはそれが働く状況によって異なるので「だらしなさ（degeneracy）」とか「曖昧性《あいまい》（ambiguity）」というようなキーワードも与えられると思います。曖昧性を徹底的に排除しようとしてきた近代医学がいま相手にしようとしているのは、生体反応の側からみると本質的な不確かさと曖昧性を持っているサイトカインなのです。

サイトカインがどうやって働いているかというと、細胞自身がサイトカインを作り出して、自分のレセプターに働かせて反応する、いわゆるオートクライン（autocrine）、ごく近傍にいる細胞にだけ働くパラクライン（paracrine）、さらに遠隔の細胞に働くエンドクライン（endocrine）というような働き方がある。いろいろなサイトカインが異なった細胞間で作用し合い、調節し合うようにネットワークを作っているというのが現在の考え方です。しかし、それだけでは曖昧性や不確実性の問題は解決しません。

私がショックを受けたと言ったのは、神のプログラムのように正確で整然と進行する個体発生さえもが、こういう曖昧性を持った分子によって媒介されていたということなのです。こんな問題提起に本質的に答える道はあるのでしょうか。こうした事実をもとにして、生命をもう一度考え直してみる必要があると思うのです。

個体の発生と免疫造血系の成立

いよいよ本題に入りますが、いま述べた発生の誘導過程が、免疫系の成立過程と非常によく似ていることに注意したいのです。図2に個体の発生と免疫造血系の成立過程を比較して示しました。

発生はまず受精卵が分裂することによってスタートします。しかし割球の段階ではまだ細胞の運命づけは決められていません。

やがて重力や、精子がどちら側から入ってきたかというような外的な条件から体軸が形成され、胞胚の動物極の方から細胞の移動が始まり、三胚葉が形成されてくる。その際の誘導に働くのが、先ほど申しましたアクチビンなどのサイトカイン様物質です。中胚葉誘導では、TGFβ、線維芽細胞増殖因子（fibroblast growth factor／FGF）、肝細胞増殖因子（hepatocyte growth factor／HGF）、骨誘導因子（bone morphogenetic protein／BMP）などにその働きがあります。これらが異なった部位で働いて、方向性を持った中胚葉性組織が形成されてゆくのです。

こうして筋肉や骨、腎臓、心臓、血管、血液や間充織の細胞などの多様な組織が、この単一の受精卵というそれ自身では何ものでもない細胞から作り出されてくるわけ

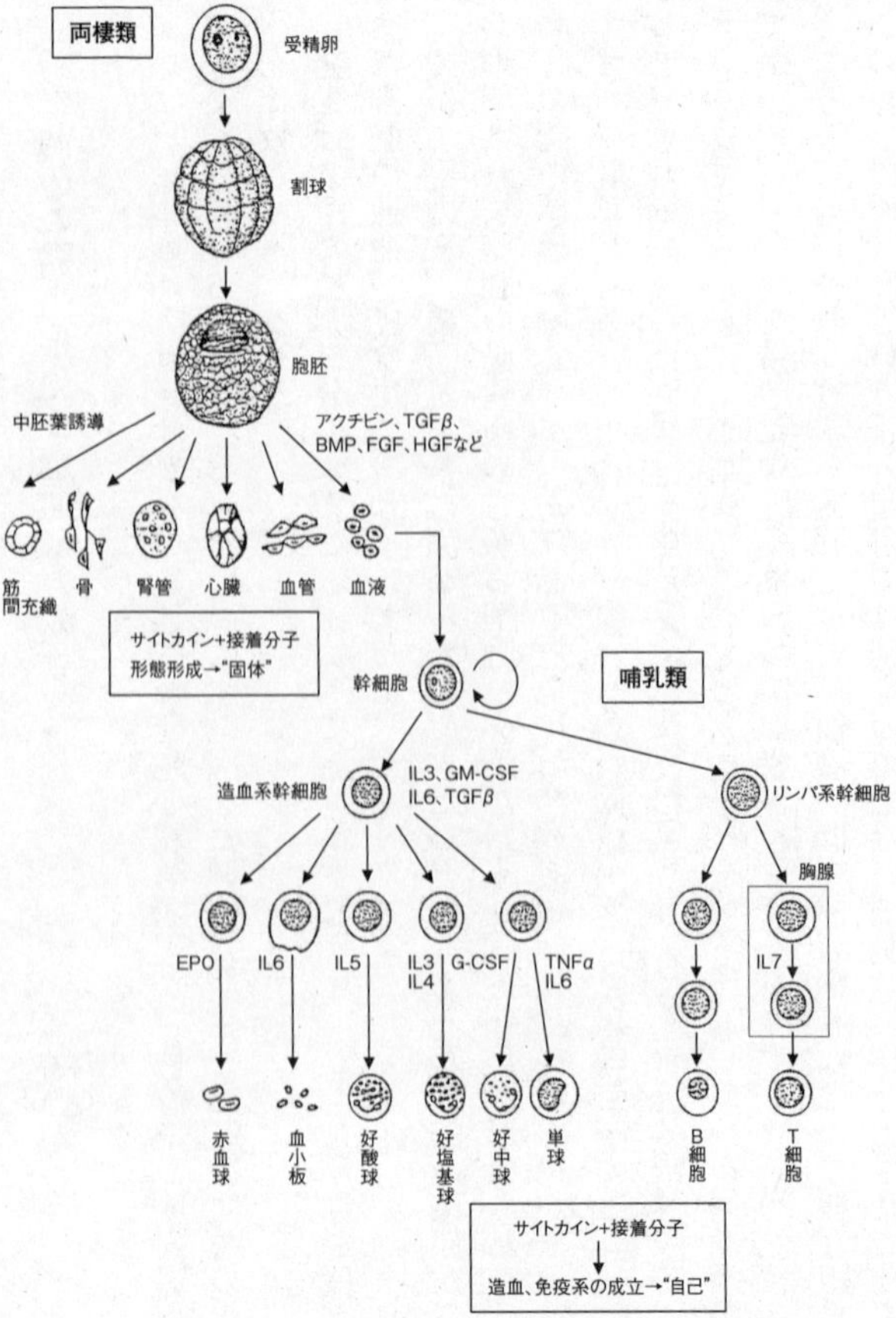

図2　個体の発生と免疫造血系の成立

です。

外胚葉からの脳神経系の分化も、神経管にある単一の芽細胞の増殖と分化によって生じます。もちろん脳神経系では、機能の異なった様々な細胞が、巨大で複雑なシステムを作り出しているわけですが、そこでもNotchやDeltaといった初期発生を支配する遺伝子産物の相互作用を通じてまず神経芽細胞とグリア細胞への分化誘導が起こり、さらに神経細胞はシナプス形成時の神経成長因子（nerve growth factor／NGF）による選択、接着分子による位置配列の決定などを通して自己組織化が起こって成立するものです。決して初めから神経回路網が遺伝的に決定されていたわけではないのです。

個体の発生は生物学の中で最も神秘的な現象であり、人間がみんな同じような形をしているのは、もちろん基本的には遺伝的に決定されているわけですが、そのプロセスの中には、こういうサイトカイン様分子による誘導とか接着分子による自己組織化というような後天的なものが入り込んでいるというのが、私のポイントであります。

この発生の過程は、免疫系の成立の過程でもみごとに繰り返されているのです。図2に示したように左側の個体発生の下段一番右の血液細胞は、右側の免疫造血系の一番上の幹細胞という細胞にあたるわけです。この幹細胞は、それ自身はゆっくりと分裂して自己複製するだけの細胞で、運動能力も特別な機能も持っていません。ちょうど受精卵が、それ自身ではなんの働きもなくて、単に細胞の分裂による自己複製だけをしているように、幹細胞もそれ自身は自己複製以外の働きはありません。その際、幹細胞因子（stem cell factor／SCF）というサイトカインが幹細胞上のチロシンキナーゼ活性を持つレセプターに働いて増殖のシグナルを与えます。しかしその間に、骨髄の支持細胞からの刺激などの環境因子の影響で、幹細胞は造血系幹細胞とリンパ系幹細胞に分かれてきます。どちらに分かれるかを決定する因子については、まだはっきりしたことは分かっていません。恐らくは偶然に二つに分かれてくるらしい。つまり、造血系の初期分化の決定は確率論的なプロセスであろうと考えられているのです。リンパ系の幹細胞は、リンパ系の増殖因子であるIL－7に対するレセプターを持っています。

さらにリンパ系の幹細胞が偶然に胸腺という環境の中に入っていきますと、T細胞への分化がやがて決定されます。またリンパ系の幹細胞が骨髄という環境で分裂し、骨髄のストローマ細胞由来のインターロイキン、サイトカインなどが働けば、やがて抗体を合成するB細胞への分化が起こってゆくわけです。

造血系の幹細胞は、IL－3、GM－CSF（granulocyte-macrophage colony stimulating factor／顆粒球マクロファージコロニー刺激因子）、IL－6、TGFβなどのサイトカインが働いて、その組み合わせや濃度に応じてあるものは赤血球系や血小板になる方向づけが与えられ、一方では好酸球、好塩基球、好中球、単球といった様々な白血球系の細胞ができてくる。いったん途中までいくと逆戻りができないというのが分化の過程ですけれども、この過程にはかなりの可塑性があることも知られています。分化の運命を決定しているのは、それぞれの段階で確率論的に発現するサイトカインレセプターとそこに働く様々なサイトカインの組み合わせや濃度ということになるわけです。

こうして見てきますと、たった一種類の胚細胞から、様々な細胞や組織が分化して組織形成や形態形成が起こる。それがサイトカイン様の増殖分化因子、そして接着分子などの働きで起こって来るわけですが、その過程は、同じように単一のそれ自身では何者でもない幹細胞から様々な細胞が一定数作り出されてくるのと共通する部分があることに驚かされるのです。そこには遺伝的に決定されている部分と確率論的に起こってくるプロセスとがあって、一方では個体という生命単位、他方ではその個体の体制である免疫造血系が形成されたということになります。そして後者には、個体の「自己」を決定している免疫系が含まれるわけです。

場の情報と誘導の情報

この分化と発生に際して、何がその運命を決定しているかというと、まず第一は、位置の情報であります。それぞれの細胞が置かれた場、場の認識によって分化や反応の方向性が決まってくる。例えば免疫系の場合ですと、B細胞表面の免疫グロブリンやT細胞レセプターなどの抗原に特異的なレセプター、さらに接着分子から異なったシグナルが形成されて、細胞は自分のおかれている場を認識する。ことに接着分子からの共同シグナル（cosignaling）があるかどうかによって細胞のおかれた場は異なって認識される。こうして位置の情報が決定されると、次に誘導の情報を認識するようなレセプターが働いて細胞は最終的な意志決定をすると考えられます。誘導の情報を受容するレセプターとしては、膜型のキナーゼやサイトカインレセプター、あるいは膜型のフォスファターゼなどが、いろいろな誘導の情報、あるいはその誘導を調節するための情報を得て、細胞は増殖するか、増殖を停止するか、分化するか、あるいはアポトーシスによって死ぬかなどが決定される。こういう意志決定を場に応じて行うことによって、単一の未分化の細胞、幹細胞や胚細胞から様々な機能や形質を異にした細胞が作り出されてシステムが形成されていくわけです。

こうしてみてくると、個体の発生と免疫系の成立には、多くの共通点があることが分かります。基本的には、単一なものから多様なものが作り出されるというプロセスでありますが、その際に、内在的に決定される、つまり遺伝的に完全に決定されている部分と、確率論的に場に応じて決定されてゆくようなプロセスの両方が働いている。

その決定の要因には誘導という現象があって、はじめ何ものかがイニシエートされると、それに誘導されて場の編成が起こり次の段階を誘導してゆく。その連続性をみていることになります。

つまり、最初のゆらぎから、自分で原因を作って、その結果を作り出す。その結果がまた原因となって、さらに次の結果を作り出す。いわばドミノ倒しのようなやり方です。発生学でホメオティック遺伝子の話を聞いた方が多いと思いますが、これも同じ理屈であることを思い出して下さい。

単純にそんなことをやってたら結果はめちゃくちゃなことになってしまうはずですから、それを組織化するという仕事が残っているはずです。そのやり方はすでに形成された場に、あとから作り出された細胞が適応してゆく。適応できなかったものはアポトーシスによって、負の選択を受け除外されてゆく。こういうやり方なのだと思います。

誘導の際にはサイトカインのような多機能性の分子が利用され、反応には、フレキシビリティが与えられている。一つの機能だけを持っている分子では、単一の決められた方向にしかゆけないが、いろんな可能性を場に応じて指示できるような一群の分子を利用しているわけです。

それから、位置の情報を受け取るレセプターと、誘導の情報を受け取るレセプター、さらにコレセプター（coreceptor）、あるいは共同シグナル分子が働いて、適応（adaptation）と共適応（coadaptation）を重ねながら分化が進んでゆくとみることができます。共適応とは、適応する相手の側も新しい参加者に適応することをいいます。たった一つのレセプターでテストして適応してゆくのではなくて、接着分子など複数のレセプターの機能を利用して場を認識し、環境に適応していく。環境に存在する細胞も新参者に共適応してゆく。こういうプロセスがあることが分かります。これは発生と免疫系に共通な現象と考えます。

そういう事実を見ているうちに、私の頭の中に一つの考えが浮かんできました。それは「スーパーシステム」という考えです。そのキーワードを表3に列挙します。システムというのは、辞書を引くと、「多様な要素をひとつの目的のために寄せ集めて、それらが有機的に関係し合って動いている集合体」と書いてあります。もともとは工学的な概念です。しかし、いまここでみてきた免疫系とか、発生とか、さらに脳神経系などは初めからいろんな要素があったわけではない。実際には要素そのものを作り出しながら自らシステムを生成させるという働きを持っているわけです。もともとは受精卵や幹細胞のような単一の細胞ですが、それが自ら多様な要素を作り出してシステム化してゆく。それを**self generative（自己生成的）**と呼びたいと思います。

そこでは、単にたくさんの細胞ができるというのではなくて、その間に多様化が生

自己生成的	Self generative
自己多様化	Self diversification
自己組織化	Self organization
自己適応	Self adaptation
閉鎖性と開放性	Closedness and openness
自己言及	Self reference
自己決定	Self determination

表3　スーパーシステム Supersystem

じています。免疫系の場合には、T細胞やB細胞などの異なったタイプの細胞が生じるだけでなく、様々な抗原分子と反応できるようなレセプターのレパートリーが作り出される。おそらく脳神経系でも回路の形成などはそうでしょうが、**self diversification**（**自己多様化**）というようなプロセスがある。ついでその多様なものの関係を作り出してオーガナイズするところの **self organization**（**自己組織化**）というようなプロセスがあります。その一つの原理として先ほど場の認識ということをいいましたが、N. K. Jerne のネットワーク説は、この多様化による自己組織化の原理、すなわちそれぞれの細胞のシステム内での位置づけのあり方を探究したものです。

この self organization には、新しく多様化によって生まれた細胞が、すでに出来上がっている自己に対して、適応するようにして追加される。それを **self adaptation**（**自己適応**）と呼びます。

こういうふうに自己適応によって生成されるのだとすれば、

当然のことに完結した閉鎖充足系ができるはずですが、スーパーシステムは、それ自身完結しているだけではなく、常に外界に向かって開いており、環境からの情報を常に受けとって内部を変革してゆきます。例えば、免疫系の場合は抗原の刺激や非特異的な環境条件に対して反応しながら、時には経験を記憶したり寛容になったりしながら自己の反応性を変えてゆく。完結充足した部分を closedness（閉鎖性）、外界からの情報によって自己変革をしてゆく部分を openness（開放性）と呼びます。closedness と openness はつながっているのです。

当然のことにこのシステムは外界に反応しながら形成されてゆくわけですが、その時には、必ず今まであったシステムの内部構成に適応しながら反応してゆきます。外界からの刺激に対して、もともとの自分と矛盾しないように反応して、システム自身を変えてゆく。この特徴を self reference（自己言及）と呼びます。

それから、最終的にそのシステムがどちらの方向にいくか、反応するか反応しないかは、すべてが遺伝的に決められているわけではなくて、システム自体が条件に応じて決めてゆくわけです。同じ刺激に対しても、条件に応じてある時は強く反応し、ある時はまったく反応しない、ある時は自殺する（アポトーシスを起こす）などという異なった反応が出てくるわけです。つまり self determination（自己決定）が可能なシステムです。

それは工学的システムが、ある目的に応じて要素を寄せ集めて作られるのに対して、スーパーシステムは初めから何か目的があったわけではなくて、スーパーシステムの内在的ルールに従って作り出されたものだからです。しかもそのルールさえもシステム自身が作り出したものです。免疫系とか脳神経系とか、あるいはスーパーシステムを作り出した進化といったものに目的はなかったのではないかと思います。

私はこういった特徴を持っているような生体システムを、「スーパーシステム」という名で呼びたいと思います。その中心になる概念は、自分で自分を作り出す「**自己生成**」ということです。この概念は、DNAの乗り物としての生命とは異なった、自分で自分を作り出すという新しい生命のとらえ方になると思います。

私は、スーパーシステムというのは、免疫系や脳神経系、あるいは発生や進化だけではなくて、人間が生命活動として必然的に作り出すところの様々な文化活動、例えば経済活動とか、国家や民族、あるいは言語の形成まで広げていくことができる概念ではないかと思っています。

スーパーシステムとしてのT細胞系

このスーパーシステムを考えるとき、self reference, self organization, self generative

というように、selfという言葉がたくさん出てきます。私は、self（自己）という概念なしに高度の生物、高次の生命現象を理解することはできないと思っています。「自己とは何か」というのは哲学的な問題でありますが、一方免疫学の基本的な設問でもありました。私自身もこれまで様々な研究をやって来ましたが、いつでも免疫学的「自己」の成立機構、「自己」の制御機構について考えてきたつもりであります。私などのような古風な免疫学者にとっては、部分現象として何が起こっているかということよりも「自己とは何か」を問いただすことの方が、重要なモチーフであったわけです。

それから先ほど申しました、「自己組織化」というのは、物理学で複雑な結晶の形成過程などを説明するために作られた言葉ですが、その原則は充分に理解されているわけではありません。自己組織化がどうして起こるかは、生物学にとっても重要な問題ですが、社会科学的にも、経済学的にも自己組織化の問題は大切な問題になっています。

自己組織化の原理を考えるためには、免疫系の成立過程は大変優れたモデルになります。

造血幹細胞は、膜貫通型のチロシンキナーゼレセプターを持っていて、そこに幹細胞因子と呼ばれるサイトカインが増殖因子として働いて、この細胞はゆっくりと自己複製をしています。その間に、他のサイトカイン、例えばIL－7、IL－6、IL－3、GM－CSFなどに対するレセプターを発現するようになりますが、この発現は偶発的（stochastic）だと考えられています。偶然にIL－7レセプター（IL－7R）を発現した細胞があって、たまたまそこにIL－7が存在しているとその細胞はリンパ系幹細胞、つまり免疫系細胞の前駆細胞に変わるのです。

また一方で、これもまた偶然に、それ以外のサイトカイン、例えばIL－3やGM－CSFに対するレセプターが発現すると造血系幹細胞、つまり白血球、赤血球、血小板などの前駆細胞に分化する。ここで造血系か免疫系かという運命づけが行われるわけですが、造血系幹細胞には、さらに新しいサイトカインレセプターが発現し、そこに別のサイトカインが働くことによって、種々の血液細胞が分化してくる。リンパ系幹細胞の一部は胸腺に流れつき、T細胞への分化が始まります。骨髄中のリンパ系幹細胞は、やはり環境、例えばストローマ細胞やIL－7の影響のもとにB細胞に分化してゆく。

いまT細胞が出来てくるプロセスを眺めてみます（図3）。T細胞は、リンパ系幹細胞が胸腺に流れつき、胸腺内で複雑な分化過程を経たのち最終的に出現する細胞です。胸腺内で何が起こっているかについては、ここ二〇年ほどの間に、基本的な現象の

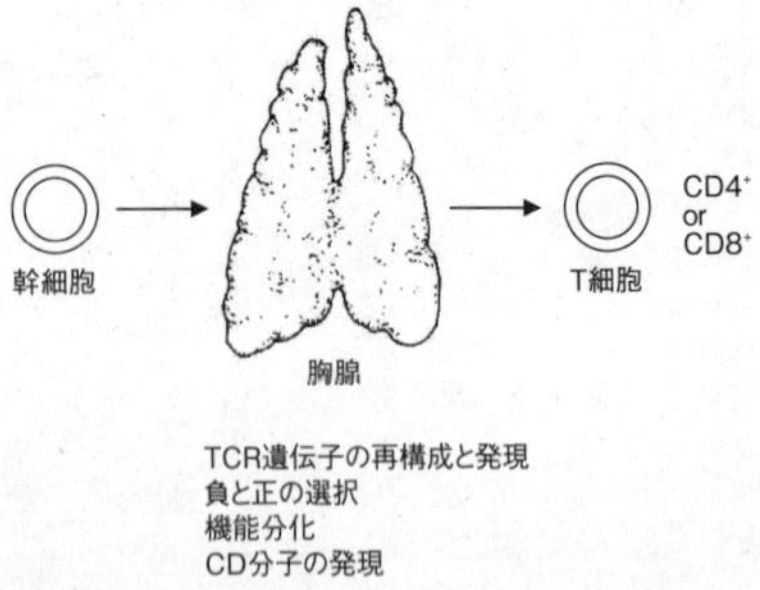

図3　T細胞の分化；密室胸腺内での出来事

ほとんどが分かってまいりました。ここで私たちの研究も含めて大よそのことを述べます。

まず第一は、T細胞レセプター遺伝子の再構成(rearrangement)と発現です。T細胞レセプター(T cell receptor／TCR)遺伝子については省きますが、ちょうど免疫グロブリン遺伝子の再構成と同じように、ランダムにV遺伝子、J遺伝子、D遺伝子の再構成が起こって、それが細胞の表面に出てくる。それと同時に、T細胞のサブセットをやがて決めるCD4およびCD8が発現してくる。

図4は胸腺内で、CD4およびCD8がどのように発現してくるかを、マウス胎仔の胸腺で調べたものです。ようやく上皮細胞以外のリンパ系の細胞が出現する胎生一五日目の胸腺から、出生時までをCD8およびCD4の二種類の糖蛋白《たんぱく》に対する抗体で染め分けてフローサイトメーター(FACS)で二次元に展開したものです。横軸がCD4、縦軸がCD8の蛍光の強さです。CD8もCD4も持っていない細胞をダブルネガティブ(DN)の細胞と呼びます。胸腺中で分裂・増殖している細胞はこのDNの細胞で、あとの細胞は分裂しません。

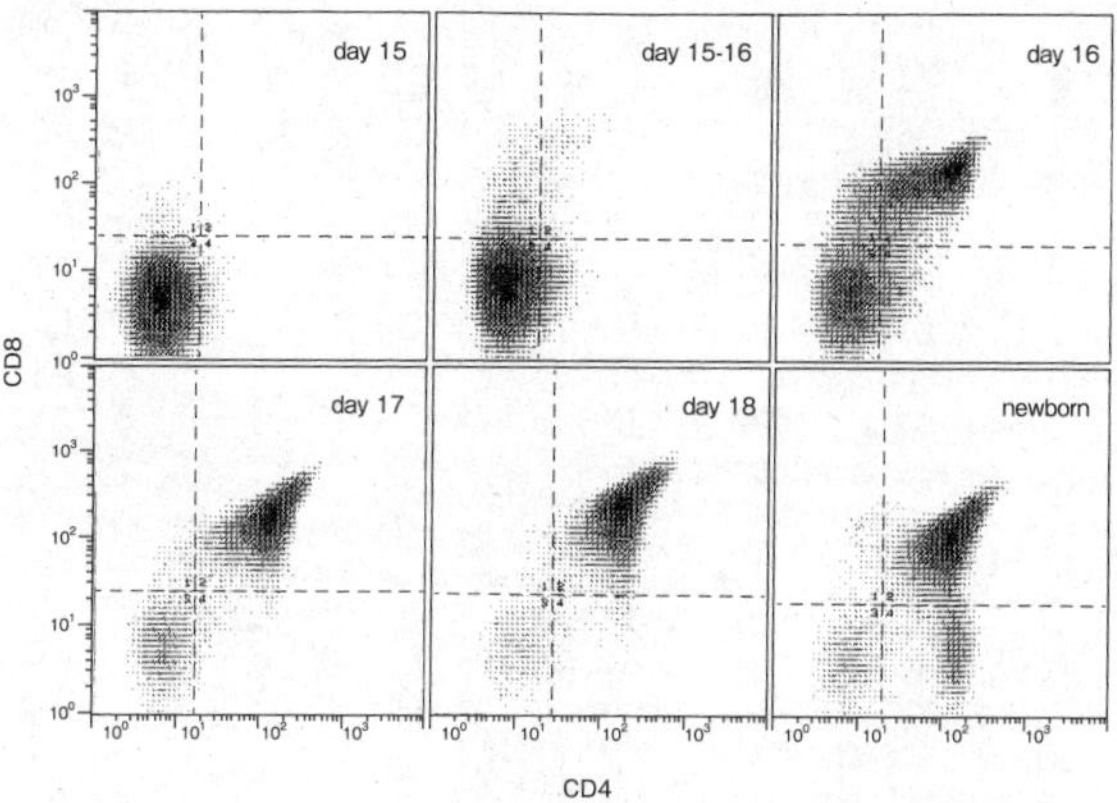

図４　ＣＤ４およびＣＤ８のマウス胎仔の胸腺内での発現

胎生一五日目の胸腺ではＤＮの細胞のみが増殖しているのが分かります。

ところが、たかだか半日から一日ぐらいのうちにこのＤＮの細胞のプールから上の方に向かって細胞が移動しているのが分かります。縦軸がＣＤ８ですから、ＣＤ８だけをわずかに持っているような細胞が現れる。丸一日経ちますと、胸腺内の細胞のかなりの部分が、ＣＤ８とＣＤ４の両方を持つような細胞に変わっています。これをダブルポジティブ（ＤＰ）の細胞と呼びます。

このダブルポジティブの細胞は高濃度で両抗原を持つために尖《とが》った先端の部分に集まっているのが図で分かります。

それからさらに一日ほど経ちますと、先端の細胞が少し内側に戻ってきます。つまりＣＤ４、ＣＤ８の濃度がやや低くなる。

そしてそこから、CD4およびCD8のどちらか一方を持つシングルポジティブ（SP）細胞の方に向かって集団が動いています。胎生一八日目からマウスが出生するときまでには、CD4だけを持っている細胞、CD8だけを持っている細胞が、一定数分化していることが分かります。

T細胞の分化はこのようなプロセスを辿《たど》り、DNからDPそしてCD4SP、CD8SPへと分化してくるわけです。

ところが、こうして分化した細胞のうちの九六〜九七パーセントぐらいの細胞は、胸腺内で死んでしまいます。わずか三〜四パーセントの細胞が胸腺から末梢《まっしょう》に出ていくわけですけれども、それは必ずCD4SPとCD8SPだけで、DP細胞は出てきません。つまりDPからSPへゆく過程で末梢のT細胞になるための選択が起こっていることが分かります。

図5は、私どもの教室の中川俊憲君が自分たちの実験結果をもとに図式化したものです。私たちは、このプロセスの中でどんな遺伝子が活性化され、どのようにして選択が起こるのかを調べてきました。図5の右側には、それぞれのステップで細胞内に何が起こっているかを示しています。

まずステップ0ではIL－7Rで刺激を受けながら増殖しているうちに、細胞内でRAG（recombinase activating gene／リコンビナーゼ活性化遺伝子）の活性化が起こって、

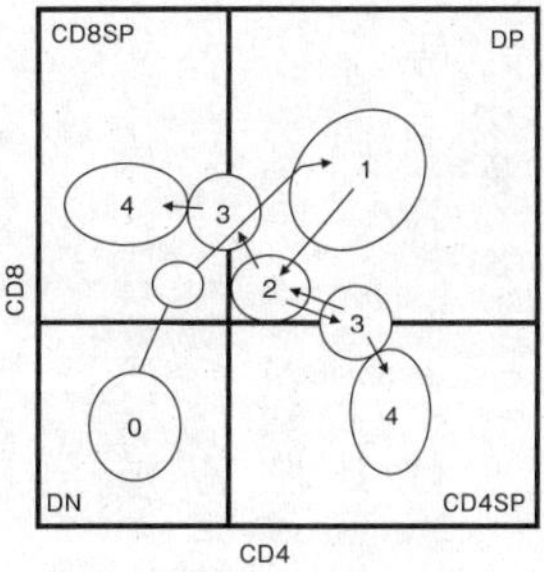

0-1：TCRαβ遺伝子の再構成と発現
1) IL-7R
2) TCRβの発現（RAG-1とRAG-2）
3) CD3εとpTαの発現
4) $p56^{lck}$の正常発現

1-2：TCR機能の上昇（wake-up）
1) CD4/56^{lck}による抑制シグナルからの開放

2：ペプチド/MHCによるTCRαβの刺激
RAG-1とRAG-2のmRNAの消失

2：ネガティブセレクション
（アポトーシスによる細胞死）
1) ZAP-70
2) Nur77
3) HS1

2-4：ポジティブセレクション（SPへの分化）
1) カルシニューリン活性化
2) $p21^{ras}$ 活性化
3) ZAP-70
4) CD45
5) $p56^{lck}$

3-4：TCR&CD4-あるいはTCR&CD8-mediated signals ($p56^{lck}$?)

図５　T細胞の胸腺内分化にかかわる細胞内シグナル

0から4にT細胞が分化する際、それぞれのステップで必要なことが分かっているものをまとめた。このほかにもいろいろな伝達物質についての研究が進んでおり、月単位で新しいものが加わっているのが現状である。

すTCRβ分子が発現し、やがてTCRαと会合し、CD3とともに細胞表面に現れます（ステップ0―1）。

ついでCD4、CD8の発現とともに、リンパ球に特異的なチロシンキナーゼlckは、CD4と会合して場の情報を細胞内に送り始めます。こうしてTCRと他の細胞表面分子からのシグナルが細胞分化の次のステップを誘導する条件が作られるのです。TCRに結合しているZAP―70などのリン酸化を介するシグナル分子、逆に脱リン酸化を起こすCD45などが付置されていよいよ細胞は、選択される準備が整うわけです（ステップ2―3）。

もしTCRαおよびβ鎖の再構成がうまくゆかず、細胞表面に意味のあるTCRコンプレックスが形成されなかった場合は、細胞はそれ以上の生存や分化が許されず、そのままアポトーシスによって死んでゆきます。この時には細胞内のシグナルなどは形成されず、単に枯死してゆくわけです。

CD69というまだ機能が完全にはわからない分子がありますが、この図のステップ2から4への分化過程で、きわめて短期間発現します。CD69はもともと末梢のリンパ球系細胞が抗原に反応したとき、ごく初期に出てくる分子なので、アクティベーションマーカーと呼ばれている一種の接着分子です。それがT細胞分化過程のこんなところに出てくるので、ここで細胞は刺激を受けているらしい。つまり、これからお話するポジティブおよびネガティブの選択は、CD69の活性化に引き続いて起こることのようです。

そのほか、HSAという分子があります。原始的な免疫細胞には多量に存在しているが、分化が起こるとだんだん消えていきます。こうして分化とともに細胞表面のレセプター、接着分子、コレセプター（coreceptor）などが次々に表現されたり消えたりしながら細胞の機能を決めると同時に、そこからシグナルが入って、その結果として選択や分化が起こり、免疫系の「自己」というものが確立されてゆくのです。

その後半の過程を眺めると、胸腺内の微小環境の中で、TCRが胸腺上皮細胞上に表現されたクラスIおよびクラスII MHC分子上の「自己」のペプチドを認識し、正および負の選択を受けることが知られています。

クラスIおよびクラスII分子の裂け目に入り込んだペプチドをTCRが認識し、さらにCD8またはCD4がMHCに接着することによって、lckの活性化、TCRζ鎖のリン酸化、イノシトール三リン酸の遊離、ZAP－70のリン酸化というようにシグナルが転換されて、Ca^{2+}の流入が起こる。

その結果、一部の細胞ではアポトーシスを起こす遺伝子群が活性化されて負の選択を受け、一部は生存のシグナルを形成して正の選択を受けるとされています。正の選択を受けるか負の選択を受けるかは、MHCの細胞表面での数やTCRとペプチドの親和性などを考慮に入れたaviditiyモデルというのが提唱されています。この両者が基本的には同じ抗原認識によるシグナル形成によることは、両者ともにアクティベーションマーカーであるCD69の発現を経ていることからも分かります。ステップ2－3に至る一定の時期に、CD69が細胞の表面に発現すると言いましたが、それは選択が起こって、刺激が細胞内に伝わっているということです。もしCD8、CD4というようなコレセプターがなければ、③から④への分化は起こりません。

認識が起こりますと、一部の細胞は核のクロマチンが濃縮して無定形となって死んでしまいます。これがアポトーシス（細胞死）ですが、胸腺内で見られる細胞死の多くは、こうしたシグナル形成によらない、すなわちTCRコンプレックスに欠陥があるために刺激が入らないで枯死してしまったものが多いことが最近分かってきました。

自己のMHCとペプチドに強くは反応しないが、低いavidityでは反応し得る細胞のみが正の選択を受けて生き残ります。こういう細胞は、もし自己のMHCの中に、適当な非自己のペプチドが入ってきた場合にはより高いavidityで反応できます。つまり一連の非自己のペプチドと反応できるというクライテリアで末梢に送られるわけです。ここで多くのTCRに欠陥のある細胞あるいは自己MHCと強く反応する細胞が死んで、ごく一部分の細胞だけが生き残り、末梢に出てゆき非自己のペプチドの侵入に備えているという図式が成立するわけです。

この事実は、胸腺という閉鎖した密室内でレセプターを介して選択された自己適応した細胞が、末梢では全く同じレセプターを使って、外部からの刺激を受けとり、対応していることを示しています。私がスーパーシステムの特徴としてあげたclosednessとopennessのつながりというのは、こういうことを示しています。

免疫系の細胞は、こうして分化の過程でも、あるいは分化したあと異物に反応する場合でも、さきほどの位置の情報、場の情報としての抗原レセプターとしてのTCRからの刺激や他の接着分子からのシグナルを受けとり、IL－7、IL－2、IL－4、IL－5、IL－6などの増殖因子、栄養因子、分化因子からの誘導の情報を総合しながら、様々な反応性を示してゆくことになります。T細胞レセプターが自己であるか非自己であるか、自分を選択した内部環境の中にいるのか、非自己の環境として認識するか、というようにして場の情報を認識する。その際に、CD4、CD8そのほかのコレセプターや接着分子を介した第二、第三の場の情報を受けとり、異なった系の転写因子の活性化などが起こって、細胞は複数の種類のアウトプットを作り出してゆくわけです。

複数のアウトプットといったのは、分裂、分化、分泌、接着、運動、成長、アポトーシス、アナジーなどが含まれます。さらにアウトプットの一部として新しいレセプターが誘導されると、それが次の誘導の情報を受けとり、次の段階の反応へと進んでゆきます。スーパーシステムの反応というのは、このようにしてシステム自体が場を形成し、場の情報に応じて自己決定してゆくのであって、全部が前もってプログラムされているわけではない。免疫応答が、きわめて個別的であるのは、そのためです。

T細胞は、こうして分裂したり分化したり、運動したり接着したり、分泌したりします。こうした働きを起こすためのいろいろな細胞内でのプロセスが一つ一つ明らかにされつつあります。入り口は一見ユニフォームでありながら作り出される細胞情報の流れが下流に下るにつれて分岐し、たくさんの反応のオプションを作り出すわけです。例えばチロシンキナーゼの活性化、伝達因子のリン酸化、カルシウムの流入といったユニフォームなプロセスから、異なった転写因子の活性化や複数の調節性因子を利用することによってリンパ球はいろいろなオプションの中から一つの反応を選びとります。非常に複雑なプロセスで、現在免疫学の中で最もホットな領域になっていま す。多種類の細胞のオプションの選択をもとにして、免疫応答のモードが決まる。それが反応の個別性になるわけです。スーパーシステムの「自己決定」といったのはこのことをさします。

自己と非自己のファジーな境界

従来の免疫学の考えでは、免疫系というのは、T細胞分化の過程でまず自己に対する反応性の高い細胞を切り捨てることによって、自己と他を切り離していくと教えられていました。それがネガティブセレクションにあたるわけで、残っているのが非自己に対する反応性ということになる。こういうふうにして、自己と非自己の識別が成立すると一般的に考えられてきたわけです。

しかし、これまで見てきたように、正と負の選択といっても、数量化できないようなavidityで決まっているといいますし、胸腺内で自己のMHCとペプチドによる正の選択をするために使われたTCRは、末梢では自己とは反応せず非自己のペプチドとのみ反応する。その境界は非線形で、自己と非自己はもっとファジーに区別されているらしい。

私がここ数年間問題にしてきたのは、このことなのです。自己と非自己は、そんなにきれいに切り離されていない。ネガティブの選択がきわめて不完全なのだから、自己というのは、従来免疫学が考えていたような堅固なものではなくて、もっと複雑な統御機構によって維持されているのではないか、と考えるようになったのです。

自己のMHCと反応するようなT細胞は、本来は負の選択によって消去されているというのが免疫学の常識だったわけですけれども、あらためて調べてみると、自己のMHCと反応するようなT細胞が、たくさん存在していることが分かります。

同一個体のT細胞とB細胞とを混合して培養しますと、自己MLRというT細胞の増殖性反応が起こります。autologous mixed lymphocyte reaction（自己混合リンパ球反応）という反応です。こういう反応を利用して、自己のMHCと反応する細胞頻度を限界希釈法という方法で測定することができます。私たちの測定では、非自己のMHCに対して反応するT細胞の頻度は約三〇〇〇個に一個ですが、同じ条件で自己MHCに反応する細胞を調べると、二万個に一個ぐらいの割合で存在することがわかりました。つまり自己MHCと反応するT細胞は、まれな細胞ではなくて、特定の非自己MHCに対する細胞の一〇分の一くらいの頻度で存在するのです。

T細胞は *in vitro* でクローン化することができます。T細胞を抗原で刺激して、IL－2を加えて培養いたしますと、ほとんど永久に生かし続けることができるT細胞クローンが得られます。

私どもの教室の浅野喜博助教授が、たくさんのT細胞クローンを樹立したのですが、そのうちの約一〇分の一ぐらいが、抗原が存在しない条件で自己MHCと反応するT細胞クローンであることが分かりました。さっきの限界希釈法で得られた頻度とも一致します。ですから、そのくらいの割合で存在しているとお考えになっていいと思います。

そのほかにも、内在性の自己抗原（スーパー抗原）があれば消去されるはずの、特

C3H（H-2^k）マウス由来の自己反応性T細胞クローン 自己クラスII 抗原（I-A^k）＋自己ペプチドを認識 $CD4^+$、CD8 タイプII（Th2）ヘルパーT細胞：IL-4、IL-10を作るがIL-2は作らない TCRの構成；Vα5、JαTA13、Cα Vβ4、Dβ1、Jβ25、Cβ2 強い$CD4^+$サプレッサーT細胞誘導能力を持つ

表4　T細胞クローンＭＳ２０２の性質

定のＶβを持っているようなT細胞も残存していることが知られています。また無菌飼育動物、ことに蛋白質が含まれた食餌《しょくじ》を与えていない動物では、外からの抗原は入ってこないはずですが、そういう動物の脾臓《ひぞう》やリンパ節にはたくさんのリンパ芽球が増殖しています。自己抗原が何らかの刺激をしているはずです。実際にそういう細胞を培養し、そこに自己抗原、つまりＭＨＣを表現している、自己のマクロファージを加えてやりますと、強く反応する細胞が出てきます。こういう自己と反応する細胞が存在しているおかげで、たとえ抗原が入ってこない状態でも、免疫系の構成が維持されているのだと私は考えています。

自己反応性T細胞はいったい何をやっているのでしょうか。自己反応性細胞がそれほどあるのに、どうして自己免疫疾患が起こらないのか。

私どもは、ＭＳ２０２と呼んでいるT細胞クローンとここ一〇年ぐらい付き合っているのですが、このクローンは自己反応性のT細胞です（表４）。その当時助手であった宮谷精二君が樹立したＭＳ２０２は、非常に強く自己ＭＨＣと反応して、増殖反応を起こす能力を持っています。自己の何と反応するかというと、ＭＨＣクラスII抗原のＩ－A^kという分子と反応します。Ｉ－A^kはＨ－2^kのマウスのクラスII抗原です。さらにＭＳ２０２は、ＣＤ４を持っているヘルパーＴ細胞で、IL－４を作りますが、IL－２は作らない。いわゆるタイプ２のヘルパーＴ細胞（Th２）に属するＴ細胞クローンです。この細胞が自己ＭＨＣを認識するために使っているＴＣＲ遺伝子は、Ｖα５とＶβ４というペアでした。由来はＣ３Ｈというマウスです[5]。

この自己反応性は、恐らく自己ＭＨＣ分子の中に、自己由来の未知のペプチドが入り込んでいるのを認識して反応しているものと考えられます。この細胞は非自己と反応する性質が全く検出されず、考えられる限りのＭＨＣの違う動物の細胞と反応させてみましたが、まったく反応しません。Ｉ－A^kだけが共通で、ほかのＭＨＣが全部違っている共通遺伝子系（congenic）のマウスとはよく反応するから、Ｉ－A^kクラスII抗原に特異的な細胞ということが分かります。

それから、もう一つ面白いことは、このＭＳ２０２は自己ＭＨＣに強く反応するだけではなく、自己のＴ細胞を刺激する性質もあるんです。ＭＳ２０２クローンと正常のＣ３ＨマウスのＴ細胞、あるいはＢ細胞と混合して培養しますと、自己のＴ細胞が非常に強く刺激されて増殖を起こします。この反応は、stimulation index が30を超すという著しく高い増殖反応でした。ＭＨＣの異なる、つまり非自己のＴ細胞を刺激する能力は全くありません。

この細胞はヘルパーＴ細胞ですから、自己のＢ細胞と混合して培養しますと、抗原が存在しないにもかかわらず、Ｂ細胞を刺激してポリクローナルの増殖を起こさせたり、抗体を合成させます。生体内でこんな細胞が働いたら非常に危険なわけです。そんな細胞が先ほど申しましたように、生体内に高頻度で存在しているのです。

自己反応性Ｔ細胞の役割

自己反応性Ｔ細胞によって二次的に刺激された細胞が生体内で何をやっているのか。そういう疑問から、佐野公仁夫助手はＭＳ２０２で刺激されて増殖した細胞を集めてその働きを調べました。試験管内での抗体産生系に加えて調べてみたのです。自己反応性Ｔ細胞で刺激された細胞を、抗体産生系に入れてやりますと、Ｂ細胞の抗体産生が強力に抑えられてしまいます。それから、同じＨ－2^kマウスで見てみますと、Ｉ－A^kだけが一致している細胞の反応は非常に強く抑制するのですが、Ｉ－A^kが一致しない細胞に対しては、全く抑制をしない。つまり、同じクラスII抗原を認識しているＴ細胞による反応だけを抑制していることがわかったのです。

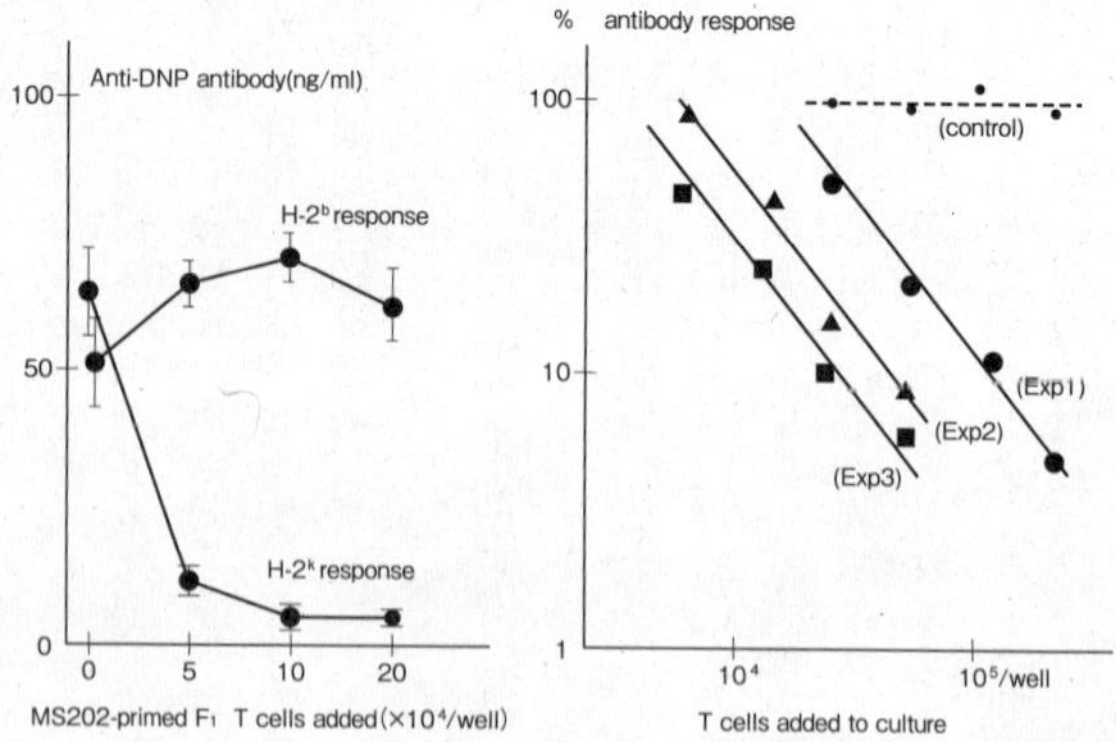

図６　自己反応性Ｔ細胞はＭＨＣ拘束性のサプレッサーＴ細胞を誘導する

くり返しの実験をやって、細胞を用いたdose response curve（用量応答曲線）を書いてみますと、常に45°の角度で抑制が起こってまいります（図６）。無関係の細胞を入れても全く抑制は起こらないわけですから、自己反応性Ｔ細胞で刺激することによって強く免疫応答を抑える細胞が出現するということが分かりました⑥。

そういう免疫応答を抑制する能力のある細胞を一般的にサプレッサーＴ細胞と呼びます。私はこのサプレッサーＴ細胞の研究を長い間続けてきたのですが、今日はごく一部をお話します。

サプレッサーＴ細胞は、初めＣＤ８$^{+}$の細胞と考えられていましたが、様々な実験からＣＤ４$^{+}$の細胞もあることが知られています。[7〜9] 浅野助教授が確立したT細胞クローンの中にもCD4⁺のサプレッサーT細胞が多数あります。いずれもキラー活性はありません。サイトカインの産生からみますとIL－2もIL－4も作らない。しかしγインターフェロン（IFNγ）をたまに作るのがあります。CD8⁺サプレッサーT細胞は、キラーT細胞と違ってIL－10を作ります。しかし抑制はIL－10でもIFNγでも説明が出来ません。経口免疫寛容になった動物でもCD4⁺のサプレッサーT細胞が検出されますが、この抑制の少なくとも一部はTGFβによるとされています。抗原特異的なサプレッサー因子もあって、その性状も少しずつつきとめられています。しかし、まだ抑制に使われている可溶性因子には不明の部分が多く、少なくともこれまで知られたサイトカインとその組み合わせでは説明できない部分が多いのです。これからの免疫学の重要なテーマになるでしょう。

さて、確立したCD4⁺サプレッサーT細胞クローンの活性は、ヘルパーT細胞の機能の抑制に働いて、B細胞やAPC（antigen presenting cell／抗原提示細胞）には作用しません。作用点は、ヘルパーT細胞の抗原刺激に続いて起こる初期のカルシウムの流入の抑制で、それを介してヘルパー活性の発現を抑えるのです。またIL－2の産生は抑制しますが、IL－2レセプターの発現や増殖性反応などは抑制しない。つまり、ヘルパーT細胞の持つ一部分の働きだけしか抑制しないのです。私は特定の細胞が、別の特定の細胞を活性化することによって最終的に反応を抑制するという現象を調節性回路（regulatory circuit）と呼んでいます[10]。ちょうど脳神経系で、求心性のニューロンが刺激されますと、逆に遠心性のニューロンが抑制を起こすように興奮する。こういう神経系の回路と同じように、免疫細胞間に調節性の回路が成立するという考えを提出したことがあります。サーキット理論と呼ばれ、一九八三年のＩＣＮ－ＵＣＬＡシンポジウムの一つの主題となりました。

自己反応性Ｔ細胞は、生体内では通常は働いていないはずなのですが、試験管内で長く培養していますと、常に活性化された状態になります。その活性化された自己反応性のＴ細胞が、第二のＴ細胞を刺激する。その第二のＴ細胞は、第一の細胞によって刺激されて増殖し、逆に第一のＴ細胞に対してサプレッサーとして働きその活性を抑える。と同時に同じＭＨＣを認識して反応している、他のヘルパーＴ細胞をポリクローナルに抑える。これが免疫応答の最小回路であります。図７はそれを模式図にしたものです。

その抑制のメカニズムとして、カルシウム流入に代表される初期のシグナル転換を抑制しているということが分かったのです[11]。

こういう実験から、自己反応性Ｔ細胞というのは、通常は生体内で寛容状態にあるが、何か過剰の刺激などがあって活性化されると、抑制性のＴ細胞を誘導してまず自

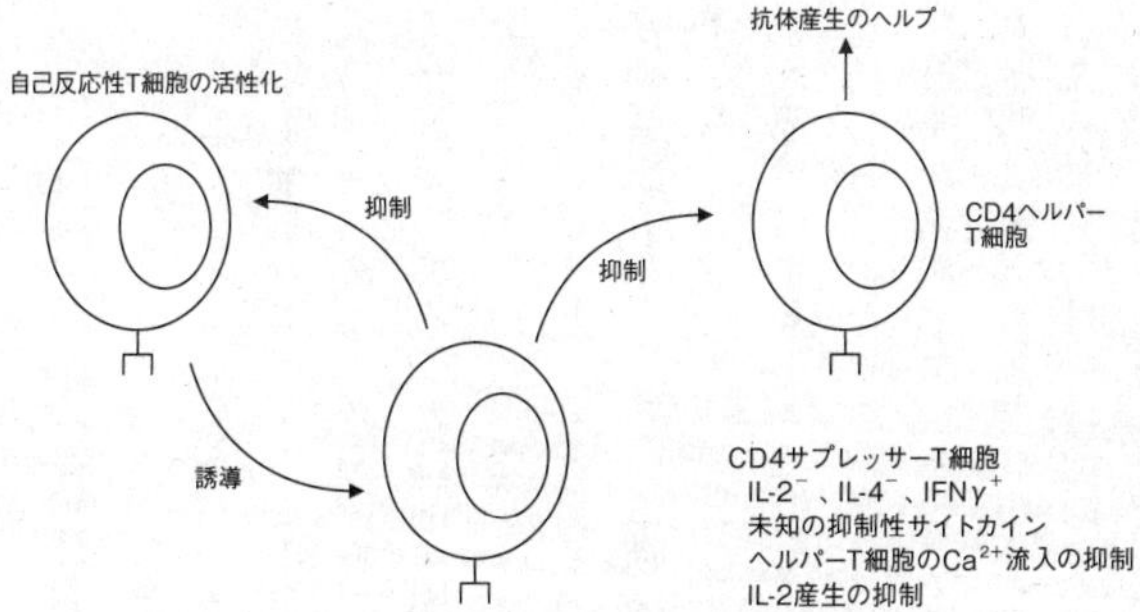

図7　調節性回路の最小モデル

らの反応を抑え、同時にほかの細胞の過剰な反応を止める。そのような、調節性の役割を担っているのではないかと思われます。免疫反応というのはもともと非常に危険な反応です。なにしろ自己、非自己は完全に区別されているわけではないのですから。危険を回避するために、常にこういう抑制の機序を用意しているのではないかと私は思っています。

自己反応性ＴＣＲトランスジェニックマウス

　そこで私どもはもう一つの実験を始めました。クローンＭＳ２０２の、自己と反応するＴ細胞レセプター（ＴＣＲ）の遺伝子を取って、それを受精卵に導入してトランスジェニックマウスを作るのです。自己反応性ＴＣＲの遺伝子がＶα５とＶβ４の組み合わせであることは前に申しました。この組み合わせのＴＣＲ遺伝子を受精卵に入れて、それでトランスジェニックマウスを作ったのです[12]（図８）。

　そうしますと、もともとのＴＣＲ遺伝子のほかに新しく入れ込んだＴＣＲαおよびβ鎖遺伝子を持っている動物が生まれる。この遺伝子はＴ細胞に強制的に発現されますから、トランスジェニックマウスはＨ－２^{k}のクラスⅡ（Ｉ－Ａ^{k}）と反応するＴＣＲを大部分のＴ細胞上に持つことになります。そしてその動物を自己抗原であるＩ－Ａ^{k}を持つＨ－２^{k}マウスと掛け合わせる実験をしました。つまり自己のＩ－Ａ^{k}と反応するＴ細胞が充満しているような動物を作って、その中で、自己反応性Ｔ細胞がどのように処理されるかを見ようと思ったわけです。

　この動物では、自己のＩ－Ａ^{k}と反応するＴＣＲを持ったＴ細胞が、胸腺の中でたくさん作り出されるはずです。この胸腺上皮には、自己のＭＨＣがすべて表現されてい

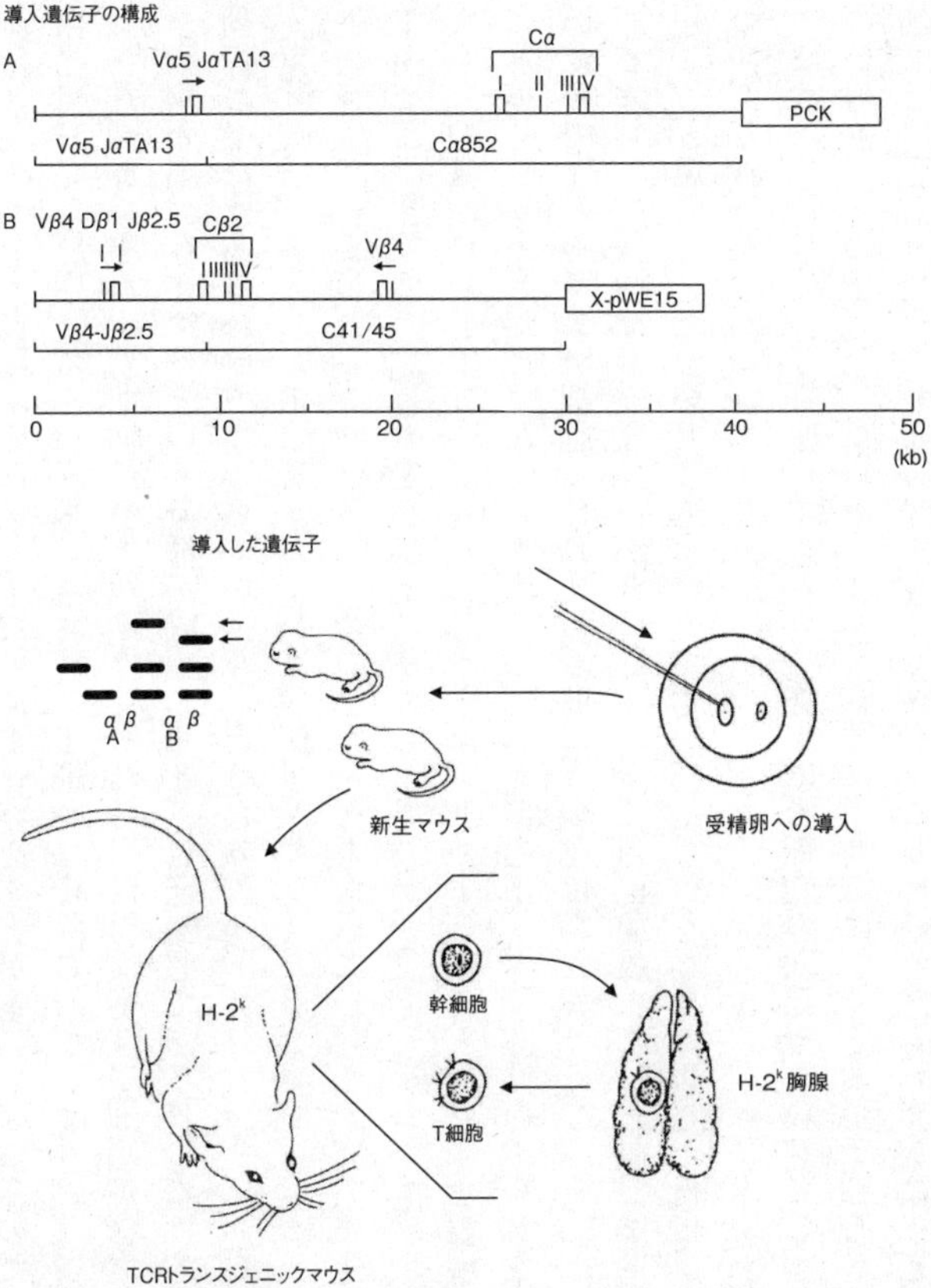

図8　自己反応性T細胞レセプター（TCR）トランスジェニックマウス

るわけですから、自己反応性クローンの消去ということが本当に起こるのだったら、自己MHCと反応するトランスジェニックT細胞は排除されてしまうはずです。一方、もしそういう細胞が生き残るのだったら、自己反応性T細胞が膨大な数でこの動物の中に存在するという条件が成立します。自己抗原であるH－2^kは大量にこの動物の中にはあるわけですから、いったいどうなるのか。

実験では、導入したTCRαおよびβ遺伝子が、いずれも2コピーずつ入っている動物が生まれました。それから、α鎖のmRNAも大量に転写されていますし、細胞表面には、胸腺中のCD4^+T細胞上に移入したβ鎖が一〇〇パーセント表現されています。脾臓のCD4^+T細胞でも一〇〇パーセントのT細胞が、Vβ4を表現していることが分かりました。すなわち大部分の細胞が自己I－A^k反応性のTCRを表現していたのです。そうした細胞のCD4の濃度には変化はありません。

では、この動物はどうなったかというと、全く自己免疫などは起こしません。何か起こると思っていた予想とは違ったのですが、こういう動物の観察から自己免疫回避の様々な戦略が分かってきました。

まず、自己反応性T細胞ができたら、胸腺内の細胞の大部分を殺してしまうというのがもともとの予想だったわけですが、胸腺には非常にたくさんのT細胞がいて、萎《い》縮《しゅく》などは起こっていません。アポトーシスを起こしている像もわずかにみえますが、

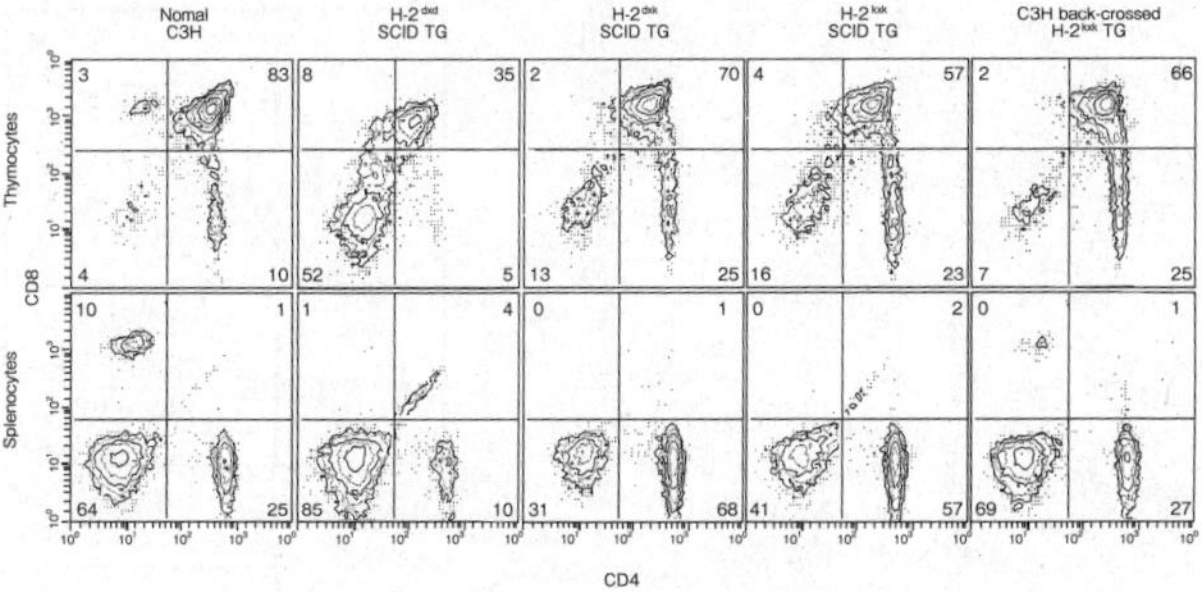

図9　胸腺内でのT細胞の分化

大部分は正常で、細胞数はむしろ増えている。

CD4およびCD8を染色して胸腺内でのT細胞の分化を調べてみました（図9）。上段は胸腺、下段は脾臓です。左端は正常の動物のもので、DNからDP、そしてそこからSPに向かって、T細胞の分化が起こっている典型的な像がみえます。

下段の脾臓では、CD4SP細胞と、CD8SP細胞が、この例では二・五対一の割合で出ています。これが典型的な正常のCD4／CD8　T細胞分化のパターンです。

$H-2^k$マウスとトランスジェニックマウスを掛け合わせて$H-2^k$をホモまたはヘテロに入れてやると図9の中央から右のようなパターンを示します。SCID（severe combined immunodeficiency／重症複合免疫不全症）というのは、自分の中では遺伝子の再構成が起こらないマウス（SCIDマウス）です。このマウスの胸腺でみますと、DN細胞から、DP

細胞に大量の移動が起こり、そこからたくさんのCD４SPの細胞が分化しているのがみえます。下段の脾臓では、大部分の細胞はCD４SPで、CD８SPの細胞はゼロです。

そこで、今度は自己抗原であるI－A^kが存在しないような動物、例えばH－2^dの動物に交配して入れてやりますと、DNからDP細胞にまで、T細胞分化は進むんですけれども、そこで止まってしまい、SP T細胞への分化は全く進まない（図９、左から二番目のパネル）。

こういうことから考えますと、自己反応性T細胞は、ネガティブの選択で殺されてしまうのではなくて、逆に自己抗原によってポジティブに選択されて積極的に末梢に

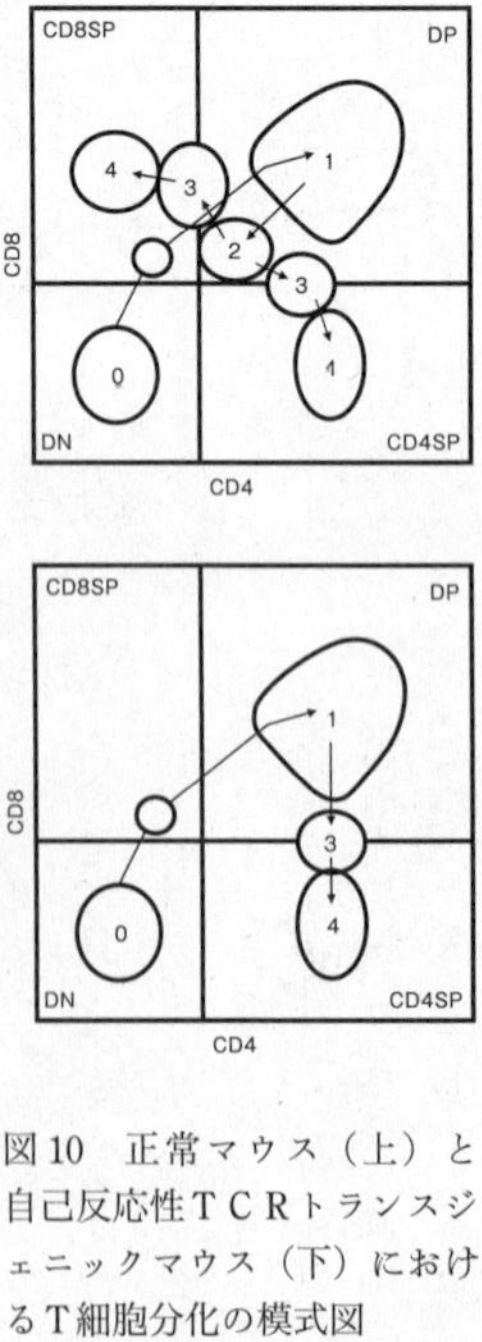

図10　正常マウス（上）と自己反応性TCRトランスジェニックマウス（下）におけるT細胞分化の模式図

送られていくという道筋があることが分かったわけです。こんなことは、従来の免疫学の常識に反することです。

ただこのときに、T細胞分化のパターンが少々おかしいことにも気づきました。T細胞の分化パターンを正常マウスと比べてみますと、トランスジェニックマウスでは、CD4T細胞の分化が、DP細胞からSP細胞に直線的に移行しています（図10）。

正常のT細胞分化の途中でも②から③への移行の際に正および負のセレクションが起こることをさっきお話しましたが、自己反応性T細胞は、その選択を受けているのでしょうか。セレクションに際しては、刺激を受けて活性化された証拠としてCD69というマーカーが現れます。正常の動物ですと、②から両側の③に向かってCD69陽性細胞が現れるのですが、トランスジェニックマウスでは、DPからSPに向かって直線にCD69が現れている③、つまり、通常の選択の経路を通ることなく、自己反応性のT細胞が過剰に選択されて末梢に送り込まれているということになります。このように積極的に選択された自己反応性T細胞はどんな役割を持っているのでしょうか。

免疫細胞の表面にはCD4、CD8などのほかに様々な接着分子が表現されており、その一部は、他の細胞と接着することによってシグナルを形成して細胞の機能を調節していることが知られています。そういう分子を cosignaling molecule、ここでは副シグナル分子と呼んでおきます。その一つはCD2で、接着による位置の情報、場の

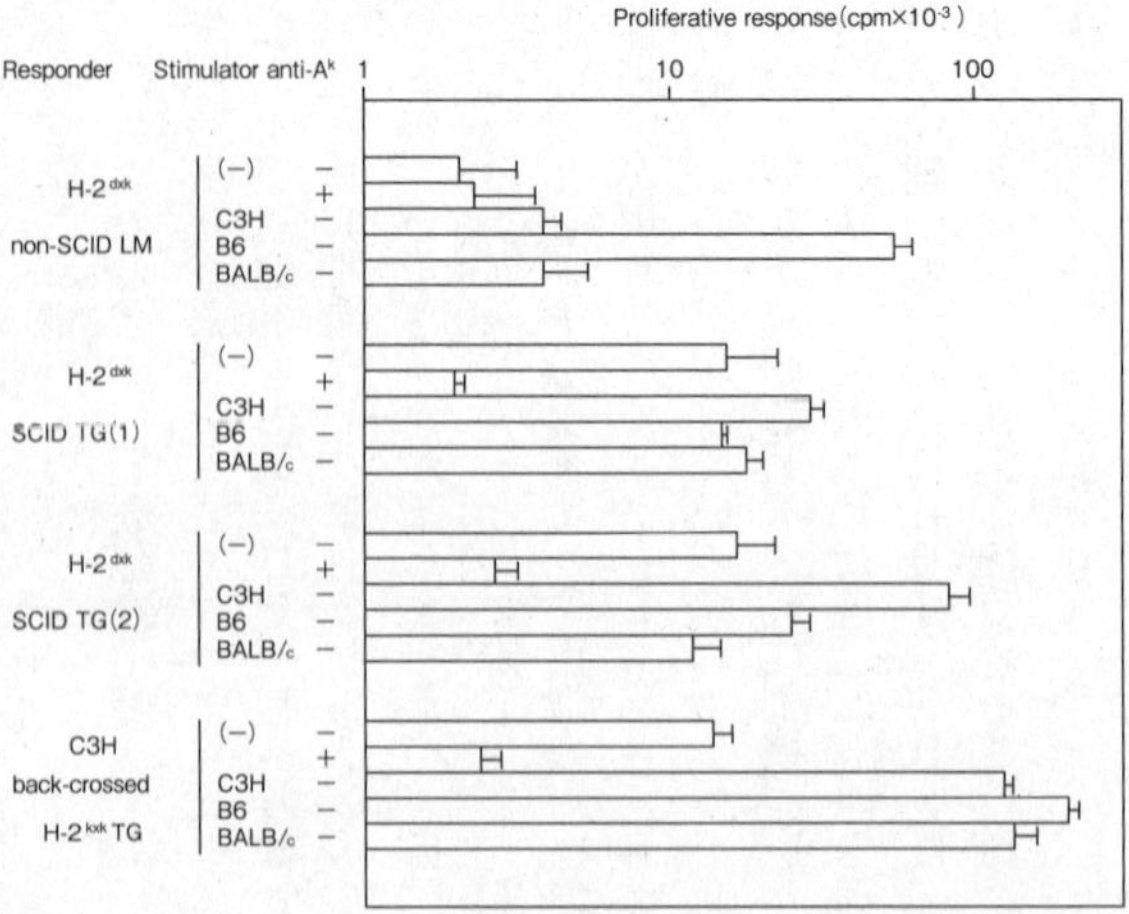

図11　トランスジェニックマウス由来T細胞の in vitro での自己反応性は保たれている

情報を伝える分子ですが、トランスジェニックマウスの中にはそれが減少している場合がありました。すなわち、副シグナルが形成されないために自己反応性T細胞は生体内で反応を起こすことができないという可能性があります。しかし多くの動物では、CD2は多少は減るがほとんど変わらない。ですから、CD2だけでは自己反応性の抑制は説明できない。そのほかCD5の低下、CD44陽性細胞の減少といった変化がみられ、胸腺内での分化過程でなんらかの変化が起こっていることを示唆しています[12]。さらに末梢での反応を介した記憶の成立にも障害の起こっていることが推定されました。例えばCD45RBという抗原はT細胞に記憶が成立すると現れるのですが、そういう細胞もほとんどない。ということから、どうも自己反応能力を持つはずのトランスジェニックマウスのT細胞は、生体内で全く自己と反応した形跡がないのです。

では、その細胞は反応する能力が全くないかというと、そんなことはなく自己反応能力は正常に維持されていたのです。

トランスジェニックマウスと正常マウスのT細胞を採取して、TCRのVβ4に対する抗体で刺激しますと、いずれの場合も反応を起こして、CD25（IL－2レセプターのα鎖）、CD69などが出現いたします。つまり、無反応性（アナジー）にはなっていない。

トランスジェニックマウスのT細胞つまり自己反応性の細胞は、Vβ4の刺激によって一〇〇パーセントの細胞が図11のように見事に反応していることが分かりました。

この事実は、従来考えられていた自己トレランス（寛容）のメカニズム、すなわち細胞の消去（deletion）ともアナジー（anergy）とも全く違うやり方で自己反応性を抑制していることを示しています。

その細胞が、自己のMHCと本当に反応する能力を持っているかどうかを調べるために、自己のAPCで刺激してみたのです。そうしますとトランスジェニックマウスのT細胞はAPCを入れていないにもかかわらず *in vitro* で非常に強く反応していることが分かりました。何も入れなくとも、試験管内に放置しただけで、増殖したりサイトカインを産生したりしていたわけです。この反応は自己抗原であるI－A^kに対する抗体を加えると完全にブロックされます。こうして、トランスジェニックマウスのT細胞は、自己と反応する能力を一〇〇パーセント保持しているにもかかわらず生体内では何も起こしていない。そういう不思議なトレランスの状態であることが分かった。これは従来知られていたトレランスとは明らかにちがう。

それならば、*in vivo* で非常に強い刺激を与えたらこの細胞は反応するかということで、私たちはIL－4で処理してクラスII抗原を高濃度に表現しているような細胞を腹腔内に注射してみました。すると約一〇パーセントぐらいの細胞でT細胞レセプターの濃度が減少することが分かりました。TCRのdown regulationが起こったのです。しかし九〇パーセントの細胞はそのまま残っている。ですから、一部分の細胞が反応することによって、他の細胞を、intactのまま無反応にするという機序が働いているらしい。一部の細胞が反応してTCRのdown regulationを起こして他の細胞を不応化させる。こういう戦略を使って全体を自己免疫から守るということをやっている。

それだったら、クラスII抗原を生体内で大量に表現させるような処置をしたらどうだろうかということで、トランスジェニックマウスにIFNγやIL－4を大量に長い間注射しました。

　ご承知のように、IFNγは正常動物に注射するとクラスII抗原とクラスI抗原の両方を上昇させます。ところがトランスジェニックマウスではクラスIは上昇するがクラスIIは上昇しない。IL－4を注射すると正常マウスではクラスIIのみを上昇させますが、トランスジェニックマウスでは、IL－4を注射しても、クラスII抗原の上昇は全く起こらなかったのです。

　つまり、自分が刺激を受けるような自己抗原の上昇を、自己反応性T細胞が抑制していることが分かります。それがdown modulationによるのか、殺してしまったためなのかはまだ分かりません。自分を刺激しないようなクラスI抗原の上昇に関してはなんの影響も与えません。

　こういう現象を基にして、私はいくつかのスペキュレーションをしました。尻切れとんぼのようですが、この実験はここで時間切れとなってしまいましたので、この段階でいくつかの結論を引き出してみたい。

　以上のような実験によって、自己に対するトレランスの成立にはこれまで知られていなかったような新しいメカニズムがあるらしいということが分かってきました。自己の基本的な構成抗原すなわちクラスIIとそれに結合した自己ペプチドがあって、それを認識するT細胞がいます。通常は、そういう自己反応性T細胞は胸腺内で排除されると考えられてきましたが、実際にはそれはマイナーなメカニズムで、本当は自己反応性T細胞は逆に正の選択を受けて末梢に送り出されている。そういう細胞は自己抗原と反応しないように条件に応じて様々な戦略をとっている。つまり、自己トレランスというのは、基本的には末梢における調節作用にほかならないと思うのです。

そのいくつかの戦略がみえてきました。例えばいまお話した例では、クラスII反応性のT細胞が、自己のクラスIIが上昇した場合、自分にクラスIIの情報を与えた細胞に働いて、その情報そのものの量を変えてしまったと考えるよりほかはないように思います。こういう現象を、私は「エピクラインメカニズム」という名前で呼ぼうと思っています（図12）。

インターロイキンの働きには「オートクラインメカニズム」、つまり自分で情報を作り出してそれに自分が反応するというメカニズムがあります。それから、自分が作り出した情報を近辺にいる細胞にのみ働きかけてそれを調節する。それを「パラクラインメカニズム」と呼んでいます。それから遥か遠くにいる細胞にまで働きかける場合には「エンドクラインメカニズム」と呼んでいます。

ところが、ここでお話した調節の仕方は、自分に情報を与えた細胞にのみ働きかけ、その情報を与えた分子だけをモジュレートする。それがエピクラインです。こういう現象は、ほかにもたくさんあります。T細胞レセプターから刺激が入りますと、その

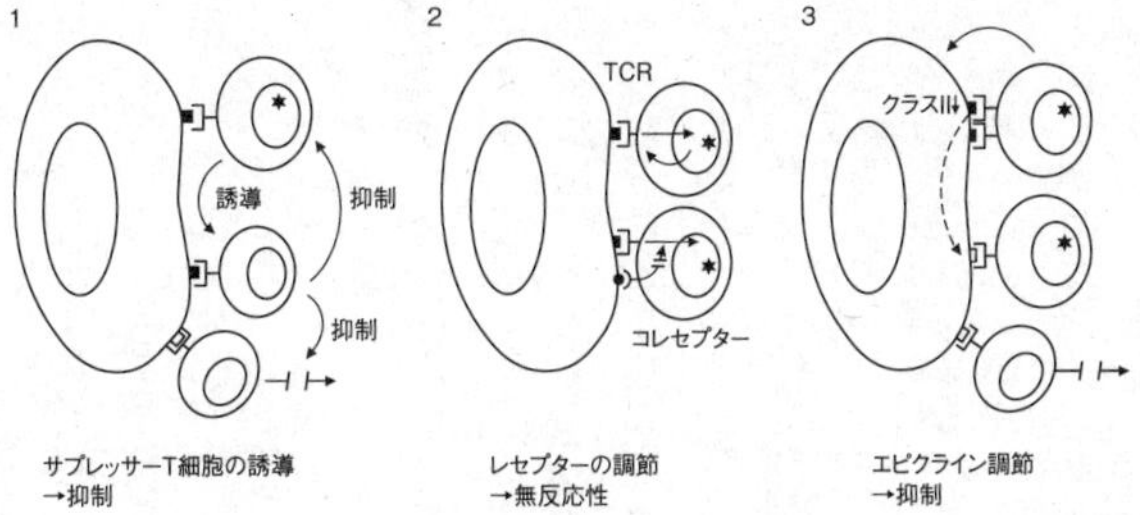

図12　自己反応性の調節メカニズム

刺激を与えた方のAPC（抗原提示細胞）の、フィブロネクチンなどの接着分子を変化させて刺激の状態を変える。そういう現象がいままで知られていますけれども、それもエピクラインと呼ぶべきではないかと思います。

情報を与えられて反応した細胞が、その情報を与えた細胞に働きかけて、その情報そのものを変化させてしまう。従来インターロイキンの働き方は、多目的で、不確実とされてきましたが、エピクラインメカニズムを利用すれば、確実に自分に対する情報を変化させることになり、多目的な分子を限られた目的に使うことができるようになるわけです。Mitchison博士は、サイトカインが有効に働く細胞間の関係について cluster formation という言葉を与えていますが、サイトカインが正確に働くための文脈（コンテキスト）のルールを考えることは、これからも大切なことと思います。

エピクラインメカニズムは、細胞間相互作用の遺伝的な拘束に関してまだ十分に説明されていない現象、例えば、サプレッサーT細胞によってMHCが共通の細胞だけが抑えられるとか、アロタイプが共通なものだけに影響を与えるというような現象も説明できます。現在よく使われている cognate interaction（連結性を持った相互作用）という言葉は、以前に私が作った言葉ですが、cognate interaction というのは、単に接着分子を利用しているということだけではなくて、細胞間でお互いに情報の調節をしているという意味でもあるのです。

こうして自己反応性T細胞によって、クラスⅡの up regulation が抑えられると、この同じ情報（クラスⅡ）によって動いている細胞の反応は必然的に抑制されます。免疫反応はもともと非常に危険な反応ですから、こうした抑制の機構が本質的に必要だったのだと私は思います。

ですから、こういう自己反応性のT細胞群をポジティブに選択しておくことによって、システム全体を抑制可能な状態下に維持していると考えることもできると私は思っております。

そろそろ結論に入りたいと思いますが、自己反応性T細胞による免疫系の調整のメカニズムには、いくつかの戦略が含まれています。一つは、生体内で活性化されることによってサプレッサーT細胞を誘導する。それによって、自己反応性のT細胞の反応そのものを抑えると同時に、それを利用して同じMHCで刺激を受けたほかの細胞の過剰な反応まで抑えてしまう（免疫学的調節回路）。

自己抗原と反応することによって、T細胞レセプターそのものを低下させて、反応を中断してしまう（down modulation）。それからコレセプターの量を調節して反応できなくする（アナジー）。さらに、今お話したようなエピクラインメカニズムを利用して、自分を刺激した情報そのものを変えてしまうことによって反応を調節する。こういういくつかの調節のための戦略がみえてくるのであります。こうした戦略こそ、スーパーシステムが作り出し、そしてスーパーシステムを維持するための調節メカニズムであると考えます。

私は最初に、「免疫学的な自己とは何か」というところから出発しました。それをスーパーシステムと考え、自己というものの成り立ちと維持について、いくつかの側面を眺めてきました。スーパーシステムとしての免疫学的自己の特徴は、次のようになります。それは、単一な造血幹細胞が場の情報に応じて多様化し、その間に新しい相互関係を作り出すという、自己生成的（self generative）なものであります。

こうして作り出された「自己」と「非自己」の境界は、従来考えられていたように、厳格に切り離されたものではなくて、ファジーなものにすぎない。しばしばそれは自己と反応するというような矛盾を起こしながら、ダイナミックに非自己に対応している。その様々な戦略がようやくみえ始めてきた。免疫系は、単なる多様なクローンの集合ではなく、また個別のクローンの選択で免疫系が成立しているのでもない。それはスーパーシステムとして自ら生成し、自己の境界を決定しているのです。

スーパーシステムとして進化するという道を選んでしまったために、免疫系は、単なる生体防御機構ではなくて、自己という個別性を持ち、それを変革しながら拡大してゆくという運命を持ち続けていると思います。そのために、逆に自己免疫とかアレルギーといった矛盾も生じたものと思います。免疫系にはスーパーシステム全般の成立と維持の様々な原理が含まれています。

免疫系の成立機構をみてゆくと、そこには個体の発生や、脳神経系の発生と共通なルールが働いているように思います。自ら自己を作りあげ、その自己に適応しながら発展し、自己組織化と自己変革を続けてゆく組織体としてスーパーシステムを眺めてゆくことによって、免疫系に止まらず、精神的な自己、さらには一人の人間の存在をも理解できると私は思っています。

「生命とは何か」という問いに対する答えは、簡単には与えられないのですが、それをスーパーシステムとして考えるという立場もあると思います。またそのスーパーシステムとしての人間の集合体であるところの社会や文化、あるいは経済活動なども、スーパーシステムのルールを使っていると私は思っています。この最終講義を終えて、晴れて大学教授を退職したら、私はスーパーシステムとしての人間とその営みについて考えてゆきたいと思っています。

大学を卒業してから三五年になりますけれども、私はこれまで、自分のやりたいことだけをやってきました。アカデミックな意味で完成した最終講義をしたというつもりではありません。やり残したことはたくさんありますし、実験が未完のものもたくさんあります。それはきりのないことですから、とにかくここで一区切りにしてあとは若い皆さんに申し送りをしておきたいと思ったわけです。

今日の講義は、ごく最近の私たちの研究、それも大ざっぱな話だけしか申し上げませんでしたけれども、もちろん昔の研究の感動も思い出しています。この間たくさんの方の協力を得てきました。私どもの教室で研究に参加してくださった方は、千葉大、東大を通じて一五〇人余りにもなると思います。お一人おひとりの名前を挙げてお礼を申し上げることはできませんけれども、私の感謝の気持ちは分かっていただけると思っております。

また、今日お見えになっている恩師、石坂先生、それから体調を崩しておいでになれなかった岡林千葉大名誉教授をはじめ、御恩を受けた先生方を忘れることはできません。国内および外国からわざわざ来て下さったたくさんの免疫学の友人、専門を異にした友達の皆さん、そういう方たちのお助けとご指導のもとでなんとか今日までやってまいりました。

これからは、実際に手を動かして実験をすることは難しくなりますけれども、実験をしないでも、考えて発見するということもありますので、しばしの間、皆さんからの情報をもとに考えて発見するということをしていきたいと思っております。

そして学生諸君、生物学は今一番面白い時代に入っていると私は思います。皆さんも、いまこそアンビシャスにこのエキサイティングな領域に斬り込んでいっていただきたいと思います。

一九九四年（平成六）二月　東京大学

文献

1. Spemann, H. and Mangold, H. : Über induktion von Embryonalanlagen durch Implantation artfremder Organisatoren. Arch. Mikrosk. Anat. EntwMech., 100 : 599, 1924.
2. Asashima, M. : Mesoderm induction during early amphibian development. Dev. Growth Differ., 36 : 343, 1994.
3. Fukui, A. and Asashima, M. : Control of differentiation and morphogenesis in amphibian development. Int. J. Dev. Biol., 38 : 257, 1994.

4. Eto, Y., Tsuji, T., Takezawa, M., Takano, S., Yokogawa, Y. and Shibai, H. : Purification and characterization of erythroid differentiation factor (EDF) isolated from human leukemia cell line THP-1. Biochem. Biophys. Res. Commun., 142 : 1095, 1987.

5. Furutani, M., Yanagi, Y., Fujisawa, I., Nakayama, T., Kishimoto, H., Kuida, K., Asano, Y. and Tada, T. : Post-transcriptional allelic exclusion of two functionally rearranged T-cell receptor α genes. Int. Immunol., 1 : 281, 1989.

6. Sano, K., Fujisawa, I., Abe, R., Asano, Y. and Tada, T. : MHC-restricted minimal regulatory circuit initiated by a class II-autoreactive T cell clone. J. Exp. Med., 165 : 1284, 1987.

7. Asano, Y. and Hodes, R. J. : T cell regulation of B cell activation. Cloned Lyt-$1^{+}2^{-}$ T suppressor cells inhibit the major histocompatibility complex-restricted interaction of T helper cells with B cell and/or accessory cells. J. Exp. Med., 158 : 1178, 1983.

8. Nakayama, T., Kubo, R. T., Kubo, M., Fujisawa, I., Kishimoto, H., Asano, Y. and Tada, T. : Epitopes associated with major histocompatibility complex (MHC) restriction site of T cells. IV. I-J epitopes on MHC-restricted cloned T cells. Eur. J. Immunol., 18 : 761, 1988.

9. Inoue, T., Asano, Y., Matsuoka, S., Furutani-Seiki, M., Aizawa, S., Nishimura, H., Shirai, T. and Tada, T. : Distinction of mouse $CD8^{+}$ suppressor effector T cell clones from cytotoxic T cell clones by cytokine production and CD45 isoforms. J. Immunol., 150 : 2121, 1993.

10. Tada, T., Abe, R., Uracz, W., Yagi, J., Miyatani, S., Kumagai, Y., Ochi, A. and Fujisawa, I. : Synaptic

structures in the immunological circuit. In : Regulation of the Immune System. Cantor, H., Chess, L. and Sercarz, E. E. (eds.). Alan R. Liss, Inc., NewYork. p. 633, 1984.

11. Utsunomiya, N., Nakanishi, M., Arata, Y., Kubo, M., Asano, Y. and Tada, T. :Unidirectional inhibition of early signal transduction of helper T cells by cloned suppressor T cells. Int. Immunol., 1 : 460, 1989.

12. Kubo, S., Nakayama, T., Furutani-Seiki, M., Kishimoto, H., Hashimoto, K., Bae, M.-J., Yokochi, T., Takeda, S., Aizawa, S., Asano, Y. and Tada, T. : A novel form of self tolerance dictated in the thymus of transgenic mice with autoreactive TCR α and β chain genes. Int. Immunol., 6 : 593, 1994.

人類史の転換と歴史学

網野善彦

［概説］いまや、自然と人間との関係が決定的に変わってきている。そのような中で、日本の歴史学が直面している問題として、網野は国民史・国家史という枠組みの維持の困難、人類の進歩という基本的な理念の無効化、そしてテーマの細分化という、今まで経験していない三つの課題点を挙げる。「世界史」概念の模索について、敗戦直後は民族の概念がテーマの中心であったが、五五年になると国家史・国民史という枠内での論争が盛んになった。これが七〇―八〇年頃にかけて極点に達すると、今度は世界全体の動向が国民国家の枠を超えはじめたことで、これまでとは異なる新しい社会のつながりや、国民と国家の内部における異質な要素に注目が集まった。七〇年代までは、西欧史に即して立てられた区分にいかに日本社会を当てはめるのかが議論されていたが、進歩主義史観からの脱却によって、非定住から定住、遍歴から定着、自給自足から商品交換へという見方や、私的所有こそ社会の発展であるという捉え方の見直しがなされるようになる。最後に文献史学の限界ゆえの他分野との共同の必要を説き、例えば成年男子とは異なる歴史社会の担い手にも注目する。そのほかにも、貨幣・商品・資本といったものを資本主義以外の視点から捉えることの必要や、奴隷制や封建制といった概念の根本的な見直し、そして農業基盤ではなく、移動や遍歴する人間を軸に新しい概念を作り出す必要も論じて最終講義を閉じる。

院生の皆さんと、ゼミはやっていましたが、講義らしい講義はやっていませんので一度くらいはやれと言われまして引き受けたわけですが、端的に言えば、歴史学の現状と資料学の展望という話をしたいと思っています。

皆さんも感じておられることと思いますが、学問全体、特に人文系の学問というものは大変大きな変わり目、転換期に直面しているように私は感じている。もちろん歴史学は例外でないどころか、敏感にそれに反応しているように感じます。もうたびたび同じことをあちこちで言っているのだけれども、自然と人間の関係が決定的に変わってきている、人間の社会全体が転換期に入りつつあることから、それは起こってきていると思うんです。今までは人間が自然のごく一部に姿を現わして、その後しだいに自然を開発して、確固とした力で自然を征服していく過程、自然との戦いに人間が勝利していく過程そのものに人間の社会の明るい未来を夢想してきた時代があった。開発をして、いろいろな力を獲得していけばいくほど世の中は良くなると考えていた時代、客観的に見てその時代は終りをつげたと思います。人類が原子力・原子爆弾を含めて自分を滅ぼしうる道を自分で見つけ出してしまった、一歩誤ると人類は頓死する危機すらあると思うんですね。ですから、長期的に考えて、人間自身が荒廃させてしまった自然と、どう調和を保ちながらこれから生きていくかという課題を、否応無しに人類全体が背負わざるをえなくなってきたという実情があるのではないか。

よく言うんですが、もう人類の青年時代というのは完全に終った、今や自らの内部に死の影を絶えず見なくてはならない壮年時代に、全体としてさしかかりつつあるのは確実だと思うんです。これは今まで人間が経験していない時代です。学問に大きな転換が訪れたというのは、こういう人類の課題の前に立たされなくてはならなかったからだと言えると思います。そういう中で歴史学もかなり大きな変化を遂げつつあることは間違いないと思うんですね。

これまでの近代史学は、マルクス主義だけではなくて、近代の歴史学の根本には、人類の進歩という基本的な理念があったと思う。ところがそれがそのままでは成り立たなくなってきていることが明白になってきた。もう一つ、これまでの歴史把握、歴史叙述の根本だった、国民史といいますか、あるいは国家史といったほうがいいのかもしれませんが、これまた、これまでの姿で維持できなくなってきているというのが現状ではないかと思うんです。

今の日本の歴史学界をみると、ある種の混迷もあるような気がするし、また、極度にテーマが細分化していきつつある。その中で何か新しいことを提言したりすることに躊躇と恐れがある。なぜそうなるのかというと、この転換自体が持っている難しさといいますか、全く今まで経験していない課題を前に置いているためにこういう事態が起こっていると思います。しかし、それだけにこういう状況から脱出するために、それぞれに新しい課題に正面切って取り組む必要があると私は思うんです。

岩波新書の『日本社会の歴史』下巻（一九九七年）の第一二章に、今考えていることをかなり思いきって書きました。批判もいろいろ出るだろうと思いますが、石井進さんが書評してくださって、あの三冊を読むんだったら下巻から読んだらよいだろうと言っておられます。そうしていただいてもいいかもしれません。今日お話しすることはあそこに書いたことの繰り返しになると思いますが、当面私たちが考える必要のありそうな課題について触れて、そして、なぜ今資料学というものが大切なのか、話してみたいと思います。

まずはじめに、国民史と国家史を根底から克服する必要が出てきている、という問題に触れてみたいと思います。これまでの歴史というのは基本的に、国民および国家を単位として叙述されてきました。「日本史」というのがだいたいそうですね。私も何の抵抗もなしに自然に高等学校で「日本史」を教えてきたわけですが、改めて考えると日本史という捉え方そのものに大変大きな問題があると最近気がつきはじめました。

敗戦後の時期、戦争中から戦後にかけての時代というのは、経験をした者でなければ解らないこともあるし、それを聞ける人がだんだん少なくなってしまっている。私たちの世代ぐらいまでしか経験していないことをもっと若い方々に伝える必要があるという印象を持っているんですけれども、敗戦後、すぐに「世界史」という概念が模索された時期があったんですね。上原専祿《せんろく》(1)さんという方の名前、皆さんはあまり知らないでしょう。一橋大学の教授でしたが、この神奈川大学にも関係があるんですよ。この大学の出発の頃に上原さんは学科をお持ちだったんです。『上原専祿著作集』(全二八巻、評論社)が出ていますが、上原さんのお嬢さんがお父さんに本当に傾倒しておられて、全部その編集をやっておられる。これの後書きを読むといろいろ上原さんのお人柄が偲ばれるところがあって興味深いです。その七巻は「民族の歴史的自覚」、八巻は「世界史像の新形成」という巻になっています。この辺に敗戦後の上原さんの活動がかなりまとまっていると思います。敗戦後というのは世界的に独立、つまり欧米による植民地支配に対して、アジア、アフリカ、ラテンアメリカの諸国・諸民族の独立の動きが非常に活発になった。それを背景にして、日本史、東洋史、西洋史という枠を破って新しい世界史像を描き出したいという動きが歴史学全体にあって、それをリードしたのが上原さんだと思うんです。で、上原さんはそのときに東アジア世界、インド世界、イスラム世界、ヨーロッパ世界という、それぞれに独自な世界を形成している四つの世界を前提にしている。この中になぜか、この段階の限界だったかもしれないけれど、ラテンアメリカ世界とアフリカ世界が入っていないんです。

上原さんは、東アジアの儒教、インドの仏教、イスラム教、ヨーロッパのキリスト教という四つの世界を前提として独自の歩みを描き、それがやがてヨーロッパ資本主義の全世界への広がりの中で、ヨーロッパによって世界が統合され、支配される、その段階で世界史が初めて成立するんだと強調しておられるわけです。世界史という教科がありますが、これは敗戦後に初めてできたもので、この世界史という構想に、上原さんの影響は今でも及んでいると思いますね。あまり皆さんは意識しないとは思うけれども、かなり強い影響を与えていると思います。ちょっと面白いことは、上原さんが、人類の起源と終末を取り上げることをキリスト教的世界観だとして、人類の起源から描く必要はないと、人類史と世界史とを区別しておられることです。これは学説史的に見てかなり注目すべき問題があると思います。戦後のある時期の歴史学の在り方がよく現われている気がするんです。もちろん、上原さんは人類史という観点を否定しておられるのではないのですが、それ以上に、この時期は民族の形成、自覚ということが大変大きな課題だった。それを世界史の中にどう位置づけるかというのが大きなテーマになっていたと思うのです。皆さんにはまるでこういう感じというのはわからないだろうと思いますが、当時は大変真剣であったのです。

前に、『列島の文化史』一〇号に「戦後歴史学の五十年」という話をしたことがあるんですが、とにかく民族の問題というのが非常に真剣に議論された時代でした。日本の場合、アメリカの占領下にあったわけですね。一九四五年から五五年にかけての時期、アメリカ帝国主義に対して民族の独立を獲得しなければならない、と本気で考えていたわけです。歴史学研究会が民族史とか民族文化といったテーマを取り上げて、喧喧囂囂《けんけんごうごう》をやった時期です。その中で現在の歴史学にも影響するいろんな動きが出てきています。例えば「民話の会」(2)というのがありました。これはどちらかというと左翼が作った会なんですけれど、宮本常一(3)さんとか吉沢和夫さんとか松本新八郎とか林《はやし》基《もとい》さんといった方々が、日本の民話について真剣に議論した。そこに木下順二さん、山本安英《やすえ》さんなどが出てきて、みんなで日本民族の文化をどう育てていくか真剣に議論した。あるいは狂言の野村万作兄弟、観世栄夫《ひでお》の三兄弟は能の若い世代で先を有望視されていた人たちですが、実際あの時代、アメリカニズムがとうとうと流れ込んでくる実態がある中で、民族的、伝統的な芸能をどうしたら維持していくことができるのか、本当に真剣に考えておりました。危機感が非常に強かったわけでありまして、その中で民族の問題を取り上げるのと同時に、一方でそれを超える世界史ということが一九五五年までの段階で本気になって議論されていたのであります。

ところが、五五年を越えますと、日本が高度成長期に入り、それにともなってこの状況が大きく変化してくるんですね、歴史学界の場合には、端的にいって、日本共産党の方針が大きく転換することと大きく係わりがあります。それまで民族の独立ということをスローガンに掲げた武装闘争まで考えていたわけですからね、当時の共産党は。私もその一端に引っかかっていました。山村に根拠地をもうけて毛沢東思想を根拠にして武装闘争を起こそうと本気になって考えていた山村工作隊に、私と同世代や、もっと若い世代が続々と入ってきました。栄養失調になったり体を壊してしまった人がずいぶんいたわけで、命を落としてしまった人も私は知っています。私はその督戦隊のような立場にいて、自分は何もやらなかった、それは私にとって運動の中から落ちこぼれる一つのきっかけになったわけですが、本気になってみんなやっていたわけです。

ところが、五五年を越えて共産党の方針が変わる、これは実態として日本経済が高度成長にどんどん入っていくということと大きく係わりがある。それに伴って、民族の問題を取り上げるということ自体も忌避、拒否する動きがはっきりと学界に現われてくるのですね。そういうことを取り上げると天皇をむしろ強くすることになると。だから民族についてはみんな口をつぐんで語らなくなる時代になった。これはその前の時期に日本共産党に従って民族、民族と言ったことがとんでもない結末を迎えた、そういう状況の中で、過去の政治と学問の結びつきを切り離したい、政治によって学問が振り回されるのを克服しなければいけないと。確かに、政治によって学問が動かされるのはとんでもないことです。しかし、民族の問題を取り上げること自体を拒否するという動きも出てきたわけです。

ですから、今考えるとちょっと皆さんもあきれるような状態が、その後続いてきたんですね。一つは、民俗学と歴史学とがその時点を境にしてとてつもなく仲が悪くなった。それまでは仲がよかったんですよ。文化人類学、人類学とも同様です。日本文化論などというと、だいたい文化人類学や民俗学の方から出てきた議論なんですが、それ自体に歴史学界は拒否的だった。一九五五年から六〇年代を通じてそうでした。民俗学に対して歴史学の方は、民俗資料には年代がない、だから資料として取り上げる価値がないといい、かつ、「常民」という言い方からしても、言ってみれば民俗学というのは変わらない要素を考えるわけですね、変わるにしても政治の、古代・中世・近世・近代といった時代区分の変化とは違う次元の波長の変化を考えようとしているわけですけれども、そういう捉え方は「歴史性がない」という批判もありました。さらに、常民という捉え方は階級的な観点が脱落しているなどという批判もあって、歴史学は民俗学に対して非常に拒否的でした。

文化人類学に対しても同様で、あれは植民地主義から生まれた学問であると。これは半面嘘ではなくて、確かに『菊と刀』というのはアメリカが日本を占領するために日本人の心性を捉えようという目的でルース・ベネディクトが研究を行ったということはある。文化人類学には確かにそういう要素がつきまとっているんですが、しかし、敗戦後の時期になるとそういう段階を超えて学問として動き出している文化人類学に対しても、帝国主義の手先に関わる可能性のある学問だといって拒否する。少し極端に言いますと、そういう方向で議論が進みました。民俗学の方も、歴史学の在り方について、あの連中の言っていることは本当の人間の生活を捉えることになっていない、硬直化した公式主義だという批判があった。私は歴史学の主流から落ちこぼれていましたから、あまり係わりを持ちませんでしたが、そういう状況が学界中枢では二〇年あまりも続いたんじゃないかという感じがします。

その時期、歴史学界が何を問題にしたのかというと、要するに国家史・国民史の枠の中で、時代区分を巡る論争というのが論議の中心になっていたんです。それも、例えば国家史・国民史の枠の中で、時代の進歩の先端を担う先進地域・後進地域、中心と辺境、都と邑というようなことを考え、一方、その中で先端的な社会にはどういう社会構成があるんだろうかというようなことが議論の焦点になっていたと思うんですね。世界史的にみても、国家・国民そのものを先進国・後進国に分けるという見方、例えば、日本は中世においては東アジアの辺境であった、という捉え方で日本の存在を考えるといったことが当時盛んになされていたと思います。それがだいたい、一九七〇年から八〇年頃に極点まで行って行き詰まるわけですね。枠組みそのものに問題があったことにだんだん気づきはじめたような気がするんです。つまり、世界全体の動向は国民国家の枠を超えはじめている。今、また改めて国民国家を強調する動きも出ていますけれども、客観的に全人類の動きの中では、例えば、ヨーロッパの今の動向にしても、国民国家の枠を超えて世界が動きはじめているという動向があって、それに即して歴史学の中でも国境を超えた動きに注目しはじめるわけですね。

その状況で私は思うのですが——新しく意識的にやってきたわけではなくて、いろんなことをだんだん思いついて調べてきただけなんですけれども——例えば、「日本」という国の名前について、ほとんどの日本人がいつ決まったかを知らないことに気がついたんですね。これは短大で教えていたある時点で聞いてみたんですよ、日本っていつ決まったか知ってるかって。すると誰も知らない。皆さんは知っているでしょうか。実際そのくらいどっぷりと日本史の中につかっていて、日本というものを相対化することができなかったということに気がつきはじめる。だけど、七世紀の後半にだいたい決まって八世紀の初め頃から使われ出すことがわかっているわけだけれども、こんなことを持ち出すと今でも抵抗が結構強いですね。「弥生時代の日本人」という言い方はおかしい、「日本の縄文時代」はおかしい、とあるところで言ったら、国立歴史民俗博物館の館長の佐原真さんが、俺は日本人って言い続ける、と頑張ってますよ。結構ですけどね、別に強制する気はないけれど。人類学の方でも、「まことに気持ちはわかるが、困っちゃうんだな網野は。聖徳太子を日本人じゃないって言うけど、あれはもう日本人でいいと思うんだけれども」などと言われています。まだこういうふうに、国民国家の枠を超えきっているわけじゃないですから、残された問題は非常に多いんだけれども、ただ、それだけでは具合が悪いという意識はだんだん広がりつつあるような気はします。

これからの研究の一つの方法として、現在の国境にかかわらず歴史自体の中で形成されてきた地域とか海域に目を向ける方向が出てきていますね。地中海世界とか、倭寇世界とか日本海世界。これは海域によって考えるんですけれども、かなりこの方向は広がりつつある。川勝平太さんが海洋文明史観などと言っていますが、そういう方向が出てきたことも確かに大変結構なことだと思います。インド洋、カリブ海などでもこういう捉え方が現われつつあって、そこにこれまでの国家・国民とはちがう新しい社会のつながりを見い出そうという動きがあり、成果を上げつつある。

もう一つは、国民と国家の内部に異質な要素を見い出していくこと。これは私が「東と西」といったのもその一つの試みなんですけれども、日本列島の全域でかなり地域史研究が進行しつつある。これも、最近の新しい動向であると思います。北海道南部、東北北部を中心とした北海道・東北史研究会とか、中世東国史研究会とか、それぞれの地域史研究会が各地で生まれています。日本海沿海、太平洋沿海という捉え方も含めて、日本列島の社会を等質のものと考えないで、その地方の個性を考えるという意味の地域史が追求されているのは、やはり国家史、国民史の枠組みを超えようとする試みの一端であると思うんです。その中で国境を超えた社会との比較も可能になってくるし、必要になってくると思うんですね。

例えば、被差別部落の問題。アメリカで被差別部落の話をすると結構反応が強かったんですね、びっくりするくらい。東と西では被差別部落の在り方が違うという話、西の方の被差別部落の話をしましたら、若い在米韓国人の、たぶん韓国の国籍だと思うんですが、若い方が手を上げて、私たちのところと非常に似ておりますとはっきりおっしゃっていました。そういう経験が広島でもあって、被差別部落の話をしたら、やはり韓国の若い研究者が、私たちの社会の「ペクチョン」[4]（白丁）というのと似ているけれども、そう考えていいでしょうかと。これは昔は出てこない質問ですね、似ているなんてうっかり言うと日韓同祖論なんていうのに引き込まれる可能性があったりして、なかなか言いにくかった面があるけど、若い方々の新しい動きは始まっているという感じがしました。まだ難しいところは残っていると思うけれども、日本列島西部と朝鮮半島南部の社会を比較するということが、これからは大事になってくると思います。最近、大林太良《たりょう》[5]さんと話していたら、南九州の民具が東南アジアの民具とそっくりだと彼は言うんです。これはもう絶対に関係があるんだ、もっと本気で比較を考えなければならないと。そういう意味で、これまでの国家史、国民史という枠の中で考えられていたために見えなかった問題が、今のような、国境の枠を超えた地域史、あるいは一つの国家、国民の中の多様な地域史研究を進めることによって、国家と国民が相対化されていく方向がだんだん進みつつある。これは、これからもっともっと発展させる必要があるんじゃないかと思いますね。

もう一つは、進歩主義史観からの脱却ということになろうかと思います。これまでの歴史学の基本的な捉え方というのは、若い方はもうこういう段階からは最初から抜け出ているのかもしれないけれど、我々の時代で言えば、経済史の段階は狩猟漁撈《ぎょろう》採集段階から始まって、農耕牧畜の段階へ、本格的な産業革命を経て工業産業社会へ、という展開が常識でした。その中で、前近代では農業の発展、近代以降では工業の生産力発展こそが社会の進歩の原動力であるというふうに考えてきた。その上に立って原始・古代・中世・近世・近代という時代区分が、国家の中で、あるいは国民の中でされてきました。マルクス主義の立場に立つと、最初は原始社会、次はアジア的という段階を入れるかという議論がありまして、その次に奴隷制的社会、封建社会、資本主義社会、こういう発展段階が想定されてきたわけで、これが「世界史の基本法則」⑹とまで考えられてきた時期が敗戦直後にはあったわけですね。歴史学研究会の四九年大会はこれが大会の一つのテーマになっている。

この区分はヨーロッパ史に即して立てられた区分だということは、上原専禄さんがすでに早く指摘しておられまして、かなり様々な修正といいますか、条件がつけられて考えられてはいました。ただ率直に言って、この時代区分をどのように日本の社会に即して考えるか、一九七〇年代までは本気になって議論されてきたのは間違いないと思うんです。これは今だって続いていますよ。律令制の社会はアジア的な社会なのか奴隷制的な社会なのかとか、中世の社会は家父長的奴隷制の社会なのかそれとも封建社会なのか、近世社会について言うと典型的な純粋封建制の社会なのか絶対主義に傾斜した社会なのか、近代の天皇制は絶対主義なのか、明治以降の社会は資本主義なのかと。こういう議論が敗戦前から始まって、一九七〇年代までの歴史学界の動向はこれを前提として動いてきたといってもいい。皆さんはどういう感想を持たれるか、なにを馬鹿なことをやっていたんだというふうに見られるでしょうか。中世はそれでも、領主制論と非領主制論というのがあったわけですね、領主を中心に考えるか、それとも領主の元に支配されている百姓、普通に生きている農民を主体に考えるのか、かなり議論が具体化したところがあって、それなりの成果があったと思います。ただその場合にも大前提に今のような考え方があったわけで、このことについて気づかないまま議論がすっかり極点まで行って、停滞しはじめたというのが実情だったと思うんですね。

それが次第に変化し始めるのが七〇年代後半からであろうという感じはしています。八〇年代に入って明らかな変化が現われはじめてきた。こういう議論そのものがほとんどされなくなってきたんですね。今まで議論してきた人がどういうふうにこれを処理しているか、きちんとしておく必要がある問題がたくさんあると思います。今までの議論をほったらかしにしたまま新しい議論に移っていく傾向がなきにしもあらずなので、この辺の学説史的な流れを、一つ一つきちんと整理しながら進む必要があると私は思っているんですけれども。

とにかく大きな変化が現われたことは間違いないですね。それを社会史、民衆生活史と言ったりしてきたわけですけれども、これは、どう表現するかは別として、否応のない変化だと思うんです。歴史社会の担い手として、これまでもっぱら成年男子が疑いを持たれないままますべての中心に置かれて考えられてきたんですね。軍役の担い手は日本の場合完全に男でしょう、公的な政治の発言をしているのも男です。それから、農業の担い手も男、工業も男性だというわけで、別に男と女なんて問題にならず、歴史の発展を考える場合に、全く無反省のまま男だけを前提として考えてきたわけです、はっと考えてみると、人間の社会全体の中で半分を占めているのは女性、年齢の上でも老人と子供、身体障害者を含む被差別民、こういう存在を考えなくて、人間の社会全体を総体として捉えることができるのか。そういう反省が歴史学の中に起こってきたことは間違いない。これはもう日本だけの問題じゃないですね。世界的にみても女性史の研究はいたるところで、アメリカ、フランスでも非常に活発に動いていると思います。

老人の問題についても、これは私自身が隠居になりつつあるわけですが、隠居というのはいかなる意味を持っているのかとか、老人の問題は独自に議論される必要がありますよ。自分が老人になるとわかってくる。体が動かなくなるし耳も遠くなるし、そういう状態の中で老人にとって何ができるかということを考えると、過去にどういう位置づけを老人が社会の中でされていたかということには決して無関心でいられない。童《わらべ》、童形《どうぎょう》の人々の研究も最近発展しつつあるし、被差別部落民についてもそうですね。

昔よくアナール派との関係がどうのこうのと私は言われたけど、これぐらい的外れの話はないんで、フランス語も読めないですし、アナール派の翻訳もほとんどされてなかったですから、私は全然読んでなかったんですよ。それで、ワーワー言われ出したんで、慌てて翻訳されはじめたのを読んで、なるほど面白いなあと思いましたけど。マルク・ブロックなどは読んだ覚えがありますし、それから、地理学の影響を受けた、リュシアン・フェーヴルの『大地と人類の進化』（岩波文庫）などを読んだ覚えがあるんですが、おおよそアナールとは関係なしに、自分勝手にやっていただけです。社会史というのも、これは阿部謹也さんが言い出したんで、私は社会史などと言った覚えはないんです。結局、人間の生活全体、社会全体を捉えようとすれば、これまでの視野ではとうてい捉えられなかったいろんな諸要素を目に入れなければトータルに捉えられないということがわかってきたというだけのことだと思います。

最近、私は「養蚕に狂ってる」って宮田登先生(8)にからかわれているんです。二、三年前に桑と養蚕の問題に気がついて調べはじめてみたら、とにかく百姓はみんな絹を着ているのがわかってきた。ものすごい大量の絹が古代から中世にかけて生産されていたこともわかってきた。何にびっくりしたかというと、だいたいそれを主として担ってきたのは女性だということなんですね。それをなぜ見落としてきたかといいますと、一つは調庸の負担者が男でしょう。だから調として出された織物に男の名が書いてある。当然これは男の生産だろうと思ってしまう。それと、遺物として出てくる織り機がかなり大きなもので、これは男しか動かせない。それから官庁に所属している専門の織り手というのはみんな男なんです。だから最近まで男しか絹を織っていないと思っていたんですね。ところが、はたと考えてみると、調庸を出したのは名目は男だけど女は生産していないという保証はないわけです。とにかく絹がたくさん生産されていたということを知った上で文献を見直すと、農業と養蚕というのがはっきりと区分されていることに気がついた。最近の『歴史と民俗』(一四号所収「日本中世の桑と養蚕」)に書いたのですが、農業の方はどうも「夫」なんですよね、「農夫」。蚕の方は「婦」と書いて「蚕婦《さんぷ》」といった。近世になると、養蚕は「農間《のうま》稼ぎ」とされてしまうんだけど、中世では養蚕と農業ははっきり区別されているし、樹木についても、今は果樹農家などと言っていますが、中世では農業と全く別の扱いを受けていることがわかってくる。

脱線しましたけど、要するに、今までの常識で当然とされてきたことでも、ちょっと「本当かな」と考えてみると、これまでの歴史学が穴だらけであったことがよくわかってくるんです。年寄りの冷や水かなあ、という感じもしないではないのですが。今、山で焼かれる炭のことを少し調べていまして、それを最後に一つ論文にまとめようと思っているんですけど、やってみると、これも史料がたくさんあるんですね。どうして今まで誰もやらなかったかと思うくらい史料がたくさんありますよ。なぜそれに目が向かなかったかということをよほど反省する必要があります。

石母《いしも》田正《だしょう》さんが——『中世的世界の形成』(伊藤書店、のち岩波文庫)で大変な影響をみんなに与えているんですが——平安時代の末期の領主の譲り状をきちんと引用しておられる。譲り状には田畠、在家、所従、桑、苧《からむし》(9)、牛馬、量は書いてないのですが、これを引用されて石母田さんは、かくの如く平安時代末期の領主は中世の在地領主と同じように所領の構成は田畠、在家、所従から成り立っている、とまとめておられます。桑などに全然触れていないのです。それ以来この問題については、石母田さんの影響が大きかったというだけでなくて、我々の目が向かなかった、誰も取り入れてないですよ。なぜ、こんなことになったかというと、領主というのは、農民を支配する、封建領主というのはそういうものだという捉え方があって、牛とか桑とか苧も重要な要素なんですけど、それは一切落ちているのです。これと同じような落とし方を我々が史料を読みながら絶えずやってきたことは間違いないです。あちこちで紹介している新見荘《にいみのしょう》の史料、二十何メートルもある文書は、前半の十数メートル、半分以上が田畠だけです。そこから後に桑が出てきたり栗が出てきたりするのですが、こっちの方は誰も考えてない。そういう今までの成年男子中心というか、農業中心というやり方をちょっとはずれてみると、いかにやり残したことが多いかわかってくるわけですね。

私は農業を低く評価してるつもりはもうとうないんですが、全体の中で、田んぼと畠、在家といったものを取り上げる必要がある。これ以外に栗もあるし、柿もあるし、漆もあるし、それから海の方では塩もある、漁業もあるし船もある。そういう全体の中で、位置づけていかなければいかんということを強調したいわけです。それでも、以前に比べると山野河海に関わりを持っている人、いろんな手工業に携わっている人に関心が非常に強まっています。

私は普通の百姓はいろんなことをやっていたんだと思うんです。すべての産業、生業、炭などもそうですよ。白炭《しらずみ》(10)という、今の備長炭ですね、これは白炭の作手《つくで》(11)という職人がちゃんといますが、普通の炭は百姓がやってます。炭焼きという職能民はないわけではないけど、普通の炭は百姓が作る。だから年貢に炭を出しているケースが多いようです。すべての生産について百姓的な技術というのがあって、その上に職能民の高度の技術があるというふうに最近は考えるようになっているんです。例えば、生糸がそうですよ。千年以上の伝統を持つ女性の生糸についての技術が広くあって、その上に近代以降のマニュファクチュアから本格的な工業制の、製糸工場が出てくる。製糸工場の女工さんの問題だけが今まで議論されていたのですが、生糸があれだけ大きな輸出産業になりえたというのは、女性の広い技術の蓄積がバックになければ起こりえなかったと思うんですね。あらゆる産業についてそういうことがいえる。漆、漆器の場合も、高度なすばらしい螺鈿《らでん》の技術を、中国から入ってきた技術も含めて、日本の社会は持っている。それを消化した背景に、百姓の作っているような雑多な漆器の生産が広範にあって、その上に初めてああいう高度な技術が育っていると考えていく必要が、どうもすべての面にあるような気がするんです。紙だってそうですよ。どこでも紙を作ってるんですね。その上に、檀紙とか非常に高級な紙を作る職人がいるわけです。私が今まで間違っていたのは、百姓と職能民の関係を、どちらかというと職能民に重点を置いて考えすぎていたところがあることです。これからもっと、いろいろな分野についてやっていく必要がある、そういうことをこれから本格的に問題にしうるような状態が出てきたということが、一つ最近の大きな変化と考えることができると思います。つまり、近代は農業・工業だけに焦点を合わせてきたということに対する確実な反省が進んでいるということです。

それから、商業、流通、金融、情報伝達について、今までは、ただ物を動かすだけで、何も生産しない、社会の発展に本質的に寄与しない、という捉え方をされてきた。商業というのは社会に刺激を与える、古い社会を分解する機能を持っているものの、先に推し進めないという捉え方をしていたんではないかと思うのですが、これも最近大きく変わりつつあって、人と物の動きに関わる分野について研究が飛躍的に進行しつつある。これはまだやる余地があるんじゃないでしょうか。桜井英治さんの研究などは最近非常に注目されていますし、貨幣史がものすごく盛んになっています。これはやっぱり新しい動向で、この分野はまだこれからだと思うんですよ。よく宮田先生が言うんですが、商業用語というものをもっと調べたらいかがですかと。現在使われている商業用語の「飛ばし」だって中世からある言葉だと思うんです。全部だいたい在来語で処理されているんですよ。「取引」からはじまって「手形」「切手」「為替」、それから「株式」、株の取引の言葉など、とても在来語が多いですよ。「下げ渋る」とか、いろいろな言い方をしています。「市場」はもちろん、「談合」だってそうです。ああいう在来の言葉で全部処理されてきた。その言葉一つ一つの持っている意味を厳密に考えてきたかというと、ほとんど考えられてない。「飛ばし」から「飛行」という言葉があるのを思い出します。飛行機の飛行、所領が飛行する、飛ぶんですよ、本当に。鎌倉期ぐらいからこの言葉が出てくるんです。こういう飛ぶという感覚がどこか潜在的に近世に生き続けてきて、「飛ばし」なんて言葉が飛び出してきたんじゃないかと思うんですね。だから今、欧米流のやり方が入ってきて自ずと摩擦を起こしているのだと思うのですが、これからどうなっていくか大問題です。

商業流通に関して商業民俗学というのがあるのかしら。商売では縁起を担ぎますよね、こういう天気の日には何をやっちゃいけないとか。商売のやり方を見ていたら昔流のやり方のところではいろんな縁起を担いでるはずで、それをいちいち調べたら面白い問題がいっぱい出てくるんじゃないかという気がします。

養蚕だってそうですよ。養蚕の方を民俗学が全然やってない。蚕が成長する過程でいろんな言葉があるんです。「ひきる」とかね、ピンとなっちゃう時があるでしょ、脱皮の時の。そういう蚕に即した独特の言葉がありましたが、全部なくなりますよ、間もなく。今調べておかないと、という感じがする。それぞれの産業部門でこういう要素があると思うんです。鉄についてはずいぶん最近いろいろな言葉がわかってきたと思うんですが、産業によってそれぞれそういう言葉があるはずです。農業については随分やられているんですが、柳田国男さんの民俗語彙の調査でも、そういう点でまだまだ落ちが非常に多いように思います。

これは一つには、人間の本来の在り方が定住・定着であるという常識的見方があったわけですね。だから非定住から定住へ、遍歴から定着へという、ある種の人間の進歩と考えられているところがある。ところが、その二つの生活形態というのは、多分人類の最初からそれぞれに大事な意味を持っていたということが、だんだんわかってきたんですね。縄文時代から定住していたことがわかってきた。しかも交易が非常に広い範囲で行われてきたこともわかってきた。私も今まで遍歴の方が少数派で定着の方が多数派だという意識がどこかあったんですね。『日本中世の非農業民と天皇』（岩波書店）を書いた時にはまだそういう意識がありました。どうもそうではないらしいという感じが最近特に強い。いつでも同じところにいただけで人間の生活が生き生きとするはずないんです。人間にとって本質的に定住と遍歴あるいは定着と移動というのは、進歩発展の段階ではなくて、それぞれに人間にとって重要な意味を持っている。

それを前提において考えてみると、所有の在り方について、ここで違った角度を入れてくる必要がどうしてもある。つまり、これまで田畠・屋敷に対する所有、私的所有こそ社会の発展の方向であろうという捉え方がされてきたわけです。実は今日ここにくる前、建設省で話をしてくれと言われて行ってきたんですよ。建設省というのはだいたい遺跡を破壊する役所ですから、はっきりいろんなことを言ってきた。何でも言ってくれって非常に謙虚でしてね。辛口の批評でもいいというので行ってきましたけど。役所の人が、土地に対する日本人の執着心、これが今後の建設問題を考える上で非常に大きな問題になっていると言い出しましてね。これまでの歴史学というのは結局この方向でしか考えてないんですよ。山野河海の所有について、これは白水智《しろうずさとし》さんが議論されている問題と関わるのですが、本来無主であることを本質としている山野河海、土地、自然に対する、普通の田畠に対する所有と違う関わり方、こう言うと何かまだ漠然としてますが。

「庭」ということを問題にしてみましょう。「場」という形で捉えられている、舞庭《まいば》とか乞庭《こつば》(12)とか、これは具体的に庭があるわけではなくて、ある種の縄張りなんですね。こういう庭《ば》に対する関わり方、これは遍歴し、動いている人の自然に対する関わり方から出てくる広い意味での所有の形態になるかもしれません。これは、これからの大きな課題になりうることだと思います。今こういうことが生きてるのはヤクザの世界ぐらいかもしれませんが、我々の日常の生活の中にも、こういう自然に対する関わり方というのは、決して消え去っているのではない、これに注目する必要があると感じます。とにかく人間に対する捉え方が非常に硬直していたところがあると思うのです。自分の場合で考えたって、定住・定着しているだけでは、とうてい生きている感じがしない、特に私は移動しないとしょうがないわけです。

自給自足から商品交換へ、という見方も同じです。人間というのはまず最初自分が食うだけ食って、余裕ができたら交換にまわすという見方、余剰生産物が初めて交換されるという捉え方ですね。人間、最初から自分のためだけで生きてますかねえ。最初から他者を意識して生きているに相違ないんですよ。だから縄文時代から交易が行われているという実態がはっきり現われてきたわけで、そういう人間そのものに対する捉え方をもっと生きたものにしないと、本当に歴史を生きたものとして捉えることができないだろうとつくづく思います。そういう方向でやることはいっぱいあるし、そのためには今までのようなやり方ができなくなっているのですね。

しばしば強調している通り、こういう分野の問題を考えるのに、当然文献史学だけではとうていダメなんです。民俗学とか考古学とか民具学とか文化人類学とか、日本文学、美術、建築史の研究と、非常に広い、いろんな分野と結びつかないと、これはもう絶対わからない世界です。さきほども養蚕の話をしましたが、蚕を女性がやっていることをはっきり証明できる史料は、『鎌倉遺文』三万五〇〇〇通のなかで四点(13)しかないのです。それぐらい文献史料が持っている限界というか、限られたものしか明らかにされていないと言えるんですね。子供の問題とか女性の問題、さきほどの庭《ば》、こういう問題について文献史料は極めて残りにくいですね、特に中世以前については。いろんな方法で追求しないと絶対わからない問題になってくるわけです。

しかもそういう動きが出てきた。これまでの歴史学の枠組みや常識、拠り所が崩れつつあるんですよ。だいたい古代・中世・近世・近代、それに現代という日本史に即しての区分に、今まで学者はどこかに収まりをつけようと必死にやってきたところがあるのですが、こういう区分にかつての社会構成、封建社会とかを押しつけるやり方ではダメだと思いますね。ただ、この区分は日本国の制度を中心とした区分としては客観的な根拠を持っているんです。文書の体系が変わりますよね、古代から中世にかけて、中世から近世にかけても鮮やかに変わる。近代からだって変わってしまいますよね。だから、あくまでも日本国の制度に即していえば客観的根拠は持っている。だけど、例えばアイヌとか沖縄まで視野に入れると、この区分は通用しない。しかも、この区分はただちに世界に通用する区分ではないわけです。これまでは何とかしようと思っていたから、古代はアジア的といってみたり、中世を封建社会といってヨーロッパと比較して道を拓こうとしたりしてきたわけです。これも全く無駄な努力ではないのだけど、今までのようなやり方だけでは成り立ちえないことは間違いない。一種の閉塞状況になってきているところがあるんです。だから、この頃封建制とは何かという議論をする人はいなくなった。私はこれからやろうかと思っているんですが、そういう意味でいうと、これまで普通に通用していた概念の根拠を、徹底的に洗い直してみる必要が出てきていると思うんです。

例えば奴隷について。奴隷とはいったい何なのか。具体的にやってみるといろんな形態の奴隷があることがわかってきて、単純に奴隷制度と言えないということがはっきりしてくるわけですね。百姓とは何かというのもそうです。封建制というのは何なんだろうかということも、本当にもう一度本気で考えてみたいと思っているんです。これは死ぬまでに絶対なんとかしたいものの一つです。なぜかと言うと、昔「封建制度とはなにか」という題の変な論文を書いてしまった。それに替わるのを何としても書いてからあの世に行きたいと思っていますから。できるかどうかわかりませんよ。命は明日にもなくなるかもしれませんけど、答えが出るかどうかは別として将来の仕事にしたいと思っているんです。

資本主義についてもいろいろ論議があるんだけれども、私は貨幣も商品も資本も、いわゆる原始社会から考えられていた、つまり、いずれも人間の本質と非常に深い関わりがあるもので、単純に資本主義の基盤というだけで考えられてはならない問題だという気がするんですね。市場というのは、ものを商品に変えるために、そこに投げ込まれないと商品にならない、神の手に委ねるわけですよ。それで初めてものを商品として交換できる。最初から資本主義というのは、アダム・スミスじゃないけれど神の手に委ねているところがあるんだと思うんです。だから、それを権力で統制しようとしてもできるはずがない。社会主義がそれをやろうとして見事に失敗した。かといって、神の手だと言っただけで済ましているわけにもいかないのですから、これは根本的に資本主義とは何かということを問い直す必要が出てくると思うんです。その際、こういう概念は成り立たないと思ったら、直ちに捨ててしまうことですね。新しく見えてきた人と人との関係、生産関係といってもいいし、社会関係、人間の関係といってもいいのだけれど、その意味を実際に生きているものに即して追究してみることだと思うんです。

私が引っかかっているのは、例えば、日本の社会、学界の共通認識になっているかどうか自信がないんですけど、神人《じにん》とか供御人《くごにん》というのは人間を超越したものに従属しているわけですね。神仏の奴婢という言葉が史料に出てくる。だから、これはいわば主従関係の一変異、一変形ということもできるけれども、世俗の関係ではないわけですから、まるで違った関係を想定しなければならない。実際神人がある服装をして現われてくると皆おそれおののく。それくらいの権威を持っているわけです。こういう人間の在り方はヨーロッパとの比較ではわからないと思います、多分。修道院などは多少比較の可能性はありうると思いますが。アフリカとかラテンアメリカとか——ラテンアメリカについては私の長男が「神の奴隷」というのがあると教えてくれたんですが、インカには同じような隷属関係がありますね。こういう隷属関係について、世界の人類社会において、ある程度比較することは可能なはずです。今までの封建制、奴隷制、資本制という概念とは完全に違った枠組みの中で考えていくこと、これは可能だと。

それから、移動、遍歴する人間に対する支配の在り方。最近「海の領主」というのもある程度通用するようになってきました。道の領主とか海の領主とか言ってもかつては全然通用しなかった。今までは定着している農民を支配するのは封建領主という言い方をしてたわけですが、農民だって定着ばかりしているわけではない。実際さきほども言ったように動く要素を最初から持っているわけですから、本来それだけでは済まないはずなのは確かなんです。もともと動くことを本職にしている連中を支配するのはいったいどういうやり方なのか。つまり海賊というふうな言い方で日本の社会には出てくる海の領主、これは世界のあちこちにあるらしいですよ。東南アジアなどにも、やはりかなりこういうタイプの領主がいるようで、こういう人の支配の仕方というのは、今までの概念の中には入りきらない。佐藤進一先生が統治権的支配(14)という言い方でこういう問題に切り込んでおられることは確かなんですけど、それだけで処理しきれない問題が広がっていることは間違いないですね。

だから新しい概念を作り出す必要は明らかで、そのためには言葉そのものを作らなければならない。今までの言葉は、全部農業に関係してできている言葉です。農奴とか隷農とか領主とか農民とか。蚕を主としてやっている人を蚕民などと言っても誰も理解してくれない。しかし、蚕をやっている人間に対する支配の仕方は、田んぼを耕してきた人に対するのとは対処の仕方が違うはずですからね、当然それに即した用語が必要なはずです。

私は専攻テーマを書く時にあえて日本中世史でなくて、日本海民史と書いてるんですけど、これは海民という言葉を多少なりとも学界に定着させようという気分があって始めたんです。ある著名な先生が学生に、海民なんて言葉を使うことはやめたほうがいい、と言っておられたと、最近聞きました。まだ、そういう状況が学界に広くあるんですが、しかしやっぱり、海民という言葉を使わないと人間のいろんな生き方を捉えきれなくなってきているのは確かだと思うんです。適当かどうかはわかりませんが。そういう言葉を事実に即して意識的に作り出していく必要が絶対にこれからあると思うんですね。

そういう意味ではあなたがた、幸せだとよく言うんです。全く空白ですから。自分でよく考え抜いてある概念、言葉を作り出したら、それは一〇〇年間くらい使われるかもしれない。それぐらいやるべきことはたくさん残っている気がして仕方がないんです。新しい時代区分、人間の社会を理解するために必要な社会関係に即した概念とか範疇とか類型、さらに、それを基礎づける新しい用語、言葉。今までの学問の中に本当にないんですね。そういう言葉は作り出されてこなかった。それはこれから作り出される、作り出されなくてはならない。

人間と自然との関わり方[15]に注目して、日本列島の社会を通じて文明が初めて社会にある程度浸透していった六、七世紀、日本国の成立時期と、それから文明の社会へのさらに一層の浸透が始まった一四世紀、それから現代、二〇世紀。一つの目安として日本列島の社会の区分をしているわけですが、これももちろん一つの目安に過ぎないわけで、これから人間の社会がどう進んでいくかを見通すためにも、これまでにどういう道筋を人間の社会が辿ってきたかということを確定しなければならないわけです。それを進める中で、資料学というのは必要だと、今後非常に大切になってくると思うんです。

上原専祿さんを読みなおすとびっくりするのは、資料学という言葉を、一九五〇年代に「史料学」として言っておられるんですね。上原さんがこれを文書学と言わないで史料学と言われている理由は何なのか必ずしもわかりませんけど、史料批判の学、というふうにも言われているんですね。これは現代にも通用することだと思いますが、繰り返し強調していることですが、いろんな学問が協力しなければならないわけですね。そうなると、学問はどの分野で協力し、自分の力が発揮できるかということを相互に確定する必要があるし、相手がどこをやってくれるかということをわかっている必要があるわけです。自分はここでやれる、これはできないと、範囲をきちんと整理するために資料学というのは必要だと私は思います。つまり自分の基礎になっている資料の特質をできるだけ深く捉えておくということ、その資料は人間の生活のどこかで生み出されたものですから、資料批判の方法を確立するということが大事だと思うんです。

文書や記録、文献史料についての資料学というのはある程度進行はしていて、例えば、古文書、少なくとも中世以前についてはそうとう程度学問的蓄積がある。佐藤先生の最近の『新版　古文書学入門』（法政大学出版局）をどの分野の方にも読んでもらえると大変いいんじゃないかと思いますね。今度新版を作られたのですが、驚いたことにいたるところに新しいことが書かれていて、前に読んだことがある人ももう一度買って読むことをお勧めしたいですね。文書については、様式とか機能とか用語について非常に厳密な研究を積み重ねて、これは近世・近代でもだんだんに進行しつつある。

ただ日記や記録については、私は発言の資格はないけれども、古記録学、日記学というのはまだ全くの未発展ですよ。本当はこれで一つ教科を作ってもいいくらいの意味を持っている。最近ようやく、例えば松薗斉《ひとし》さんが『日記の家』（吉川弘文館）という本を書かれて、いろんなことがわかってきているわけですけど、まだまだ未解明の部分が残っている分野だと思うんです。日記学、記録学などというのは日本ではまだ市民権を得てないですが、絶対に必要な分野です。

系譜伝承資料についても、五年間あまり面白くない演習をしてきたわけですが、やってみて、全然わからないいだらけだということがわかってきました。系図とか由緒書とか偽文書についてやってみると、面白かったですね。私は勉強になりました。何を根拠にして、どういう動機でこれを作っているのか。それから、作者がどういう立場だったかということを考えながら読んでみると、いくらでも調べるべきことが残っていると思います。系図はある時点での、ある人の一種の歴史叙述だというふうにまとめておいたらいいと思っているんです。何の意味で自分がどこにいるか、ということを確認するために作りあげられてきたものですから。それなりに資料を使い、その当時の伝承を盛り込んで作られたものが系譜伝承資料です。それを分類して、それぞれの性格を追究するということは、とうていまだできていない。とにかくやることはまだまだこの分野でもあることは確かだと思います。

さきほども言いましたが、個々の資料の見落としをしないこと、目配りを利かせ、広く配りながら、自分にわからない問題をわからないと確認しながら勉強していくことはとても大事だと思いますね。当たり前のことと思って見過ごしてきた資料、読み過ごしてきた問題がどんなに大きな問題につながるか。牛馬についての研究なんて中世に関しては、ほとんどないですよ。苧や桑だって、ちょっと調べてみたら論文が一つ書けるという空白が残ってるわけですから。何となくわかったつもりで見落としていないで追究してみると、意外にいろんなことが出てくる。資料学ということのみならず、一番根本にあるのは、思い込みや知ったかぶりを絶対しないということが大事なんだろうと思うんです。

現代というのは大変難しい時代に入っているわけで、歴史を正確に知ることが大切になってきていることは間違いないと思うんですね。歴史教科書についての議論を最近ガタガタやってるのは、やっぱりそこに原因があるんだろうと思うんです。まあ、建設省が私を呼び出したりするような不思議な時代でして、明らかに経済界にも危機感が高まっています。

とにかく面白い問題がいっぱい出てきているんですから。歴史・人文系の学問を勉強するのにはこれほど面白い時代はないんじゃないかと思っています。だってこれまでのパラダイムが全部崩壊しているわけでしょう。用語の上でも、概念も、キーワードも、全部新しい発見が必要だし、それが可能な状況になっているわけです。だから、よく考え抜いて、新しい用語や概念までも思い切って作り出し、大胆に提出する、それによって一挙に学問に新しい局面を開くことも可能なんだと思うんです。まあ、前途洋洋たるもので、羨ましいというのが率直な感想です。

いつも言うんですが、私は内村鑑三[16]の『後世への最大遺物』（東京独立雑誌社、のち岩波文庫）という本が大好きでして、神奈川大学に来てからも一、二度触れたことがあるんですけれど、内村という人は非常に不思議なことを言う人です。人間というのは生きたなら必ず後世に遺物を残していかなければならない、少なくともこれで世の中を少しでも良くした、あるいは地球が少し良くなったというふうなことを残して死ななくてはならないと言いました。その上でお金を持ってるやつはお金を使ってそういう遺物を残すことができる。学問の能力を持っているものは学問によってそういう遺物を残すことができるだろうという言い方をしている。しかし、何よりも後世への最大の遺物というのは、彼流の表現で「勇ましい高尚たる生涯」という言い方をしている。要するに自分の生き方そのもの、真っ直ぐに生きるということが本当の意味での後世への最大遺物になるんだという意味のことを書いています。これが根本だと思いますね。その上で、しかも学問をするという幸せを与えられている皆さん方なんですから。しかも、こんなに面白い時代はないという幸せな時代に、私から見ると生きているように見える。ひとつへこたれることなく、ぜひそれぞれの研究を十分に結実させて、立派な成果を挙げられることを期待したいと思います。別に最後だから言うわけではありません。いつでもそう思っていますし、これからも、はっぱをかけることもあると思いますけれども、こんな正式な形で話すのは確かにおしまいなわけですから、少し堅い話をしました。

一九九八年（平成一〇）二月六日　神奈川大学大学院歴史民俗資料学研究科

（1）　一八九九－一九七五。歴史学者。東京高等商業学校（のち東京商科大学を経て現・一橋大学）を卒業後、ウィーン大学へ留学、ドープシュのもとでドイツ中世史を学び、その厳格な史料批判の方法を習得した。帰国後は高岡高等商業学校（のちの富山大学）教授を経て、東京商科大学教授。戦後は同大学学長に就任した。一方で一九二八年の横浜専門学校（のちの神奈川大学）創立時より、講師として「商業政策」「経済史」の講座を持つ。神奈川大学昇格後は顧問に就任した。著書に『独逸中世史研究』（弘文堂）、『世界史像の新形成』（創文社）など。

（2）　木下順二の民話劇『夕鶴』の上演を契機に、一九五二年に木下、岡倉士朗、山本安英、松本新八郎、林基、吉沢和夫らが集まって発足。五八年一〇月～六〇年九月の二年間、機関誌『民話』を発行していた。

（3）　一九〇七–八一。民俗学者。生活用具に関心を寄せ、民具学を提唱した。天王寺師範学校（現・大阪教育大学）卒業後、小中学校教員を務めるかたわら、近畿民俗学会で活躍。一九三九年、渋沢敬三のアチックミューゼアム（現・日本常民文化研究所）の研究所員となる。戦後の一九四九年、水産庁から日本常民文化研究所に委託された「漁業制度資料調査保存事業」に参加。若き日の網野も同事業に参加している。また同事業によって収集された古文書返却事業に取り組み、のち同研究所に戻る網野に返却事業を託した。一九六四年、武蔵野美術大学教授。著書に『海をひらいた人びと』（筑摩書房）、『忘れられた日本人』（未來社、のち岩波文庫）など。

（4）　朝鮮半島における賤民。もとは才人《さいじん》・禾尺《かしゃく》と呼ばれていた。才人は仮面芝居を行う芸能民であり、禾尺は牛馬の屠殺や皮革の加工、柳器《りゅうき》の制作などに従事していた職能民である。また倭寇の主力を構成する人々のなかには、才人・禾尺が多かったという。「白丁」という語は、もともと中国の律令制の用語で平民を意味し、日本や朝鮮半島でも同様であった。しかし李朝の世宗が、賤民であった才人・禾尺を新白丁として戸籍に編入したことから、結果として彼らに対する差別を増幅させ、白丁の呼称は次第に才人・禾尺を指す言葉として転化されるようになった。甲午《こうご》改革で身分解放されたものの、差別意識はなくならず、解放運動のため衡平社が結成された。

（5）　一九二九—二〇〇一。民族学者。東京大学経済学部卒業後、同大学東洋文化研究所助手。フランクフルト大学、ウィーン大学、ハーバード大学への留学を経て、東京大学教授、国立民族学博物館教授、東京女子大学教授、北海道立北方民族博物館初代館長など歴任。アジア各国の神話とその比較研究を行い、日本神話の構造や系統を分析した。著書に『日本神話の構造』（弘文堂）、『東と

西　海と山』『海の道　海の民』（小学館）など。

（6）　スターリンによって図式化された歴史発展の法則。「原始共産制→奴隷制→封建制→資本主義社会」という発展段階を経て社会主義社会・共産主義社会へ至ると考えられた。一九四九年の歴史学研究会でテーマとして掲げられるなど、当時は日本の歴史にも「世界史の基本法則」が貫徹しているとされ、日本史の時代区分にどの発展段階を充てるかが議論された。

（7）　領主制論は在地領主と下人・所従とのあいだに結ばれる主従関係に封建制の基盤を見出す考え方であり、一方、非領主制論は「権門」と呼ばれる貴族・寺社・武家と百姓との関係に基本的な支配関係を置く見方である。網野は領主制論で描かれる領主像は東国の領主であり、非領主制論で描かれる世界を西国社会をモデルにしているとする独自の視点を展開している。網野善彦「戦後歴史学の五十年」（『列島の文化史』一〇号）。

（8）　一九三六—二〇〇〇。民俗学者。東京教育大学卒業ののち、東京学芸大学助教授、筑波大学教授を経て、神奈川大学教授。都市民俗学の提唱者のひとりで、その確立を目指した。著書に『ミロク信仰の研究』（未來社）、『妖怪の民俗学』（岩波書店）など。網野と親交が深く、二人の対談による共著も多い。

（9）麻の一種。また苧の茎の皮から採取する靭皮《じんぴ》繊維のことも指す。古代より、苧の靭皮繊維から糸や布が作られていた。中世後期には、三条西家が座役徴収権をもつ青苧座《あおそざ》が、苧の営業権を独占していた。

（10）木炭の一種。カシやナラを石窯で九〇〇度から一四〇〇度の高熱で焼き、土、灰などに埋めて消火、冷却して作られる。低温で作られる黒炭と比較して火力は弱いが、火持ちが良い。また送風すると強い火力が得られる。

(11) 作手《つくで》とは平安時代末期に供御人として再編されるようになった手工業者の呼称。荘園田畠の請料や請作地に対する耕作権なども「作手」というが、語源的には別とされている。また白炭の作手については、『壬生家文書』建久七年八月一〇日連署起請文案（『鎌倉遺文』二、八六一号文書）に「白炭焼御作手十人長高橋延安」が見られる。

(12) 舞庭は、祇園社の御獅子十六座が各地に縄張りとして保持していた獅子舞を奉納する場のことであり、乞庭は、奈良坂や清水坂の非人たちが縄張りとして持っていた乞食《こつじき》を行う場のこと。このように仏神事や芸能が行われる場としての庭のほか、狩庭《かりば》、網庭《あみば》、稲庭《いなば》、草庭《くさば》、塩庭《しおば》のような共同作業を行う場としての庭、また市庭《いちば》のような共同体を超えた交易が行われる場としての庭などがある。これら庭については、網野善彦『中世的世界とは何だろうか』（朝日文庫）の「庭」、同『歴史を考えるヒント』（新潮文庫）の「商業用語について」など参照。

(13) 網野善彦「日本中世の桑と養蚕」参照。

(14) 主従制的支配権と統治権的支配権とは、佐藤進一が室町幕府の政治権力の特質を表現した概念である。前者が私的な主従関係による人格的支配であるのに対し、後者は第三者の立場から裁判などによって御家人たちを調停し、彼らの権利を保証する公的・領域的支配である。佐藤進一『日本中世史論集』（岩波書店）。

(15) 網野は「人間と自然の関わり方」の変化を、「民族史的次元の変化」と呼んでいる。網野は時代区分について、社会構成史的次元と民族史的次元の二つの次元があるとした。前者は古代、中世、近世、近代という、生産関係、法律的・政治的諸制度に即した事実に根拠をおく時代区分であり、後者は南北朝内乱期や高度経済成長期などを境とする、自然と人間社会とのかかわり方からみた時代区分であるとし、このふたつの時代区分は必ずしも一致しないとした。網野善彦「「社会構成史的次元」と「民族史的次元」について」（『日本中世の非農業民と天皇』岩波書店）、「時代区分」参照。

（16）一八六一―一九三〇。無教会派キリスト教伝道者、評論家。札幌農学校に入学後、受洗。同校同期に新渡戸稲造がいる。第一高等中学校で嘱託教員を務めていたとき、信仰上の理由から、教育勅語の宸署《しんしょ》（天皇直筆の署名と印章）に礼拝することを拒否して免職される。評論家として足尾銅山鉱毒反対運動や、日露戦争をめぐる非戦論などを展開した。著書に『余は如何にして基督信徒となりし乎』（岩波文庫）、『求安録』（福音社、のち岩波文庫）など。

校注／萬井良大

自画像の社会史

阿部謹也

［概説］人間が自分の顔に関心を持ち始めたのはいつからか、またそれを絵画という領域で実現したのは何故か。こうした主題に基づきながら、阿部は自画像の社会史を論じる。そもそもヨーロッパでは、古代人の宇宙観に影響を受けつつ、自己とはヒエラルヒーをもった複合的存在であり、その頂点が直接神のもとにあるというような人間観があった。それから都市や経済の発展、キリスト教の普及を経て、告解という制度による内面の発見と個人の成立がなされたことで、より内面的にイエス像を描くといった変化が出てくる。そうした流れのなかで、デューラーやレンブラントの自画像は、市民社会における個人の位置と、自己と神との関係を同時に問うような伝統を有するものであった。対してフリーダ・カーロの自画像は西欧の伝統に立ちながらも、メキシコの風土の中で新しく作り上げられていった人の生き方を示すものとなっている。日本では、「個人」のいなかった江戸時代までに描かれた自画像はごくわずかだった。明治期には個人という言葉ができたものの、「世間」もまた残り続けたことで、人々は二つの体制の中で暮らすことになる。例えば萬鉄五郎《よろずてつごろう》や中村彝《つね》であれば、固有の文脈としての結核や死などが自画像に結びついている。一方、村山槐多《かいた》や高島野十郎の自画像からは世間との対峙という側面も見て取れる。このように自画像とは、その画家が社会の中で必死に生きる中から生まれてくるものなのである。

1　西欧の自画像の歴史

今回は自画像の社会史についてお話しします。私は美術史家ではありませんから、個々の絵画について美術史の脈絡の中でお話しすることは出来ませんし、そのような関心もないのですが、芸術のひとつの分野としてお話ししたいと思います。芸術とは人間の営みのひとつで、経済や、法律、科学技術などと同じく人の営みに他ならないのですが、人間の営みは農業においても科学技術においても結果を生み出します。芸術の場合も結果として作品が残るわけですが、私の関心はどのような人間同士の営みの中で作品が生まれるのかという点です。

人間の営みは人間同士の間だけでなく、人間と動物や植物などとの間でも行われます。その場合人間の営みそのものは文化として位置づけられるのですが、作品は人間の営みの中からしたたり落ちてきたものに過ぎないのです。人間の生活の中からしたたり落ちてきたものとしての作品に依りながら、人間のもとの生活つまり文化のあり方を再現しようとするのが、私のいう芸術の社会史なのです。人間が自分の顔に関心を持ち始めたのはいつからか。それを絵画という領域の中で実現したのは何故かといった問題が本日は主題になります。自画像が生まれる背後にどのような自己理解があったのかを問題にしたいのであります。

とはいっても私の力には限りがありますから古今東西のすべての自画像を扱うわけにはいきません。まず私の専門領域に近いヨーロッパにおける自画像の展開から見てゆきたいと思っています。自画像に触れる前にヨーロッパにおいてどのような自己の理解があったのかを見ておかねばなりません。この問題は直ちに個人の成立という問題になるのですが、ここでは中世から少し前の古代社会についてまず見てゆきたいと思っています。

古代史家のピーター・ブラウンという人は一九八一年に *The Cult of the Saints* という書物を書いています。その中で古代人の宇宙観について次のように書いています。死当時は、百人生まれると四人くらいしか五十歳を越えることが出来ませんでした。死に脅かされた社会だったのです。そのような社会で生きてゆくために彼らは次のような宇宙論を作り上げていました。

「古代地中海地方の住民の宗教は他界信仰というよりも天空界信仰であったといえる。その前提は宇宙の表面を貫いて走る溝である。星辰が全く安定して常に変わることがないのはまさに宇宙の神的性格を示しているからである。地球は月の下で世界の底にあり、瓶の底にたまった澱《おり》のようなものである。人間は死ぬとこの溝を越えて天空界に昇って行くのである。死ぬと霊魂は地上の澱からなる肉体を離れ、天の川の星々の中で人々をじらすかのように地上を見下ろしている明るく透明な光の中に自分の真の資質と調和した場所を見いだすのである。しかしそれは死後にはじめて可能になることなのである。だからローマの民衆がロムルスの死体が天の彼方に消えたと信じていることをプルタルコスは未開人の心性の悲しい印と見ていた。徳の高いものの魂は星辰のなかの神々の位置に加わることが出来る。しかしそれは肉体が捨てられた後のことなのである。ユダヤ人もキリスト教徒も復活を信ずる中で何時か宇宙の障碍が取り払われるだろうと心に思い描いていた。エリアもキリストもプルタルコスがロムルスには不可能だったはずだと言っていることを成し遂げているからである。しかし当分の間、地上と星々の間の障碍は、一般のキリスト教徒にとっては古代末期の他の人々と同様に堅固なものとして存在していた」

このような古代人の宇宙観は古代人の人格観や人間観にどのような影響を与えていたのであろうか。二―三世紀の人々は自己を複合的な存在と感じており、自己から神にいたる媒介者について鋭い感覚をもっていた。プルタルコスはこの点について確信していた。一般の民衆と違って彼は、霊魂は単一で均質的なものではないと書いている。それはさまざまな層からなる複合的なものなのである。それが自己の魂なのである。それは我々が知っている魂より計り知れないほど優位にあるもので、ちょうど魂が肉体より優位にあるようなものなのである。こうして自己はヒエラルヒーであって、その頂点は直接神のもとにある。その頂点に古代末期の人間は目に見えない守護神をおいた。この守護者が個々のダイモーンであれ、ゲニウス、守護神であれ、その役割は同じものであった。それは個々人の世話をするべく委ねられた目に見えない存在なのであり、人間ときわめて親密な関係をもっているので、個人の変わることなき仲間というよりはほとんど個人が天空界に向けて延長している部分に等しいのである。個人は誕生から死後にいたる間でこの守護者のもとに置かれるのである。

イエス像の変遷

ところでこのような古代世界にキリスト教が普及してゆきキリストはそこでは全能の力の持ち主として崇められることになります。ローマ時代におけるキリスト教の普及についてはすでに皆さんはある程度の知識はお持ちだと思うので省略します。ただし古代と違ってキリスト教信仰においては人間は直接神と接触するのではなく、ローマ・カトリック教会を通じて神を礼拝するという形になっていることは記憶してお いて頂きたいと思います。

ナザレに生まれたイエスが救世主として崇められながら、ローマの総督ポンショ・ピラトによる裁判で十字架刑に処せられたことは覚えておられると思います。イエスは処刑されましたが、そのときもその後も信ずる人々はイエスを全能の神として崇めていたのです。

しかし「聖書」の創世記にありますように、神がアダムとイヴを造ったとき、主なる神は「見よ、人はわれわれの一人のようになり、善悪を知るものとなった。彼は手を伸べ、命の木からも取って食べ、永久に生きるかも知れない」といっているのです。人は神となる道を辿るかもしれないと神自身がいっているのです。ここで早速絵画を見ていただきたいと思います。

最初の絵（図1）は『メッスの典礼書』の頭文字Tで時代は八七〇年頃のものです。Te igitur〔さて汝〕の最初の文字をこのように飾る習慣がカロリング朝にはあったのです。このイエスの顔を見て下さい。苦痛の表情も見られないでしょう。手も左右にすっきりと伸ばし、死んでいるようには見えません。足下に蛇が描かれていますが、これはキリストが死に打ち勝ったことを示しているのです。

次の絵（図2）を見て下さい。これは『ジェローヌの典礼書』にあるものです。おなじくTのイニシアルです。時代は七八〇年頃のものです。このキリストも目を大きく開き、あたかも生きているように描かれています。

もう一枚この種の絵を見てみましょう。これ（図3）は『ロルシュの典礼書』で、時代は九八〇年頃のものです。このイエスも堂々としていて、目を開いています。右手に描かれているのはイエスの弟子のヨハネで、彼は左手に金の表紙のついた聖書をもっています。聖書のことを英語でバイブルといいますが、これはギリシャ語の本のことで、そのもとはパピルスを輸入していたフェニキアの港ビブロスの名に由来するといわれています。

次にイエス像が大きく変化した後の形を見ていただきます。これは有名なマティアス・グリューネヴァルトの「イーゼンハイムの祭壇画」（図4）です。このイエスの表情をよく観てください。苦痛の余り息絶えた表情が読み取れるでしょう。両腕も自分の体の重みを支えるために垂れ下がり、頭には茨の冠がかぶせられています。何故このような表情にイエス像は変化してきたのでしょうか。十二世紀頃からイエスを内面的に捉えようという動きが出てきます。イエスはこの頃すでに絶対的な能力をもつ神ではなく、人の子として理解されつつあったのです。神でありながら人の子として生まれたということがようやく理解されてきたことになります。

十二世紀という時代は西欧においては個人が成立した時代として大きな意味をもった時代です。かつてはルネサンス時代に個人が成立したといわれていましたが、現在

図1　『メッスの典礼書』頭文字T

図2　『ジェローヌの典礼書』

図3　『ロルシュの典礼書』と部分拡大図「聖書をもつヨハネ」

図4　グリューネヴァルト「イーゼンハイムの祭壇画」から「キリスト磔刑」図とその部分拡大図。ウンターリンデン美術館

では十二世紀が主流となっています。この頃西欧各地に都市が生まれ、経済も新たな形で営まれつつあったのです。いうまでもなく、中世の西欧社会は農業中心の社会でした。しかし九世紀頃から三圃《さんぽ》農法が広まり、土地の生産力が上がってきたのです。三圃農法とは農地が夏穀地と冬穀地そして休閑地に分けられ、夏には夏穀地に大麦や燕麦《えんばく》などが植えられ、冬穀地には小麦や裸麦などが植えられ、これが年毎に輪作される形をいいます。土地の生産力が上がれば人口も増加し、人々の生活に余裕が生まれます。

十二－三世紀になると各地に都市が生まれ、増加した人口が都市に集まってきます。商業や手工業を中心とした都市の経済は農村とあいまって中世社会の中心となっていったのです。

一二一五年にはラテラーノで公会議が開かれ、成人は少なくとも年に一回告解をしなければならないことになりました。告解とは自分が犯した罪を司祭の前で告白する儀式です。何が罪となるのかはすでに六世紀ごろから作られ始めていた贖罪規定書に記されていたのですが、告解ははじめ公開で行われていたのです。やがて秘密の告解となり、罪の許しも巡礼やガレー船に乗るなどという重い罰ではなくなったのです。しかしいずれにしても告解をすれば自分が犯した罪が許されることになったのですから、これは大きな変化でした。告解をするときには誰でも自分の行動を振り返ってみなければなりません。自分の内面を反省し、他人に語らなければならないのです。哲学者のフーコーは告解こそ西欧の人々が自分というものを確認する大きなきっかけとなったといっています。内面の発見こそ個人の成立を意味していたのです。都市の成立とあいまって人々は少なくとも都市に行けば自分で職業を選ぶことが出来るようになったのです。しかし個人はそう簡単に成立したわけではありません。少なくとも国家や教会は個人の存在を最初は容易に認めなかったからです。西欧の個人はそれから数百年かけて徐々に生まれていったのです。

その中には面白い問題も出てきます。といいますのはこの頃にヨーロッパで恋愛が発明されたといわれているからです。個人の成立は男女を問いません。こうして男と女が自立した個人になったとき、両者の間に恋愛の可能性が生まれたことになります。このことは『アベラールとエロイーズの往復書簡』に示されているところです。四十歳の半ばで聖職者であったアベラールと十八歳のエロイーズの間の恋愛の物語です。この話に深入りすると時間がなくなってしまいますので岩波文庫の往復書簡を読んで下さい。

さてイエス像の変化はまさにこの個人の成立と深い関係をもっていたのです。成立しつつあった個人は自己の内面の検討と同時にイエスをも自分と同じ個人として眺めることになったからです。それまでは全能の神として祀っていただけでしたが、自分の内面に観察が及ぶようになるとイエスの内面も考察の対象となったからです。こうして人の子としてのイエスの苦悩が人々に知られるようになっていったのです。グリューネヴァルトの祭壇画はまさにその頂点にあるものといえます。グリューネヴァルトは十五―六世紀の人ですが、十四世紀から十五世紀にかけてトマス・ア・ケンピスという聖職者が『キリストのまねび』という書物を書いています。これは一人ひとりがキリストの言動に沿って振舞うための手引書です。こうしてイエスの理解が深まっていったのです。

デューラーの自画像

次に同じ頃の画家アルブレヒト・デューラーの自画像を見てみましょう。デューラーは後にお話しするレンブラントほど数多く自画像を描いてはいませんが、注目すべき点はすでに十三歳の時に自画像を描いている点です。

現在ウィーンにあるデューラー最初の自画像（図5）ですが、後に大画家になる人が幼いときに自画像を描いているという点に注目させられます。右上に文字がありま す。これは一五二四年頃にデューラー自身が書いたものですが、「これは私が鏡を見て描いたもので、一四八四年でまだ子供だった」と書いてあります。そうだとすると目が鏡の方を向いていないのが不思議ですが、ケーラーという学者は目は後から入れたのではないかといっています。十三歳の少年が何故自画像を描こうとしたのか。この問題を考えるには少年デューラーの環境を見なければなりません。

デューラーは一四七一年五月二一日に金細工師アルブレヒト・デューラー一世の三番目の子としてニュルンベルクに生まれました。兄弟は全部で十八人いました。その中でもデューラーは出来る子だったらしく、「父は私が学ぶことに熱心なのを見て、学校に通わせ、読み書きを学び終わると止めさせた」と書いています。何故自画像を描いたのかという点については、すでに十五世紀にボッカチオの『烈女伝』の中に鏡を見ながら自画像を描いている女の絵があります（図6）。ミッシュという学者も十五世紀に自画像を描く伝統が生まれたと書いていますから、デューラーもまさにこの潮流の中に生を受けたためと考えられます。

十歳か十二歳の時に父親はデューラーを金細工師の工房ツンフトに入れています。自分の後継者にしようとしたのでしょう。アンツェレフスキーという学者は金細工師としての修業が高度の空間感覚、デッサンの力を育て、版画家、油彩画家として働くうえで、非常に役に立ち、デューラーの作品のダイナミズムを生む基盤になったといっています。

十六歳の時、デューラーは自ら希望して隣人の画家ヴォルゲムートの工房に弟子入りしました。デューラーが最初の自画像を描いたのが一四八四年、ヴォルゲムートの工房に入ったのが一四八六年、したがってこの自画像は工房に入る二年前のもので自分の発想によるものと思われます。

自画像を描いた理由の一つにこの頃の流行をあげた訳ですが、この頃には自己というものに対する関心が高まっていたのです。十六世紀にはジロラモ・カルダーノという人の『わが人生の書』という書物があります。これは文章で自分のことを描いたものです。「背の高さは中ぐらい、足は小さく、指の関節あたりで広がっている。あまりに甲高なのでよい靴を見つけるのが難しく、寸法に合わせてあつらえなければならない。胸はやや狭い。手は右手の方が厚い。右手の指は、手相見から見ればのろまだと判断されるくらいずんぐりしている。右手の生命線は短く、サトゥルヌス線は長く

図5　デューラー最初の自画像（1484年）。右上にデューラーによる説明文（1524年頃）

図6　ボッカチオ『烈女伝』から「鏡をみながら自画像を描く女性」

て深い。左手は美しい。指は長くてほっそりし、均整がとれている。」とこういった感じですが、欠点も含めて自分の顔や身体の全体を描写しているのです。

もう一人あげておきますとペーター・ルーダーがいます。ハイデルベルク大学の教授で、一四六〇年にウルムに行き、そこでアウクスブルク市長に会っているのですが、そのときのことを後に「アウクスブルク市長は私のように汚らしく、不潔で髭を生やしている男を見て、モール人だと思ったことでしょう」と書いています。

ところでデューラーは一四九〇年、二十歳のときにも自画像（図7）を描いています。これは十三歳の時の自画像と大きく違っていることはすぐお解りでしょう。自意識に目覚めた青年が自分を批判的に観察しているともいえます。数年後に苦悩の主としてのイエス像（図8）がありますが、茨の冠をかぶり、身体から血を流している絵ですが、右手を頬に当てている姿がイエスと同じポーズなので注目されています。これは一四九三年の作品とされています。

一四九三年に現在ルーブルにある自画像（図9）が描かれています。この絵の上に「わがことは高きところで定めたる如くになれかし」と書かれています。どのようなことになっても神の命ずることに従うといっているのです。手にもっているのはアザミに似たセリ科の植物エリンギウムです。この絵はイエスの受難の象徴であるといわれています。パノフスキーはエリンギウムが「愛の幸せ」とりわけ「幸せな結婚」の

デューラーの自画像
図 7 （右上）1490 年、図 8 （右下）1493 年、図 9 （左）1493 年

象徴であることから、アグネス・フライと自分の結婚のことを考えて描かれたものとみています。

〔デューラーの〕遍歴時代。

一四九〇年の四月に遍歴の旅に出ます。ドイツの職人は親方になる前に遍歴の旅に出るのが普通のことでした。各地の職人を訪れ、仕事を学ぶのです。いまでもそのような職人はいます。ドイツを歩いていると黒いヴェストに黒いガウンを着ている職人に会うことがあります。これは大工の職人です。現在でも汽車に乗ることは出来ません。ヒッチハイクだけが認められているのです。

デューラーは九二年にコルマールに着いたことは解っているのですが、それまでどこを歩いていたのかは全く解っていません。少なくともコルマールでは金細工師カスパールとバウルス、画家のルードヴィッヒに会いバーゼルでは画家のゲオルクに会っています。いずれもマルチン・ションガウアーの弟子で彼を丁重にもてなしたといわれています。彼はションガウアーに会いたかったのだと思いますが、すでに死んでしまっていたのでシュトラースブルクまで足を延ばして自画像（図10）を描いたと思われます。このときデューラーは二十二歳、右手を頬に当てている絵と違って落ち着いた冷静な青年が描かれています。

この間の事情を少し見てみますと一四九四年八月にニュルンベルクでペストが発生しています。そのときデューラーはハネムーン直後だったといわれています。妻をペストの町に残して一人で旅立ったのです。アルプスを越えてヴェネーチア、パードヴァ等にいったといわれています。当時のヴェネーチアにはドイツ人商館もあり、ドイツ人が活躍していたので、彼らの紹介でデューラーはイタリアの画家と知り合いになりました。当時イタリアで活躍していたのはカルヴァッジョですが、たぶん会っていると思われます。

一四九五年春にニュルンベルクに戻っています。自分の工房を開き、全ヨーロッパで知られる画家になったのです。一四九八年の自画像（図11）がありますが、髭を生

図10　デューラー「自画像」1492年

図11　デューラー「自画像」1498年

やし、衣服も豊かになり、手袋もしています。当時手袋は高貴な人だけがするものとされていたのです。現代の標準からはとても二十六歳には見えませんが、都市の階層の中で高い地位についたことの現れと見ることも出来ます。

パノフスキーは「自由にして教養ある人間の高貴な身分を美術史家のために要求するための挑戦状だ」といっています。画家の地位はドイツではまだ低かったのですが、イタリアでは高かったのでそのことを強調したものだというのです。職人の地位が高いか低いかをどうやって計ったのでしょうか。

どの街にもお祭りがあります。職人の祭りです。そのとき職人の行列があるのですが、その順番に地位が表わされていたのです。どこでもパン屋がたいてい一番でした。ニュルンベルクで画家のツンフトが何番目にあったのかは今はわかりませんが、余り先の方ではなかったのでしょう。ついでにいえば大学の教授たちも行列に参加しました。大学もギルドのひとつでしたから当然のことです。行列の中で皆で踊ったのです。現在の東京藝術大学の教授たちが踊っている姿を想像してみてください。ついでにいえばユニヴァシティとは組合という意味で東京大学は東京組合、御茶の水女子大学はお茶の水女子組合となります。東京藝術大学は東京芸術家組合となり、あまりおかしくないですね。適切な表現ではないかと思います。

この絵の右上に窓から見える風景が描かれていますが、これはイタリアで普及していた新しい画法です。モノグラムには「私は自分を描いた。私は二十六歳であった」とあります。

次の自画像に移ります。この自画像（図12）はほかのものとまったく違います。一五〇〇年のものです。これまでの自画像が右か左に顔を向けていたのに、ここでは正面を向いています。左右がシンメトリックに描かれています。定規を使っているのです。正面を向いたこの形式は十五世紀ではイエスを描くときしか使われなかった画法です。手の位置もイエスの絵とまったく同じです。

図12　デューラー「自画像」1500年

一四八八年頃デューラーはフィレンツェでフィッチーノに会っています。フィッチーノは新プラトン哲学をデューラーに伝えたといわれています。アンツェレフスキーもこの自画像を『キリストのまねび』だといっています。この書物についてはすでにお話ししました。この絵にはラテン語で「私ニュルンベルクのアルブレヒト・デューラーは私にふさわしい色で自分をこのように描いた。二十八歳」と書かれています。この絵についてはショイルルという学者がルーカス・クラナハに宛てた手紙で「私はデューラーをゲルマンのアポロンと呼ぶことにしている。彼が自分の姿を描いたとき、彼の犬が大変喜んで絵にキスしようとして絵の具が乾いていなかったのでそのあとが残ってしまった」と書いたと伝えられています。しかしこのような話は信用できません。犬が絵を見ることが出来るという点がおかしいし、パノフスキーは『イデア』の中でミケランジェロについても同じ話があることを伝えているからです。これは当時の絵を褒めるときの常套句だったようです。

デューラーが自分を神の姿で描いたというと不遜なことのように思いがちですが、中世の人々にとっては人間が美しいということは神に近いことのしるしだったわけですから、美しくないもの、不潔なものは魔物に近かったのです。人間が美しいのは当たり前のことだったのです。自己を描くということは神を描くことに等しかったと思われていたのです。

デューラーの自画像は根底においてイエスと自己との関係の問題でした。当時は宗教改革の最中でニュルンベルクはルター派側でしたが、デューラーもその中で悩んでいたと思われます。デューラーの自画像を真の意味で理解しようと思えば、彼のメランコリアや宗教改革との関係などを考えにいれなくてはなりません。彼は農民戦争の後、農民達の記念碑を建てているのです。背中にナイフを突き刺された農民が座っている絵です。この絵についてもさまざまな解釈があり、容易ではありません。またティルマン・リーメンシュナイダーとの関係も無視できません。彼もまた農民側に立ったために当局から彫刻が出来ない身体にされたといわれています。このように宗教改革の全体を扱いながらデューラーについてもう一度お話しする機会があればよいのですが、難しいでしょう。

レンブラントの自画像

レンブラント・ファン・レインが生を受けた十七世紀という時代は一般的にバロック時代として位置づけられています。しかし同時代のイギリスやイタリア、フランスと比べるとかなり異なった性格をもっているのです。その典型をレンブラントに見いだせるとホイジンガはいっています。

オランダは今挙げたどの国よりも狭隘《きょうあい》な国土しかもたなかったにもかかわらず特異な発展を遂げたからです。中心部は一〇〇キロメートル四方の土地に集中していたのでした。農民は封建制度の影響をすでに脱して自由小作人となっていました。それに対して貴族の勢力は衰えていたのです。この国の中心的経済を担っていたのは商人でした。十四－五世紀にはブルゴーニュ公の支配下に置かれましたが、公も繁栄している商人層に干渉せず、その後ハプスブルクの支配下に入ったが、八十年戦争を経てユトレヒト同盟が成立しその後オランダ共和国が造られた。こうしてオランダはヨーロッパ有数の商業国家となったのである。東インド会社の成立もこの頃のことであった。しかしこのような状況においてなお中世的な自由都市としての機能を維持しようとしていたライデンで〔レンブラントは〕育ち、次いでアムステルダムに移住しました。この時代のオランダの社会の変遷を身に受けながら、多数の自画像を描いて自己の変化を見つめたその姿勢は極めて近代的な性格を物語っていると思われます。

レンブラントについても自分をパウロとして描いたといわれる自画像もあり、似てはいますがデューラーとは明らかに違っています。彼は自画像を数多く描いていますが波瀾万丈だった彼の生涯が同時に自己発見の日々であったことを意味しているからです。

レンブラントは一六〇六年にライデンの豊かな粉屋の六男として生まれています。一六二〇年には、ライデン大学に入学していますが、大学には長く通っていなかったと見られています。十五歳の時にヤーコブ・スワーネンブルクの工房に入り、画家としての生涯をはじめたのです。この頃に描かれた自画像は皆かなり違っているのです。何点かを見てみましょう。

比較的早い時期のものとして一六二八年の自画像（図13）があります。髪をもじゃもじゃにして、唇が厚い青年が描かれています。周囲のいうことなど聞かないぞという雰囲気が読み取れます。一六三一－三二年の自画像（図14）は光の当て方が逆にな

レンブラントの自画像
図 13（右上）1628 年、図 14（右下）「つば広の帽子をかぶった自画像」1631 年、図 15（左上）「石の手すりにもたれる自画像」1639 年

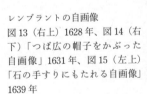

っていますが、数年でかなりの財産を作り、衣装も良くなっています。一六三九年に「石の手すりにもたれる自画像」（図15）が描かれています。〔この頃は〕画家組合にも入り、自分の家ももち、多くの弟子も育てていました。そのレンブラントが何故多数の自画像を描いたのかという問いについて、ケネス・クラークは「モデルがいなかったためではないか」といっています。「父親が水車場で働き、母親が教会、妹が台所にいるときには鏡に映っている自分をモデルにすれば友人や家族よりももっと自由に描くことが出来る。これこそ若きレンブラントが望んだことであった」といっています。家を買ったり、借金も増え〔ましたが〕一六三九年には豊かな衣装をまとった姿で自画像が描かれているのです。

ケネス・クラークは「レンブラントは自分の人格に王者的なものがあることを感知していた。偉大な人間は謙虚なものだとよくいわれるが、レンブラントもそうであった」といっています。「偉大な人間は自分が偉大な人間であることを普通自覚しているものである。レンブラントの場合、この自覚は長年の間、毛皮の帽子、黄金の鎖、その他のきらびやかな装飾品の愛好という形で実現されていた。」

一六五六年にレンブラントは破産しています。翌年に自画像（図16）が描かれていますが、これはエルズミアポートレイトとして知られているもので、皺が克明に描かれています。老年のわびしさも描かれています。破産した状況の中での自画像として両者の関連を認めようとする傾向が一般にあるようですが、ケネス・クラークはそのような直接的関連を求めると誤る可能性が高いといっています。何故かというと一六五八年の自画像にはそのような破局の影もないからです。この年に彼は自分が集めた収集品を売りに出しているのですが、この絵には王者としての風格が漂っているといいます。

一六六一年にも自画像（図17）がありますが、これはケネス・クラークがいうには自分をパウロとして描いたものとされています。自分を描きながら、何か自分を越えたものを描いているように見えるといわれています。破産や妻との死別などの破局を経験しながら、何かより深く、高いものと接しているかのような印象を与える絵です。年をとるにつれて自画像に深みが増しているようにも見えるのですが、同じ頃のもう一つの絵（図18）には内省的なところは全く見られず、自信たっぷりな自画像となっています。この頃愛する内縁の妻のヘンドリッキェ・ストッフェルスに先立たれているのですが、その影も見えないのです。レンブラントの凡人ではない生き方が見える気がします。

食物を買うために娘の貯金箱を壊したのもこの頃のことです。生涯で最も苦しかったときだったのでしょう。

レンブラントの自画像
図16（右上）1657年、図17（右下）1661年、図18（左上）1669年

レンブラントは生涯に多くの自画像を残しました。その一つ一つについてはさまざまな解釈があり得るでしょう。しかしデューラーから始まる西欧の自画像の歴史の中に位置づけてみると、そこには一つの流れがあることが解ります。それは市民社会の中での個人の位置であると同時に神との関係です。もちろん現在までの西欧における自画像の歴史の中に、リヒャルト・エルツェやジャン・デルヴィル（図19）のように、その流れから一見したところはずれているように見えるものもあります。しかしよく見るとそれらも市民社会のありように起因していることが解るのです。ジャン・デルヴィルが「神の記憶」を留めているとポール・カソは指摘しているのです。

図19　ジャン・デルヴィル「自画像」1896年

2　フリーダ・カーロ

その点でメキシコのフリーダ・カーロの自画像は決定的に異なったものであるといえるでしょう。デューラーの自画像はイエスというペルソナに近付いてゆく歩みでもありました。この歩みはレンブラントにも、また後のジャン・デルヴィルなどにも見られるものであり、ヨーロッパの自画像の一つの特徴でした。しかしメキシコのフリーダ・カーロの自画像は彼女の数奇な運命も手伝って特異な形をもっています。

一九三八年に描かれた「メキシコの四人の住民」（図20）という絵があります。奇妙な土偶、ユダ人形、粘土の骸骨、藁の騎士の四人のそばでフリーダは地面に座って指をしゃぶっている絵です。フリーダは他の住民に比べると小さく、孤独な姿で描かれています。場所はコヨアカンと見られ、一種異様な雰囲気を醸し出しています。メキシコの民芸品のイメージから生まれたこれらの住民はフリーダにとっては親しいものであったらしいのです。仮面と土偶のペルソナの中で、「フリーダもメキシコの第五の住人へと変身していった」とヘイデン・エレーラも書いています。その変身の過程は小児麻痺とその後遺症としての萎えた足からはじまり、彼女はその足を終生スカートで隠していたそうです。

フリーダの生は病との戦いでした。一九〇七年にドイツ系のユダヤ人を父とし、メキシコ人を母として生まれたフリーダは幼い頃メキシコ人の乳母に育てられました。六歳の時小児麻痺にかかり、九カ月の間部屋に閉じこもらなければなりませんでした。その孤独な生活の中でフリーダはもう一人の自分と出会うのです。後に「二人のフリーダ」が描かれる出発点はこの頃すでにあったといわれています。

図20　フリーダ「メキシコの四人の住民」1938年

後にフリーダは国立予科高等学校に入学します。そこでは若い仲間と文学や芸術に関わり、悪ふざけをしたりして青春を楽しんでいました。当時、高等学校の大講堂に壁画を描いていたメキシコでもっとも著名な画家ディエゴ・リベーラとも知り合いになりました。フリーダは制作をしているリベーラをからかいに出かけ、「いつかリベーラの子を産む」といい切って仲間を驚かせていました。当時フリーダにはアレハンドロという恋人がいましたが、二人の関係は親たちの認めるところとはならなかった。

一九二五年の九月に事故が起こったのです。アレハンドロとフリーダはバスに並んで座っていました。そのときバスが電車と衝突したのです。アレハンドロのいうところによると、電車の鉄の棒がフリーダの腰の辺りを串刺しにしていました。「腰のところで、脊椎が三か所折れていた。鎖骨と第三、第四肋骨も折れていた。右足は十一か所も骨折し、右足首は脱臼のうえ砕けていた。〔中略〕鋼鉄の手摺は彼女の下腹部を文字通り串し刺しにし、体の左側から入り膣に抜けていた。」（ヘイデン・エレーラ）。フリーダは長い間生死の境をさまよい、病床でアレハンドロに繰り返し手紙を書いている。この頃アレハンドロはフリーダから遠ざかっていたためである。

病床でフリーダはアレハンドロにはじめて自画像（図21）を描いた。この自画像の構図からして失われつつあった恋人への訴えでもあった。後に描かれる多くの自画像と比べるとこの自画像は繊細な感覚で描かれ、当時のフリーダの心境を表現しているように見える。事故以後、フリーダは死を意識して日々を送らなければならなかった。病床にあるときには自分以外に描くものはなかったから、何よりも自画像となったのである。彼女の苦痛は誰にも共有できるものではなかった。

両親にさえ苦痛の激しさを隠さなければならなかったのである。このような日々のなかでフリーダは自画像を描き続けた。一九四四年には「折れた背骨」（図22）を描いている。フリーダは事故以来、器具に閉じ込められた生活を送っていた。鋼鉄のコルセットの下にはじかに身体に打ち込まれた釘が見えている。胴の中には背骨の変わりにひび割れたイオニア風の円柱が見える。「かくして生は、くずれゆく廃墟に置換

フリーダ・カーロの自画像

図 21（右上）1926 年、図 22「折れた背骨」（右下）1944 年、図 23（左上）1929 年、図 24（左下）1930 年

されたのだ」（ヘイデン・エレーラ）。しかしこの自画像のフリーダはなんと威厳があることだろう。荒野を背景として描かれ、精神的にも極度の苦痛を表現しながらも、怯むことなく人生に立ち向おうとするフリーダが描かれている。

当時四十一歳だったディエゴ・リベーラはユーモアあふれるバイタリティのある男で多くの女性の関心の的であった。そのような男にフリーダが関心を寄せたのは不思議ではない。結局フリーダに求婚したディエゴにフリーダの父親は次のようにいったという。

「あれは悪魔ですぞ」

「承知しております」

「じゃあ、警告はしときましたからな」

こうして身長一八〇センチ、体重一三六キロのディエゴと身長一五九センチ、体重四四キロのフリーダの二人は結婚した。二人の結婚はフリーダの自画像に大きな影響を残した。一九二九年にリベーラを愛するようになってはじめて描いた自画像（図23）がある。かつてアレハンドロに贈った自画像では青白い王女風の姿で描かれていたが、今回は「ピンク色の頬の現代娘」（ヘイデン・エレーラ）が描かれている。背景もカーテンが利用されていてフリーダを魅力的に見せている。

一九三〇年には第三の自画像（図24）が描かれている。第二の自画像が正面を向いた姿であったのに対し、第三の自画像では顔は横を向き、悲しそうな表情で描かれている。フリーダによるとこの二つの自画像の間にフリーダは自分には子供が産めないことを知ったのである。その間に中絶を経験しなければならなかったからである。ディエゴの女性問題もフリーダにとっては初めての経験であった。フリーダはあるとき「私は一生の内に二度、重大事故にあった。一つは電車が私をぶちのめしたあの事故であり……。もう一つはディエゴだった」といっていたという。

一九三二年にフリーダはディエゴとアメリカ旅行中に流産した。救急車でヘンリー・フォード病院に運び込まれ、十三日間入院した。子供が産めない身体であることを最終的に知らされたフリーダはその経験を「ヘンリー・フォード病院」（図25）に描いた。血にまみれたベッドに横になっているフリーダのお腹から六本の紐が伸び、空中のものと結ばれている。フリーダの身体の上に浮かんで見えるのは男の子の胎児であり、その横にあるピンクの物体は「女性の内面」を表わしているという。蝸牛はゆっくりと進んだ流産を表わしているという。ベッドは荒涼とした平原に浮かんでおり、水平線に見えるのは工場群である。孤独な自分を表わしているという。

同じ年に「私の誕生」（図26）が描かれています。このような構図は中世の絵にはしばしば見られますが、近代においては珍しいものです。母親の足の間から幼児の顔

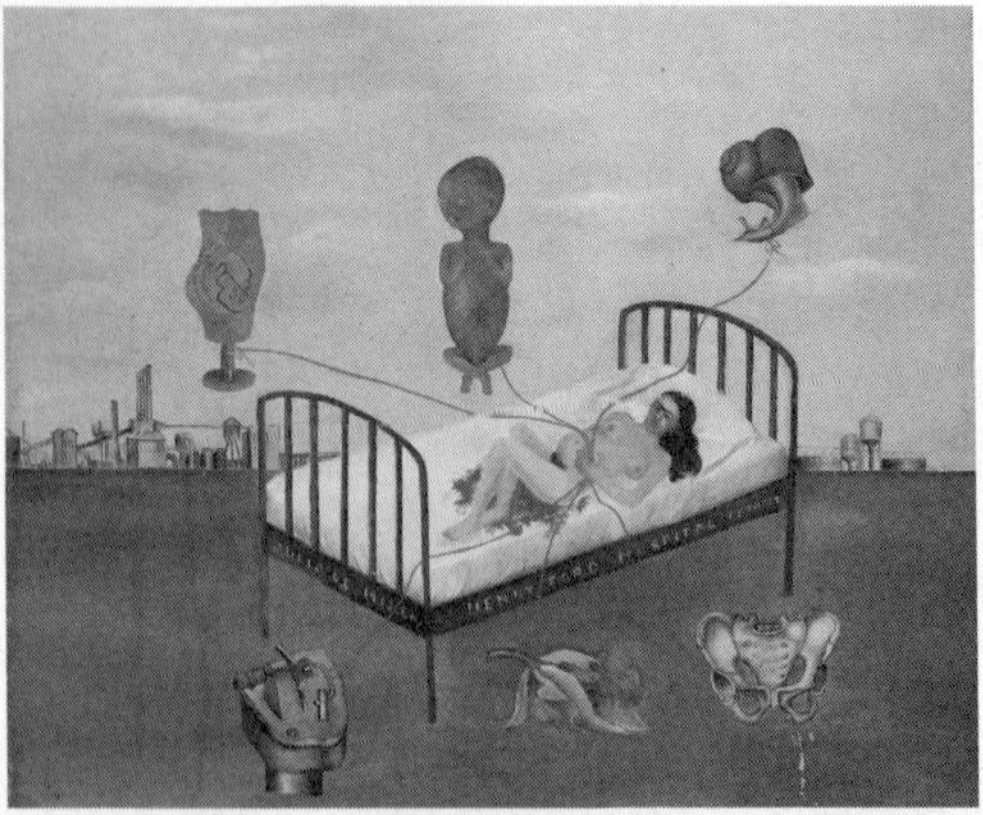

図25（上）「ヘンリー・フォード病院」1932年、図26（下）「私の誕生」1932年

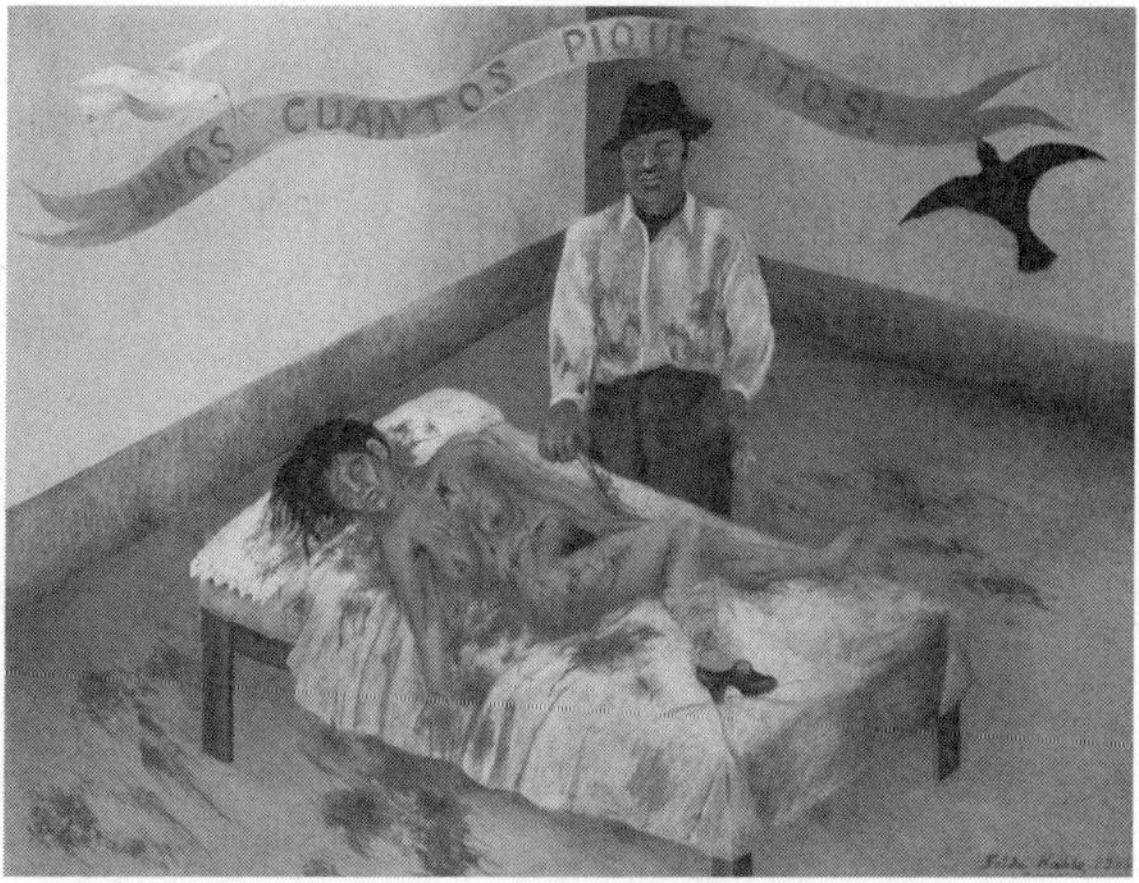

図 27 「ちょっとした刺し傷」1935 年

がのぞいています。幼児の眉毛が大きくつながっているところからそれがフリーダであることが解ります。母親も幼児も血にまみれ、死んだように見えます。ベッドの上には「悲しみの聖母」の絵が掛けられています。この絵はフリーダの出生を描いたものですが、流産した子供を描いたものでもあるといわれています。

一九三五年には「ちょっとした刺し傷」（図27）が描かれています。新聞の記事の中で、ある男が女友達をベッドに押し倒し、法廷で「ほんの二、三回ちょっと刺しただけ！」と証言したのです。そのころディエゴがフリーダの妹クリスティナと浮気をしたことが明らかになっていたのです。フリーダは悲しんで髪の毛を切り、そのことを他人の事件を借りて描いたのです。身体の全体を刺されて血にまみれ、ベッドに横になっている犠牲者のそばに剣を手にして殺人者が立っています。このような絵を描くことによってフリーダはこの事件を片づけようとしていたのです。

一九三六年十二月にトロツキーと妻のナタリアがオスロで船に乗り、メキシコを目指した。翌年メキシコに着いたトロツキー夫妻をリベーラ夫妻は受け入れ、親身に世話をした。フリーダはトロツキーと親しく話をし、結果は誘惑したのである。ふたりの関係は長く続かず、一九三七年のトロツキーの誕生日にフリーダは過去の愛人に「自画像」（図28）を贈った。この自画像はこれまでの自画像と違ってテワナ衣裳でも活動家の姿でもなく、貴族的な姿の自画像である。かつてフリーダは恋人のアレハンドロに自分の許に戻ることを期待して自画像を贈ったことがあった。今回トロツキーに贈った自画像は自ら愛を拒絶した相手に与えたものであり、その心境を推し量ることは難しいが、フリーダのトロツキーに対する愛にもなんらかの真実があったことを示していると受け取ることが出来るだろう。

フリーダのディエゴとの関係はフリーダ自身の男性関係とディエゴの女性関係もあってうまく行かなくなっていた。トロツキーだけでなく、イサム・ノグチやニコラス・ムライとの関係もあった。ふたりの間では離婚の話が始まっていた。ちょうどその頃フリーダは「二人のフリーダ」(図29)に取りかかっていた。椅子に腰掛けたふたりのフリーダが描かれている。一人はディエゴが愛したフリーダで、もう一人は愛を失ったフリーダです。その動脈からは血が流れ出ている。ふたりの関係についてフリーダは日記の中で「私の血は、私の心臓からあなたの心臓へと、空中を旅する奇蹟である」と書いています。「二人のフリーダ」はフリーダの自画像描写の究極点であったといえるでしょう。

図28 「(トロツキーに捧げた)自画像」1937年

図29 「二人のフリーダ」1939年

男と女の関係においては、愛されているか、いないかがすべてであって、誰でも自分がそのどちらかであるために悩むのである。フリーダはその自分を二人描いたのです。愛されているフリーダと愛されていないフリーダ。ここには自分がそのどちらかであるという悩みは見られない。むしろ二人のフリーダを冷静に描こうとしているフリーダがいる。ここで初めてフリーダは描写するものとしての地位を確立したのである。そしてまた離婚後のすべての自画像に最初紹介した「メキシコの四人の住人」の登場人物が出てくることにも注目させられる。骸骨やユダヤ人や人形やペットなどである。また一九三七年の「乳母と私」（図30）では大人の顔をしたフリーダが地母神のように見えるインディオの乳母から乳を貰っている。

一九四〇年の「自画像」（図31）には猿と黒猫が一緒に描かれている。また同年の別の「自画像」（図32）ではキリストの茨の冠が首飾りとされていてフリーダの首からは血が流れている。

血にまみれた受難の像はメキシコの芸術にはおなじみのものであるが、今でもどこの教会にも見られる鞭打たれた受難のキリスト像はキリスト教会のシンボルであり、フリーダはそれを用いて自分の救済を示したのである。それと同時にこの頃に動物やペットなどとともに自画像が描かれている点にも注目したい。フリーダはカトリック

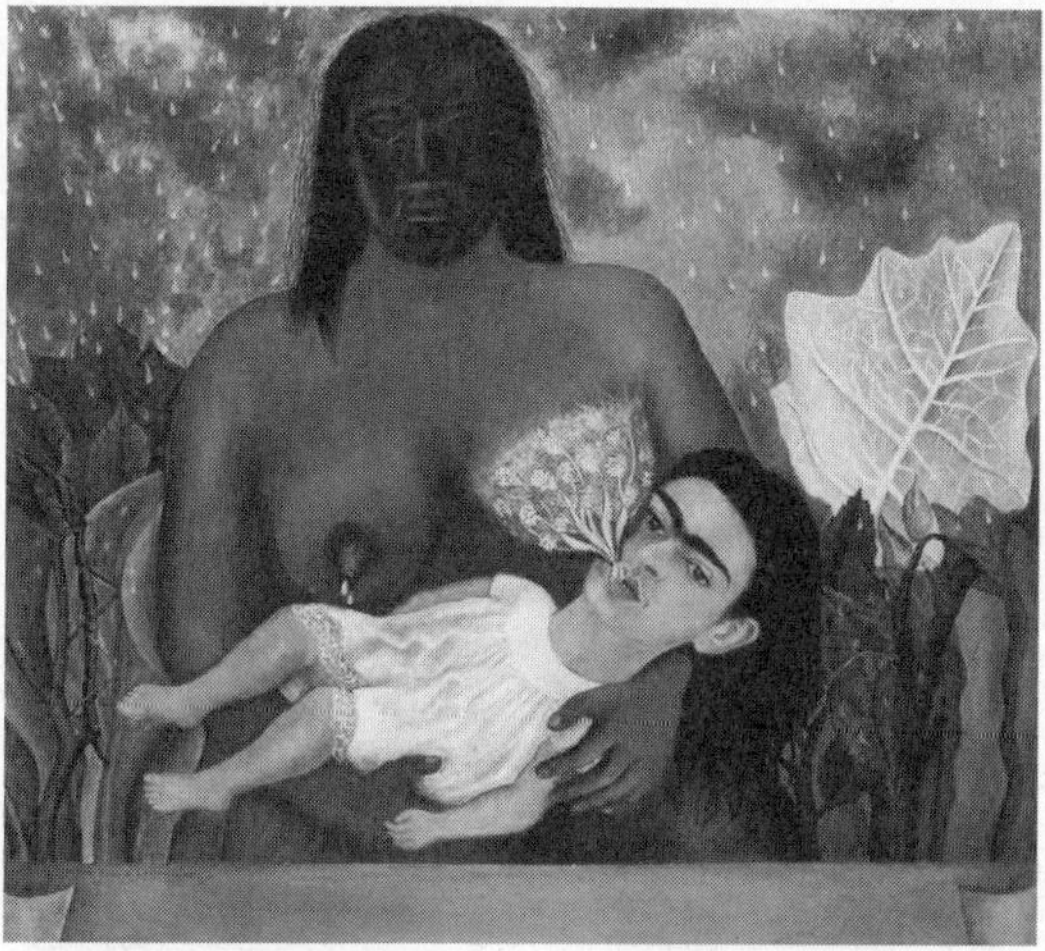

フリーダ・カーロの自画像

図 30（上）「乳母と私」1937 年、図 31（右下）1940 年、図 32（左下）1940 年

からは距離を置いていたが、晩年には自画像を聖像として意識し、イエスのペルソナに連なるものとして描いたのだが、そのペルソナにはメキシコの伝統的な民族的要素が加わっていた。その点でヨーロッパの自画像の伝統とははっきりと一線を画するものであった。

フリーダの生涯にははじめから死の影がさしていた。死を予感させる苦痛の中で明るく生きてゆくためには愛するものが必要であった。アレハンドロからディエゴ、そのほかフリーダは生涯に多くの男女を愛の対象にした。愛し合う関係の中で苦痛と死を忘れることが出来たからである。フリーダの描く肖像画は皆自画像になったといわれている。

フリーダの生涯を振り返るとき、私たちは生きるということの素晴らしさを実感させられます。フリーダの自画像は西欧の伝統に立ってはいますが、メキシコの風土の中でフリーダによって新しく作り上げられた人の生き方を示すものとなっているのです。

以上のように肖像画を中心にしてフリーダ・カーロについて語ってくると、特異な才能に恵まれながらも運命によって平凡な生涯を送ることが出来ず、ドラマティックな生涯を強いられた才女が想像されるでしょう。しかし彼女が暮らしていた国メキシコは、かつて北部のテキサスをアメリカに奪われ、現在の小さな国土となり、その後教会との戦いも経て二十世紀初めにようやくメキシコ革命を成功させた。その中で労働者から農民等、さまざまな闘争が続けられていたのである。フリーダもディエゴもトロツキーをかくまうような人物であったから、平穏な暮らしは期待できなかった。

そのような環境の中でフリーダが暮らしていたことを忘れてはならないと思います。時間の余裕がないのでそのへんについてはほとんどお話しできませんでした。重要なのはフリーダの場合にメキシコの原風景・原風土と死後肖像画の伝統、そしてヨーロッパの肖像画の伝統との関係である。

3　日本の自画像

江戸時代

ようやく日本の肖像画について語るときが来ました。しかし日本の自画像はほとんどが明治以降のもので江戸時代のものは大変数が少ないのです。おそらく十点を超えないでしょう。その多くが禅宗の僧侶のもので、それも年をとってからの作品が大部分です。その理由はこれからお話しするわけですが、その前に少しだけ江戸以前の日本の自画像を見ておきましょう。

まず白隠《はくいん》（一六八五－一七六八）の自画像（図33）があります。これは八十歳の時の作とされています。白隠には自画像が比較的多く、解っているだけで、五－六点あります。これはその中でも傑作と思えるもので、他の自画像と比べても秀逸なものといえます。白隠は生涯野にあって、民衆の中に黒衣の頭陀《ずだ》行を実践したといわれています。

もう一人良寛《りょうかん》を挙げておきましょう。良寛の生涯については多少はご存じかと思いますが、一七五八－一八三一年の人で越後の出雲《いずも》崎《ざき》出身の、やはり禅僧です。十八歳で出家、諸国を遍歴し後に故郷の国《く》上山《がみやま》の五《ご》合庵《ごうあん》に住んで、托鉢して暮らし、歌人と

図33　白隠「円相内自画像」1764年

しても著名な人です。この自画像（図34）には賛があります。

世能中耳まし良ぬ東
爾者安羅ねとも　悲登利
安処非曾　和礼ハ
ま佐礼留

図34　良寛「自画像」

「世の中にまじらぬとにはあらねども、ひとりあそびぞ、われはまされる」

夜中に行灯《あんどん》のそばで一人書を読む老人の姿が描かれています。しかしこの絵の雰囲気は決して暗いものではなく、明るさをもっています。

ここで日本の歴史の中で自画像が絵画のジャンルに入っていなかったことについてお話ししたいと思っています。江戸以前には主として禅僧の老齢期の作品が多いのは何故かという問題もありますが、それは特殊な問題になりますので、一般の画家を主として考えてゆきたいと思っています。何故自画像が江戸以前にはなかったのか、という問いに対する答えは難しくはありません。

自画像とは個人のものです。江戸以前にはその個人がいなかったからだというのが私の答えです。人間はそれぞれ個体として生まれてきます。しかし個人という概念は明治十七年以前には日本になかったのです。社会という概念が生まれたのは明治八年でした。いずれも英語から翻訳された言葉です。いうまでもなく明治維新以来、政府は欧米の文化を受け入れることにし、そのために省庁を置き、軍隊も作り、何よりも教育を欧米化しようとしていたのです。

東京音楽学校と東京美術学校を前身として東京藝術大学が生まれたのです。そこで西欧の美術が導入されたときに自画像を描くことが卒業課題となり、今日にいたっているのです。この講義の冒頭でヨーロッパにおける個人の成立についてお話ししました。それはキリスト教を背景とする古代以来の西欧の宇宙観の中から生まれたものでした。そのような個人を日本で作りだすことは容易なことではありません。しかし黒船以来近代化を迫られていた当時の政府は、近代化つまり西欧化を強行せざるを得ませんでした。こうして各省庁が設置され殖産興業と富国強兵政策が採られたのです。その一環として教育にも重点が置かれ、先に述べたように各国立大学が造られたのです。

先に江戸時代まで日本には個人という概念はなかったといいました。では江戸時代まで日本の個人はどのように暮らしていたのでしょうか。日本の個人は「世間」という枠の中で暮らしていたのです。「世間」という枠は今もそのまま機能しています。それを簡単に説明しますと、サンスクリット語のローカという言葉の訳で、本来は人間関係だけでなく天体などすべてのものも含まれていました。もともと仏教の用語でした。ですから『古事記』などの古い時代から使われてきた言葉なのです。

この言葉の現在の意味は貰ったら返すという意味での贈与・互酬関係、長幼の序、共通の時間意識などとなっています。共通の時間意識とは日本人の場合、初めて会った人に「今後ともよろしく」といいます。しかしこの言葉は欧米の言語にはないのです。欧米人は赤子にいたるまで自分の時間を生きているのです。しかし日本人は皆共通の時間の中で生きていると思っていますから何時かまた会うことがあると思い、そのためにあらかじめお礼の前払いをしているのです。欧米人は「先日は有難うございました」という挨拶もしません。お礼はそのときにするものだからです。しかし日本人は常に同じ時間に生きていると思っていますから、このような挨拶をするのです。「世間」にはこのほかさまざまな規範があります。葬式などに出席する義務もその中に入ります。また皆が同じ意見の時、違った意見を述べてはならないということなどです。「世間」の中で生きるということはこういうしきたりにしたがって生きるということなのです。このような個人の生き方はすでに初めにお話しした西欧の個人の生き方と全く違うということに気がつかれたと思います。ところが明治政府は近代化という政策の中で西欧の教育システムも導入しようとしたのですが、人間関係は導入出来ませんでした。親子関係や主従関係、天皇と国民の関係などを近代化することには手がつけられなかったのです。

こうして近代化という政策の中に「世間」は入らなかったのです。ところで日本の人々は皆「世間」の中で暮らしていますから、日本人は二つの体制の中で暮らさざるを得なくなったのです。会社や役所などでは欧米風の近代化のシステムで、毎日の暮らしの中では伝統的な「世間」の中で暮らすことになったのです。こうして私たちはダブルスタンダードの生活を余儀なくさせられてきたのです。

そのような生活の中で個人はどうしたのでしょうか。東京美術学校が生徒に求めたのは欧米風の個人としての自画像でした。しかし当時の日本人は皆「世間」の枠の中で欧米風の個人を生きることが出来なくて苦しんでいたのです。それでも彼らはその営みに挑戦しました。それは皆さんの先輩の卒業制作に現れています。それをいくつかみてゆきましょう。

萬鉄五郎

まず萬鉄五郎《よろずてつごろう》の作品です。鉄五郎は一八八五年に岩手県で生まれ、土沢《つちざわ》尋常小学校に入学、大下藤次郎の『水彩画之栞』に刺激され、水彩画を始めたのです。早稲田中学校に入り、絵画同好会に所属します。その後臨済禅の布教のため渡米。一九〇七年に東京美術学校に入学しました。彼は明治四十四年頃に卒業制作として自画像と裸体美人を描いています。その後、故郷土沢に帰り、制作を続けています。一九一二年の「雲のある自画像」（図35）が彼独自の作品になっています。赤い雲と緑色の雲が頭上に描かれた自画像です。この雲がなにを意味しているのかはわかりませんが、自画像はかなり強い意志を持った人物として描かれています。

同じ年に「赤い目の自画像」（図36）が描かれています。顔はほとんど前の絵と同じですが、髪の毛も顔の輪郭も着物も全体が三角形で構成されています。背景も赤一

図35　萬鉄五郎「雲のある自画像」1912年、大原美術館蔵

図36　萬鉄五郎「赤い目の自画像」1912年、岩手県立博物館蔵

色で特に白目の部分が赤く描かれています。ほぼ同時期に描かれた同じ構図の習作がありますが。右手に電球が描かれており、その光が当たったところとあたらないところに色の違いがでているのです。この頃電気が急速に普及していたことを考え合わせると、電球の効果に気がついた鉄五郎が、その光の効果を知って自分の顔で新しいモチーフをつかんだと見ることも出来ます。

新しい文化に関心をもち、そこから新しい実験をしようとしていたとすると、この頃ヨーロッパではじまっていたキュービズムの運動にも関心をもっていたと考えられます。キュービズムの運動とは一九〇七年から一四年にかけてヨーロッパで起こった芸術、特に美術の革新運動で、マチスやピカソをはじめとし、ルネサンス以来の伝統となっていた遠近法や明暗法を捨て、色彩も褐色黄土色に限って用い、自然の多様な形を幾何学的な形に還元し、もののあり方を画面に再構成しようとした運動です。

このように見ると鉄五郎の「赤い目の自画像」はまさにキュービズムの影響を強く受けていると考えられます。しかしそれだけではないのです。電球がもたらした新しい光の世界が彼をひきつけたことは確かでしょうが、鉄五郎が結核を病んでいたことも記憶にとどめておく必要があります。現代と違ってこの頃、結核は死の病でした。「赤い目の自画像」の表情はその病に対する彼の意識を反映している可能性もあると思われます。萬鉄五郎はヨーロッパ文化の影響下に育った画家でありましたが、結核を病んでいたためにこれらの影響は彼の中で内面化されていったのだと思われます。

中村彝

中村彝《つね》も比較的多くの自画像を描いていますが、彼は美術学校の卒業生ではありません。〔一八八七年に〕茨城県の水戸で生まれ、早稲田中学を経て名古屋の幼年学校に入学しました。しかしこの頃すでに胸部疾患と診断され、退学し、軍人となるのを断念しています。彼の二人の兄も若くして死去し、死を意識せざるをえない青年時代をすごしたようです。その後療養を続けながら絵画に取り組み、〔一九〇九年〕太平洋画会展に〔自画像を〕出品し、奨励賞をえています。

そのような生活のなか数多くの自画像が描かれてゆきますが、彼の場合は卒業制作として課されたものではなく、じぶんが抱え込んでいた病とその果てにある死を常に意識する中で、自己と対面せざるを得なかったのだと考えられます。もちろん彼が尊敬していたレンブラントの影響も無視できないでしょう。しかし影響というものはそれを受け止める内面を抜きにしては語れないものでしょう。

結核という病は若い者にとっては性欲や名誉欲、若さのエネルギーなどから徐々に無縁になってゆく過程のように思われていました。体力がなくなり、自分が透明になるような感覚があり、普通なら思考を妨げる欲望などが消え去り、思考が純化されるような感覚があったのです。とくに喀血《かっけつ》が続くと自分の血が少なくなってゆくさまが手にとるように解り、透明感がますます深まるのです。彝の『芸術の無限感』の中に次のような詩があります。

苦笑

冬の夜更けの静けさに、
ひとり血を吐く
その静けさよ。
どんな顔して
血を吐くのかと
鏡にうつして苦笑ひ、
冬の夜更けの静けさに!!

この詩は大正十年に書かれ、クレヨンのデッサンがつけられています。血を吐いている自分を鏡にうつしてみようとしています。ちょうど三十五歳のときで、寝ているしかない自分を描くことで、かろうじて画家としての自覚をもったのでしょう。そのような過程を経て少し病が回復すると制作に取り組み、「頭蓋骨を持てる自画像」（図37）が描かれることになります。

憔悴《しょうすい》した顔は正面を向いており、目は大きく開いている。その目はなにかを訴えるでもなく悲しみを伝えようとするでもなく、ただ見開かれている。服も背後の幕も皆垂れ下がった形で描かれ、彝の髪の毛だけが逆立っている。その手には一個の髑髏《どくろ》がある。いうまでもなく髑髏は西欧においては死のシンボルである。しかしこの絵に見られる髑髏は死の様相を帯びてはいない。単なる静物であるかのように置かれている。実際彝は一九二三年、自画像が描かれた同じ年に「髑髏のある静物」（図38）を描いています。確かにそこでは髑髏は静物として描かれています。粗末な椅子の上に衣服

図37　中村彝「頭蓋骨を持てる自画像」1923年、大原美術館蔵

図38　中村彝「髑髏のある静物」1923年、三重県立美術館蔵

と一緒に置かれています。

この絵からは髑髏を死の象徴としてではなく、単なる静物としてみようとする画家の意気込みが伝わってきます。それは「頭蓋骨を持てる自画像」にもいえることです。健康も小康状態をえたとき、画家は創作に熱中する。しかし死の恐怖は去ったわけではない。死の恐怖の中で自己を見つめてきた画家は死とともにある自己を描こうとする。そのとき死は生々しいものではなく対象化されている。髑髏が静物となるゆえんである。

村山槐多

村山槐多《かいた》の生涯は短かった。一九一九年に二十二歳で世を去っている。彼が上京したのが一九一四年だから、わずか五年の間の画業であった。村山槐多も美術学校の出ではない。京都府立第一中学校に入学し、従兄弟の山本鼎《やまもとかなえ》から油絵具を貰う。一九一四年には上京し、日本美術院の研究生となる。すでにこの頃には槐多は数多くの人物画を描き、ほとんど独学で技法も身につけていた。しかし彼は若い頃からボードレールやランボーに傾倒し、みずから多くの詩も書いている。大正四年に「鏡に」という詩がある。

「鏡を見ろ鏡を、泣くな、しつかりと見入るんだぜ
お前の顔がお前を見てゐるぜ
その顔は猿の死顔だ
人間の顔ではない」

「あれは猿さ、俺ではないのだ、だが俺も同然だ
俺が旨く手なづけた可愛い猿さ
俺はあの猿を分捕る為にはずゐ分苦しんだ
末やつと手に入れた実に可愛いい猿なのだ」

「お前には可愛いいかもしれぬが
俺にはずゐ分と憎らしいぜ
あの眼玉はあの口はあの鼻は俺を戦慄させる
何と云ふ醜悪であらう」

「はつは俺を貴様は何だと思ふのだ
つむじまがり、天のじやくと云ふのが俺の事だ

俺はお前が戦慄する程な醜悪に
戦慄する程な美を感じる人様なのだ」

「負をしみを言ふな　どう言って見た処で
お前は猿だはつは、お前は猿だ猿だ」。

自画像を描くためには鏡を見なければならない。その鏡に映る自分の顔は決して美しいものとは思われない。一見したところ高村光太郎の詩を思い出させるのであるが、決定的に異なっている。高村光太郎は日本人としての自分の顔をヨーロッパ人の中で観察し、異様な容貌を描き出した。しかし村山槐多は鏡の中に異様な顔を見いだしながら、そこに戦慄する程の美を感じている。高村光太郎の場合は美醜の基準は完全にヨーロッパ人に置かれていたのである。

「恐ろしい醜悪の人々を満載したな
第一に泥でこね上げた田舎おやじが五六人
臭い様なポーズをとって居る
それから日本語をしやべる女異人

抱かれて泣きわめく白子の様な赤ん坊
一面の糞色、にきび、腐つた脂肪
臭い息、無知な大馬鹿共
それらがこの電車の中でうようよとして居る
それから過淫に疲れた女の皺だらけの顔」〔大正四年「電車の中の軍人に」より〕

このような人々に囲まれながらも槐多は自分の美の世界に希望を持っていた。それは自分の画業への期待でもあった。槐多には自画像が十点ほどある。上京直前の一九一四年に描かれた「紙風船をかぶれる自画像」（図39）はその中でも特異なものである。その数年前には稲生《いのう》という美少年の下級生に心を寄せており、その美少年に寄せて自分の顔を描いたとすら思われる。その後に描かれた自画像とあまりに異なっているからである。しかし自分の美に対する自負はこの頃すでにはっきりとした形で生まれていたと考えられ、その意味でこの自画像は注目されるのである。単に美というだけでなく、槐多には強烈な自意識があり、その自意識が彼の自画像の大きなモチーフとなっている。

その意味では一九一五年の「尿する裸僧」（図40）と題された自画像も注目すべき

ものである。炎に包まれた裸の僧が合掌しながら小便をしている構図であるが、まったく他に例を見ないものである。槐多の他の作品を見ても類似のものはない。ただ彼の「童話」の中に似た話がある。

天の尿

或時私が歩いて居りました。

空の青くうつくしく輝やいた昼間でした。

その日は奇体にも空が一段と高く見えました。私は明けはなれた野を歩いて居る癖にどうも深い谷底か井戸の底に居る様に思へてなりませんでした。

丁度小便がしたくなりました。

私はこらへこらへて歩いて行きました。だれかが見て居ては恥かしいと思って。

私の膀胱が軽球のやうにふくらんでしまひました。しまひに私の腹一ぱいにふくらみました。

「ああもう辛抱が出来ない」と私は泣き出しました。そして一はねはねて高い空へ飛び上りました。

私は五千尺も上へ上りました。

そして青い空をとび乍ら一思ひに小便をいたしました。

私の股ぐらから小便で出来たまつすぐな長い金の杖がきらきらと下界をさして落ちて行くのを見て私は涙の出る程よろこんで居ました。

しかし次に真赤になつてしまひました。

下では五千人程の大勢の人が上を見て皆一せいに笑つて居るのが見えましたので、私は顔をかくして寝がへりをいたしました。

それからまた下へ降りたか、もつと飛んで居たかはおぼえて居りま

図 39　村山槐多「紙風船をかぶれる自画像」1914 年

図 40　村山槐多「尿する裸僧」1915 年、信濃デッサン館蔵

せん。

槐多の自意識は強固であったから、周囲の世界と衝突しないはずはなかった。しかし槐多は周囲の世界と正面から衝突するような世俗人でもなかった。彼は自分に頼むところが大きかったから、自己を世界と合一させようとしていた。深い谷底か井戸の底にいるように思えてならない精神状態のときに天空に舞い上がり、ほとばしるように小便をするというイメージはすばらしいものである。自己の中にたまった鬱屈を天空に流出させてしまうのである。この自画像の裸僧のイメージがどこから来るのかはさだかではない。しかしその自画像が槐多の宇宙との合一の夢を描いたものであることは確かであろう。

一九一八年に槐多も結核性肺炎に冒される。彼の生き方が激しかったように、彼の病も激しく彼を攻め立てた。急速に病は悪化していった。死の一、二年前に二点の自画像が残されている。ひとつは一九一六年の「白衣の自画像」（図41）である。これは「紙風船をかぶれる自画像」とはまったく異なった輪郭をもっている。全体として暗い色調のなかに眼ばかりが鋭い顔が描かれている。額には彼が「鬼の線」と呼んだ一筋の線が深く刻まれている。この自画像ではその線は明らかに強調されている。彼は自分の運命を知りながらそれと闘っていたように見える。

一九一八年の自画像（図42）は死の前年に描かれたものであるが、「白衣の自画像」よりも冷静に自分を観察している様子がわかる。冷静に自分を観察しながら、それを茶化すかのような右側の［カタカナで「カイタ」とある］サインが痛ましい。

この年に彼は遺書を書いている。

遺書

自分は、自分の心と、肉体との傾向が著しくデカダンスの色を帯びて居る事を十五六歳から感付いて居ました。

図41　村山槐多「白衣の自画像」1916年、三重県立美術館蔵

図42　村山槐多「（茶色の）自画像」1918年、大阪市立美術館蔵

私は落ちゆく事がその命でありました。

是れは恐ろしい血統の宿命です。

肺病は最後の段階です。

宿命的に、下へ下へと行く者を、引き上げやう、引き上げやうとして下すつた小杉さん、鼎さん其の他の知人友人に私は感謝します。

たとへ此の生が、小生の罪ではないにしろ、私は地獄へ陥ちるでしやう。最底の地獄にまで。

さらば。

一九一八年末　　村山槐多

日本の自画像

これまで西欧の自画像からメキシコの自画像をみて最後に日本の自画像を見てきました。簡単に見ただけですが、皆さんにもその違いがお分かりになったと思います。西欧の自画像は根底に古代中世以来の信仰を置き、そこから発達した個人の自我の意識を中心にして描かれてきました。自画像の根底に神としての自己の意識があったことが特徴です。そしてその意識は他の人々と必ずしも共通のものではありませんでした。メキシコのフリーダ・カーロの場合はインディオの血を意識しながら西欧の伝統を横目でにらみ、痛みと苦しみの日々のなかから自己とメキシコの大地との合一を夢見るカーロの一生が描かれていました。では日本の自画像はどうでしょうか。

ここでは僅かしか取り上げられませんでしたから、結論を出すわけにはいきませんが、これまで扱った自画像に関していえば、結核と戦争と死が主題となっていたように思えます。取り上げた画家たちが皆若くしてなくなっているためもありますが、ひとつの時代の運命として避けられなかったところがあったように思えます。

ただ私が不思議に思うのは日本の社会が西欧の世界とはまったく異なった世界であるのに、これまでの画家たちが西欧の伝統に比較的忠実に従ってきたように思える点です。特に日本の社会は「世間」という独自の構造を持っていますので、多くの人々がそのために苦しんできたのです。「世間」は現在の西欧にはなく、日本では「世間」の中で個人は窒息しそうなほど自己を殺して生きているのです。「世間」の中では西欧的な個人は生きることが出来ないのです。それにもかかわらず政府は欧米化という政策を採りましたから、教育は一応欧米の形を真似てきました。しかし形だけに過ぎず、個人は「世間」の中で窒息させられそうになっているのです。

個人という言葉が日本に出来たのは明治十七年、社会という言葉が出来たのは明治八年でした。以前には個人はいませんでしたから自画像がなかったのです。「世間」

図43　高島野十郎「絡子をかけたる自画像」1920年、福岡県立美術館蔵

の中で生きるその苦しみは今でも変わることなく実在しています。その苦しみの軌跡が絵画には現れなくてもし方がないかもしれません。しかし自画像にはそれが片鱗だけでも現れてくるのではないかと私は想像しているのです。

日本の自画像の中で「世間」と深く接触していたものに槐多のほかにもう一人高島野十郎がいます（図43）。明治二十三年生まれの野十郎は八十五歳で世を去るまでほとんど画家として無名であった。東京帝大農学部水産学科で学び首席で卒業したが、絵を描くこと以外に希望はなかった。豊かな家の生まれであったから、後にフランスにゆきもしたが、そこからさして学んだ形跡もない。晩年は千葉の柏市に小屋を立て、電灯もない暮らしを一人で続け、「ローソクの」炎の絵を中心として風景画もいくつか描いたが、ほとんど人に知られなかった。というよりは彼は人を避けた暮らしを選び、生涯独身で、絵を描くことに集中していた。

日本の画家でヨーロッパから影響を受けなかった人はほとんどいない。野十郎と槐多はその数少ない人であった。槐多はもちろんフランスの詩人から影響は受けている。

しかし絵に関してはそれはほとんど見られない。彼はまったく独自の自分の世界を描いたのである。この二人は「世間」に反抗し、あるいは「世間」に背を向けて暮らしていた。そのような生き方が皆さんの参考になるかどうかはわかりません。しかし「世間」に対するひとつの方法であったことは確かです。

これまで見てきた画家は洋の東西を問わず、みな死を意識して生きてきた人々です。ここで忘れてはならないのは長野にある「無言館」に残っている若き画家達の作品です。彼らも明日がない暮らしの中で必死で絵を描き続けました。まぢかに迫った死を前にし、必死で自己を表現しようとしていました。

人間の一生は考えてみればどんなに長くても百年以下です。長いとはいえません。その中で作品を残すのですから、誰でも生きるということを考えざるをえないのです。自画像はすべてその画家が生きた社会の中で描かれています。自分に与えられた社会の中で、自分がおかれた位置の中で、必死に生きる中から自画像が生まれてきたことをいくつかの例でお話ししました。

二〇〇六年（平成一八）五月　東京藝術大学

著者略歴

小泉八雲（こいずみ　やくも）
　作家、民俗学者。本名ラフカディオ・ハーン（Lafcadio Hearn）。一八五〇年イギリス保護領レフガタ島（現ギリシャ）生まれ。世界各地を転々としたのち、渡米してジャーナリストとして活躍。一八九〇年（明治二三）に通信員として来日し、英語教師として日本で教鞭を執り始める。以降、松江、熊本、東京などの日本各地で英語教育に尽力、欧米に日本文化を紹介する著作を多数著した。一八九六年（明治二九）より東京帝国大学文科大学の英文学講師に就任、日本に帰化し「小泉八雲」と名乗る。英語や英文学を講じながら民俗・文化研究にも邁進し、日本人の内面や日本文化の本質を明らかにする作品を描き続けた。主な著書に『日本の面影』『怪談』『心』などがある。一九〇四年（明治三七）没。

鈴木大拙（すずき　だいせつ）
　仏教哲学者。一八七〇年（明治三）石川県金沢市生まれ。本名、貞太郎。東京帝国大学在学中、鎌倉円覚寺の今北洪川、釈宗演に参禅し、大拙の道号を受ける。九七年渡米、イリノイ州オープン・コート出版社の一員となる。滞在中の一九〇〇年『大乗起信論』を英訳して学会の注目を集め、〇七年『大乗仏教概論』を英文出版。帰国後、東京帝国大学、学習院大学、真宗大谷大学で教鞭を執る。四五年鎌倉に「松ヶ岡文庫」を設立。四九年六月より一〇年間渡米。コロンビア大学など欧米の各大学で仏教や禅思想を講じるほか、日本文・英文の膨大な著書や論文を残し、禅を「ZEN」として世界に広める大きな功績を残した。四九年日本学士院会員選定。同年一一月文化勲章受章。主著に『禅と日本文化』『無心ということ』『禅とは何か』『日本的霊性』等がある。六六年（昭和四一）没。

宇野弘蔵（うの　こうぞう）

マルクス経済学者。一八九七年（明治三〇）、岡山県倉敷市生まれ。一九二一年、東京帝国大学経済学部卒業。マルクスの『資本論』を批判的に読み込み、その理論とイデオロギーとを分離。客観的法則に基づく科学的方法を導入し、経済学の研究を「原理論」「段階論」「現状分析」の三段階に分けて体系化する方法（宇野理論）を提唱。その独自の経済学体系は「宇野学派」の基礎となり、国内外の経済学界に大きな影響を与えた。東北帝国大学助教授、東京大学社会学科研究所教授、法政大学教授等を歴任。主著に『価値論』『恐慌論』『経済原論』『資本論五十年』『資本論の経済学』『社会科学としての経済学』等がある。七七年（昭和五二）没。

大塚久雄（おおつか　ひさお）

経済史学者。一九〇七年（明治四〇）京都府生まれ。東京帝国大学経済学部卒業。在学

中、内村鑑三に師事して無教会派のキリスト者となる。マックス・ウェーバー社会学とマルクス経済学から大きな方法的影響を受けつつ、近代資本主義の形成過程を研究。両者を総合した独自の理論を構築し、その学説は「大塚史学」と称されるほど、日本の経済史研究や社会科学に多大な影響を与えた。法政大学教授、東京大学教授、国際基督教大学教授等を歴任。七〇年朝日賞受賞。九二年文化勲章受章。日本学士院会員。主著に『近代欧州経済史序説』（第二回毎日出版文化賞〈人文・社会部門〉）、『株式会社発生史論』『近代資本主義の系譜』『宗教改革と近代社会』『共同体の基礎理論』『社会科学の方法』『社会科学における人間』等がある。九六年（平成八）没。

中村　元（なかむら　はじめ）

仏教学者、インド哲学者。一九一二年（大正元）島根県生まれ。東京帝国大学文学部印度哲学梵文学科卒業。同大学大学院博士課程修了。サンスクリット、パーリ、チベットほか多数の言語に精通。卓越した研究に基づいて東西の思想哲学を俯瞰し、普遍的思想史の構築に取り組んだ。五四年より東京大学教授。七三年退官後、東洋思想の研究機関「東方学院」を創立し院長となる。また比較思想学会会長（初代）、日本学士院会員等を歴任。七四年紫綬褒章、七七年文化勲章受章。同年文化功労者顕彰。八四年勲一等瑞宝章受章。九九年NHK放送文化賞受賞。主著に『仏教語大辞典』（第二九回毎日出版文化賞〈特別賞〉、第九回仏教伝道文化賞）、『初期ヴェーダーンタ哲学史』（第四七回日本学士院恩賜賞)、『決定版　中村元選集』、『原始仏典』、訳書に『ブッダのことば』等がある。九九年(平成一一)没。

土居健郎(どい　たけお)
精神医学者。一九二〇(大正九)東京生まれ。東京帝国大学医学部卒業。精神医学の臨床家また教育者として、精神病理学、精神分析研究の水準を飛躍的に高めることに貢献した。日本人の基底にある心理特性として、「甘え」の概念を精神分析に導入。七一年に刊行した『「甘え」の構造』は大ベストセラーとなり、日本人論ブームの契機をつくった。同書は英語、フランス語ほか海外でも翻訳され、「甘え」の概念は社会学や文化人類学にも影響を与え、国際的な学術語となった。五〇年アメリカ合衆国メニンガー精神医学校へ留学。帰国後、聖路加国際病院精神科医長、東京大学医学部教授、国際基督教大学教授、国立精神衛生研究所所長等を歴任。その他著書に『精神療法と精神分析』『「甘え」の周辺』等がある。二〇〇九年(平成二一)没。

鶴見和子(つるみ　かずこ)
社会学者(比較社会学)。一九一八年(大正七)東京生まれ。三九年津田英学塾(現・津田塾大学)卒業。四一年ヴァッサー大学哲学修士号、六六年プリンストン大学社会学博士号を取得。弟の鶴見俊輔らと思想の科学研究会を結成し、四六年雑誌「思想の科学」を創刊。柳田国男・南方熊楠・折口信夫らの研究から、民俗学の手法を取り入れた比較社会学理論を確立。地域の独自性に根ざした「内発的発展論」を唱えた。上智大学外国語学部教授、同大学国際関係研究所所長を歴任。九五年南方熊楠賞、九九年度朝日賞受賞。主著に『社会変動と個人』、『漂泊と定住と』、『南方熊楠』(第三三回毎日出版文化賞)、『内発的発展論の展開』等がある。二〇〇六年(平成一八)没。

河合隼雄(かわい　はやお)

臨床心理学者。一九二八年(昭和三)兵庫県篠山市生まれ。五二年京都大学理学部卒業。アメリカ留学を経て、スイスのユング研究所で日本人として初めてユング派分析家の資格を取得。その後、国際箱庭療法学会や日本臨床心理士会の設立等、国内外におけるユング分析心理学の理解と実践に大きく貢献する。京都大学教授、国際日本文化研究センター所長、文化庁長官等を歴任。九五年紫綬褒章受章。九六年日本放送協会放送文化賞、九七年度朝日賞を受賞。二〇〇〇年文化功労者顕彰。主著に『昔話と日本人の心』(第九回大佛次郎賞)、『明恵　夢を生きる』(第一回新潮学芸賞)、『中空構造日本の深層』『とりかへばや、男と女』『ナバホへの旅　たましいの風景』『神話と日本人の心』『ケルト巡り』『大人の友情』、『泣き虫ハァちゃん』等がある。〇七年(平成一九)没。

多田富雄(ただ　とみお)

免疫学者。一九三四（昭和九）茨城県生まれ。千葉大学医学部卒業。七一年に免疫反応を抑制する「サプレッサーT細胞」を発見し、世界の免疫学界に大きな影響を与えた。文筆家としても知られるほか、能への造詣が深く、『無明の井』『望恨歌』等の新作能も手がけた。千葉大学医学部教授、東京大学医学部教授、国際免疫学会連合会長等を歴任。第二〇回野口英世記念医学賞、八一年度朝日賞受賞。八四年文化功労者顕彰。二〇〇九年瑞宝重光章受章。二〇〇一年脳梗塞に倒れ、右半身麻痺と仮性球麻痺の後遺症で構音障害、嚥下障害となる。主著に『免疫の意味論』（大佛次郎賞）、『独酌余滴』（日本エッセイスト・クラブ賞）、『寡黙なる巨人』（小林秀雄賞）、『生命の意味論』『私のガラクタ美術館』『イタリアの旅から』『脳の中の能舞台』『わたしのリハビリ闘争』等がある。二〇一〇年（平成二二）没。

網野善彦（あみの　よしひこ）

歴史学者（日本海民史）。一九二八年（昭和三）山梨県生まれ。東京大学文学部卒業。文献史学を基礎として、従来の歴史学が軽視してきた中世の職人、海民、芸能民などの非農業民世界を研究。日本中世史研究に多大な影響を与えたその独自の史観は、しばしば「網野史学」とも称される。日本常民文化研究所員、東京都立北園高校教諭、名古屋大学文学部助教授、神奈川大学短期大学部教授、同大学経済学部特任教授等を歴任。主著に『日本中世の非農業民と天皇』『無縁・公界・楽』『異形の王権』『蒙古襲来』『日本の歴史をよみなおす』『日本社会の歴史』『「日本」とは何か』『歴史と出会う』『海民と日本社会』『日本中世に何が起きたか』等がある。二〇〇四年（平成一六）没。

阿部謹也（あべ　きんや）

西洋史学者。一九三五年（昭和一〇）東京生まれ。一橋大学経済学部卒業。同大学大学院社会学研究科博士課程修了。ドイツを中心とする中世ヨーロッパの民衆や被差別民にも焦点を当て、その世界を伝説や生活史などの面から研究、新しい社会史の分野を開拓した。小樽商科大学教授、東京経済大学教授、一橋大学教授、同大学学長、国立大学協会会長、共立女子大学学長等を歴任。九七年紫綬褒章受章。主著に『ハーメルンの笛吹き男』、『中世を旅する人びと』（一九八〇年サントリー学芸賞〈思想・歴史〉）、『中世の窓から』（第八回大佛次郎賞）、『刑史の社会史』『自分の中に歴史を読む』『日本人はいかに生きるべきか』等、訳書に『ティル・オイレンシュピーゲルの愉快ないたずら』等がある。二〇〇六年（平成一八）没。

底本一覧

小泉八雲／『小泉八雲東大講義録　日本文学の未来のために』（KADOKAWA、角川ソフィア文庫、二〇一九年）
鈴木大拙／『禅八講　鈴木大拙 最終講義』（KADOKAWA、角川選書、二〇一三年四月）
宇野弘蔵／「社会労働研究」第一四巻第四号通巻三四号（法政大学社会学部学会、一九六八年三月）
大塚久雄／『大塚久雄著作集　第九巻』（岩波書店、一九六九年一二月）
中村　元／『最終講義』（実業之日本社、一九九七年一二月）
土居健郎／『土居健郎選集5』（岩波書店、二〇〇〇年六月）
鶴見和子／『コレクション鶴見和子曼荼羅　IX　環の巻――内発的発展論によるパラダイム転換』（藤原書店、一九九九年一月）
河合隼雄／『河合隼雄著作集　第12巻』（岩波書店、一九九五年二月）
多田富雄／『免疫のフロンティア　免疫系の調節因子』（医学書院、一九九七年二月）
網野善彦／『網野善彦対談集1　歴史観の転換』（岩波書店、二〇一五年一月）
阿部謹也／『阿部謹也　最初の授業・最後の授業　附・追悼の記録』（日本エディタースクール出版部、二〇〇八年九月）

本書は、二〇二二年に小社より刊行した『増補普及版
日本の最終講義』を分冊の上、文庫化したものである。

最終講義《さいしゆうこうぎ》

学究《がつきゆう》の極《きわ》み

小泉八雲《こいずみやくも》、鈴木大拙《すずきだいせつ》、宇野弘蔵《うのこうぞう》、大塚久雄《おおつかひさお》、
中村《なかむら》 元《はじめ》、土居健郎《どいたけお》、鶴見和子《つるみかずこ》、河合隼雄《かわいはやお》、
多田富雄《ただとみお》、網野善彦《あみのよしひこ》、阿部謹也《あべきんや》

令和6年 5月25日 初版発行

発行者●山下直久

発行●株式会社KADOKAWA
〒102-8177 東京都千代田区富士見2-13-3
電話 0570-002-301(ナビダイヤル)

角川文庫 24178

印刷所●株式会社暁印刷
製本所●本間製本株式会社

表紙画●和田三造

Printed in Japan
ISBN 978-4-04-400822-2 C0195

◇◇◇

角川文庫発刊に際して

角川源義

第二次世界大戦の敗北は、軍事力の敗北であった以上に、私たちの若い文化力の敗退であった。私たちの文化が戦争に対して如何に無力であり、単なるあだ花に過ぎなかったかを、私たちは身を以て体験し痛感した。西洋近代文化の摂取にとって、明治以後八十年の歳月は決して短かすぎたとは言えない。にもかかわらず、近代文化の伝統を確立し、自由な批判と柔軟な良識に富む文化層として自らを形成することに私たちは失敗して来た。そしてこれは、各層への文化の普及滲透を任務とする出版人の責任でもあった。

一九四五年以来、私たちは再び振出しに戻り、第一歩から踏み出すことを余儀なくされた。これは大きな不幸ではあるが、反面、これまでの混沌・未熟・歪曲の中にあった我が国の文化に秩序と確たる基礎を齎らすためには絶好の機会でもある。角川書店は、このような祖国の文化的危機にあたり、微力をも顧みず再建の礎石たるべき抱負と決意とをもって出発したが、ここに創立以来の念願を果すべく角川文庫を発刊する。これまで刊行されたあらゆる全集叢書文庫類の長所と短所とを検討し、古今東西の不朽の典籍を、良心的編集のもとに、廉価に、そして書架にふさわしい美本として、多くのひとびとに提供しようとする。しかし私たちは徒らに百科全書的な知識のジレッタントを作ることを目的とせず、あくまで祖国の文化に秩序と再建への道を示し、この文庫を角川書店の栄ある事業として、今後永久に継続発展せしめ、学芸と教養との殿堂として大成せんことを期したい。多くの読書子の愛情ある忠言と支持とによって、この希望と抱負とを完遂せしめられんことを願う。

一九四九年五月三日